ÉTICA, GOVERNANÇA E INTELIGÊNCIA ARTIFICIAL

ÉTICA, GOVERNANÇA E INTELIGÊNCIA ARTIFICIAL

2023

Marina Feferbaum
Alexandre Pacheco da Silva
Alexandre Zavaglia Coelho
Ana Carolina Rodrigues Dias Silveira
Coordenadores

ALMEDINA

ÉTICA, GOVERNANÇA E INTELIGÊNCIA ARTIFICIAL

COORDENADORES: Alexandre Pacheco da Silva, Alexandre Zavaglia Coelho, Marina Feferbaum e Ana Carolina Rodrigues Dias Silveira

DIRETOR ALMEDINA BRASIL: Rodrigo Mentz
EDITORA JURÍDICA: Manuella Santos de Castro
EDITOR DE DESENVOLVIMENTO: Aurélio Cesar Nogueira
ASSISTENTES EDITORIAIS: Larissa Nogueira e Letícia Gabriella Batista
ESTAGIÁRIA DE PRODUÇÃO: Laura Roberti

DIAGRAMAÇÃO: Almedina
DESIGN DE CAPA: FBA

ISBN: 9786556279138
Agosto, 2023

Dados Internacionais de Catalogação na Publicação (CIP)
(Câmara Brasileira do Livro, SP, Brasil)

Ética, governança e inteligência artificial /
coordenação Marina Feferbaum...[et al.]. –
São Paulo : Almedina, 2023.

Outros coordenadores: Alexandre Pacheco da Silva,
Alexandre Zavaglia Coelho, Ana Carolina Rodrigues
Dias Silveira.
ISBN 978-65-5627-913-8

1. Ética 2. Governança 3. Inteligência artificial
- Legislação 4. Proteção de dados - Direito – Brasil
5. Proteção de dados - Leis e legislação
I. Feferbaum, Marina.

23-158259 CDU-342.721(81)

Índices para catálogo sistemático:

1. Brasil : Proteção de dados pessoais : Direito 342.721(81)

Eliane de Freitas Leite - Bibliotecária - CRB 8/8415

Este livro segue as regras do novo Acordo Ortográfico da Língua Portuguesa (1990).

EDITORA: Almedina Brasil
Rua José Maria Lisboa, 860, Conj.131 e 132, Jardim Paulista | 01423-001 São Paulo | Brasil
www.almedina.com.br

SOBRE OS COORDENADORES

Marina Feferbaum
Professora de Direito na Escola de Direito de São Paulo da Fundação Getulio Vargas (FGV Direito SP). Leciona na área de Direito e Tecnologia nos programas de graduação e pós-graduação da FGV Direito SP e coordena o Centro de Ensino e Pesquisa em Inovação (CEPI) da FGV Direito SP. É Doutora e Mestre em Direitos Humanos pela Pontifícia Universidade Católica de São Paulo (PUC-SP) e graduada pela mesma instituição.

Alexandre Pacheco da Silva
Professor de Direito na Escola de Direito de São Paulo da Fundação Getulio Vargas (FGV Direito SP). Leciona na área de Direito e Tecnologia nos programas de graduação e pós-graduação da FGV Direito SP e coordena o Centro de Ensino e Pesquisa em Inovação (CEPI) da FGV Direito SP. É Doutor em Política Científica e Tecnológica pelo Instituto de Geociências da Universidade Estadual de Campinas (Unicamp) e Mestre em Direito e Desenvolvimento pela FGV Direito SP.

Alexandre Zavaglia Coelho
Mestre em Direito e Doutorando em Tecnologia da Inteligência e *Design* Digital pela Pontifícia Universidade Católica de São Paulo (PUC-SP), um dos pioneiros no uso de técnicas de Ciência de Dados e Inteligência Artificial na área do Direito, assim como de projetos de *ethics by design*. Diretor de Inovação da New Law School. Coordenador Executivo do grupo de pesquisa de Governança de Dados e Regulação de IA do Centro de Ensino e Pesquisa em Inovação (CEPI) da FGV Direito SP. Presidente da

Comissão de Direito, Inovação e Tecnologia do Instituto dos Advogados de São Paulo (IASP). Professor da Pós-Graduação em Inteligência Artificial da Universidade de Lisboa e de diversas instituições de ensino. Autor de livros e textos sobre as relações entre Direito e Tecnologia.

Ana Carolina Rodrigues Dias Silveira
Graduação em Direito pela Universidade de São Paulo (USP). *Alumni* da V Escola de Governança da Internet (EGI.br), organizada pelo Nic.br e pelo CGI.br. *Youth Fellow* da Internet Society (ISOC), no LACIGF 2018 e no IGF 2018. Cofundadora do São Paulo Legal Hackers e membro da comunidade Global Shapers (WEF). Foi monitora do programa de pós-graduação do FGVLAW. Atualmente, é pesquisadora do Centro de Ensino e Pesquisa em Inovação (CEPI) da FGV Direito SP, onde desenvolve pesquisas e atividades sobre temas relacionados à regulação da economia digital, com destaque para futuro das profissões e das organizações jurídicas, liderança e inovação no direito, governança e regulação do trabalho em plataformas digitais.

SOBRE OS AUTORES

Aline Fuke Fachinetti
Candidata ao LL.M em *Innovation, Technology and the Law* na University of Edinburgh. Especialista em Direito Empresarial pela Escola de Direito de São Paulo da Fundação Getulio Vargas (FGV Direito SP). Bacharel em Direito pela Pontifícia Universidade Católica de São Paulo (PUC-SP). Gerente Regional de Proteção de Dados na Edenred. Cofundadora e Diretora da Associação Juventude Privada. *40 under 40* pelo *Global Data Review* e *Fellow of Information Privacy* pela International Association of Privacy Professionals (IAPP). Integrante do conselho consultivo da *IAPP Women Leading Privacy Board*. Vice-Presidente da Comissão de Direito Digital e Compliance da 17ª Subseção da OAB/SP.

Ana Frazão
Advogada e Professora Associada de Direito Civil, Comercial e Econômico da Universidade de Brasília (UnB).

Ana Paula Camelo
Doutora em Política Científica e Tecnológica e Mestre em Divulgação Científica e Cultural pela Universidade Estadual de Campinas (Unicamp). Possui graduação em Comunicação Social – com habilitação em Jornalismo pela Universidade Federal de Viçosa (UFV). Pesquisadora e gestora de projetos no Centro de Ensino e Pesquisa em Inovação (Cepi), na Escola de Direito de São Paulo da Fundação Getulio Vargas (Pós-doutoranda no IPP-Cebrap).

Celina Bottino

Graduada em Direito pela Pontifícia Universidade Católica do Rio de Janeiro (PUC-Rio). Mestre em Direitos Humanos pela Universidade Harvard. Especialista em Direitos Humanos e Tecnologia. Foi pesquisadora da Human Rights Watch em Nova York. Supervisora da Clínica de Direitos Humanos da FGV Direito Rio. Foi consultora da Clínica de Direitos Humanos de Harvard e pesquisadora do ISER. Associada ao Centro de Defesa dos Direitos da Criança e Adolescentes do Rio de Janeiro. Atualmente desenvolve pesquisas sobre Direitos Humanos e Tecnologia coordenando projetos na área de Liberdade de Expressão e Privacidade. É afiliada ao Berkman Klein Center de Harvard e diretora de projetos do Instituto de Tecnologia e Sociedade (ITS).

Christian Perrone

Jurista, pesquisador Fulbright (Universidade de Georgetown, EUA), além de Doutorando (Universidade do Estado do Rio de Janeiro – UERJ) com foco em Regulação Internacional e Tecnologia. Possui também LL.M. em Direito Internacional pela Universidade de Cambridge (Reino Unido) e Diploma em Direito Internacional dos Direitos Humanos pelo Instituto Universitário Europeu (EUI, Itália). Versou como Secretário da Comissão Jurídica Interamericana da Organização dos Estados Americanos (OEA) e Especialista em Direitos Humanos da Comissão e da Corte Interamericana de Direitos Humanos. Atualmente, seus interesses versam em Políticas Públicas em Tecnologia e Regulação. Além de advogado e Consultor de Políticas Públicas, é Coordenador da área de Direitos e Tecnologia no Instituto de Tecnologia e Sociedade do Rio de Janeiro (ITS Rio).

Diogo Cortiz

Professor na Pontifícia Universidade Católica de São Paulo (PUC-SP). Pesquisador no NIC.br. Doutor em Tecnologias da Inteligência e *Design* Digital pela PUC-SP, com PhD *fellowship* pela Université Paris I – Sorbonne. Especialista em Neurociência. Fez estágio pós-doc em Realidade Virtual e Metaverso na Universidade de Salamanca. Foi pesquisador visitante no laboratório de Ciência Cognitiva da Queen Mary University of London. Coordenador do Programa de Mestrado e Doutorado do Tecnologia da Inteligência e *Design* Digital pelo Programa Tecnologias Inteligentes e Design Digital (TIDD) da PUC-SP.

Dora Kaufman

Professora do Programa Tecnologias Inteligentes e *Design* Digital (TIDD) da Faculdade de Ciências Exatas e Tecnologias da Pontifícia Universidade Católica de São Paulo (PUC-SP). Doutora pela Escola de Comunicações e Artes da Universidade de São Paulo (ECA-USP). Pós-Doutora pela COPPE-UFRJ e Pós-Doutora pelo TIDD PUC-SP. Objeto de pesquisa: Impactos Éticos e Sociais da Inteligência Artificial.

Eduardo Magrani

Doutor em Direito. *Affiliate* no Berkman Klein Center na Universidade de Harvard. Sócio do Demarest Advogados. Pós-Doutor pela Universidade Técnica de Munique (TUM) em Proteção de Dados e Inteligência Artificial. Presidente do Instituto Nacional de Proteção de Dados no Brasil. Colunista do *MIT Tech Review*.

Guilherme Forma Klafke

Doutor em Direito pela Universidade de São Paulo (USP). Professor do Programa de Pós-Graduação *lato sensu* da FGV Direito SP (FGV *law*) na área de Direito e Tecnologia e líder de projetos no Centro de Ensino e Pesquisa em Inovação da FGV Direito SP (Cepi FGV Direito SP).

Lucas Costa dos Anjos

Doutor em Direito pela Universidade Federal de Minas Gerais (UFMG) e pela Université Libre de Bruxelles. Professor Adjunto da Universidade Federal de Juiz de Fora (UFJF).

Lucas Maldonado Diz Latini

Mestrando em Direito e Tecnologia e Especialista em Propriedade Intelectual e Novos Negócios pela Escola de Direito de São Paulo da Fundação Getulio Vargas (FGV Direito SP). Bacharel em Direito pela Universidade de Mogi das Cruzes (UMC). Professor em cursos de pós-graduação e palestrante em eventos de Direito e Tecnologia. Sócio em Maldonado Latini Advogados, com atuação consultiva e contenciosa em Direito e Tecnologia. Presidente da Comissão de Direito Digital e *Compliance* da 17ª Subseção da OAB/SP.

Luíza Couto Chaves Brandão
Mestre em Direito pela Universidade Federal de Minas Gerais (UFMG). Diretora do Instituto de Referência em Internet e Sociedade (Iris).

Milena Mendes Grado
Pós-graduada *lato sensu* em Propriedade Intelectual pela Fundação Getulio Vargas (FGV).

Patricia Peck Pinheiro
PhD em Direito Internacional pela Universidade de São Paulo (USP). Professora de Direito Digital da Escola Superior de Propaganda e *Marketing* (ESPM).

Paulo Rodrigo de Miranda
Analista do Ministério Público Federal do Rio Grande do Sul. Discente junto ao Programa de Pós-Graduação em Direito (PPGD) pela Universidade Federal de Santa Maria/RS (UFSM). Especialista em Direito Público.

APRESENTAÇÃO

As discussões sobre inteligência artificial (IA) e seus limites éticos têm ganhado contornos mais acentuados na última década. Com diversos resultados danosos a indivíduos e à sociedade, consequência do uso de vieses discriminatórios nas soluções empregadas por sistemas algorítmicos, tais modelos estão embasando, de forma cada vez mais ampla, decisões de empresas públicas e privadas.

Esse contexto nos leva a questionar os modelos de negócios a que estamos submetidos e a pensar sobre boas práticas no uso da IA. O emprego desses sistemas é, afinal, promovido sob a bandeira de melhorar nossa vida em sociedade. Sem dúvida que o uso de modelos inteligentes pode provocar mudanças muito positivas em nossas vidas, otimizando operações e proporcionando uma impressionante acurácia em determinadas situações. O que estamos vendo acontecer como revés, porém, é a reprodução de discriminações sistemáticas e a violação de direitos fundamentais, em outra escala e em processos bastante complexos.

A estruturação desses sistemas tem sido muito questionada; e deve ser ainda mais, porém, sobretudo, de forma propositiva. Os obstáculos são de diversas naturezas, e a multidisciplinaridade dessa questão representa a complexidade dos problemas que temos a enfrentar diante da necessidade de avançar na construção de uma sociedade em que os direitos fundamentais não sejam colocados em risco.

Falar, então, de regulação e governança dos sistemas de IA é urgente, para que enfrentemos coletivamente problemas que vão além de questões algorítmicas, matemáticas e empresariais. É preciso que o ser humano esteja no centro da construção dessas práticas, desde o início.

O caminho, claro, não possui uma fórmula única nem infalível. Esta coletânea foi criada com o propósito de contribuir para a reflexão e a sensibilização da sociedade sobre a gravidade do tema, assim como para nos levar à ação. A alegria e a honra em reunir tantas mentes dedicadas às questões éticas no uso da IA é proporcional à urgência em debater o tema com profundidade.

A obra foi dividida em três partes: questões e casos paradigmáticos do uso de IA, questões de governança e mapa normativo e, por fim, questões éticas e mecanismos de enfrentamento.

As autoras e os autores, em um exercício reflexivo e propositivo, tratam de pontos sensíveis e imprescindíveis ao citar casos reais, refletir sobre ações adotadas em outros países e abordar a responsabilização da sociedade na efetivação dos direitos humanos.

Os 12 capítulos oferecem um panorama da temática no Brasil e fora dele e propõem boas práticas, refletem a seriedade desse time de autores e autoras, acadêmicos e profissionais dedicados ao estudo multidisciplinar dos sistemas e das limitações do uso da IA para a vida humana.

A valiosa contribuição desse time de especialistas cumpre papel importante no contexto do avanço no debate sobre governança da IA e a regulação de sistemas éticos, para sustentar a construção da sociedade justa, inclusiva e responsável que todos e todas almejamos.

Marina Feferbaum
Professora de Direito e Coordenadora do Centro de Ensino e Pesquisa em Inovação (CEPI) na Escola de Direito de São Paulo da Fundação Getulio Vargas (FGV Direito SP)

SUMÁRIO

Parte 2
QUESTÕES DE GOVERNANÇA E MAPA NORMATIVO

Parte 3
DESAFIOS ÉTICOS E MECANISMOS DE ENFRENTAMENTO

Parte 1
QUESTÕES GERAIS E CASOS PARADIGMÁTICOS

1. CRÔNICA DE UM PROBLEMA ANUNCIADO: A FALÁCIA DO EXCEPCIONALISMO E A NECESSIDADE DE GOVERNANÇA TECNOLÓGICA

Alexandre Pacheco da Silva
Marina Feferbaum

Introdução: caso Latanya Sweeney – a exceção que virou regra

Na obra-prima *Crônica de uma morte anunciada*, Gabriel García Márquez nos propõe refletir sobre uma sociedade em que todos os cidadãos têm a ciência de que um assassinato irá acontecer, com exceção da pessoa que será assassinada. Por meio de uma narrativa não linear, o autor nos oferece um ambiente de permanente ansiedade sobre o assassinato, mesmo que ele ainda não tenha acontecido. Ao mesmo tempo nos faz refletir sobre o fato de que, embora todos soubessem que o crime iria acontecer, ninguém decidiu agir para evitá-lo.

Em 2012, a diretora do Data Privacy Lab da Universidade de Harvard, Latanya Sweeney, começou a desconfiar de que nomes de afrodescendentes nos Estados Unidos estavam sendo utilizados em seu prejuízo por provedores de serviços na Internet. A suspeita surgiu após uma brincadeira entre pesquisadores do Data Privacy Lab, em que cada um pesquisaria seu próprio nome no buscador Google (Pasquale, 2015, p. 39).

Entre os diversos resultados obtidos pelos colegas de Latanya, o dela surpreendeu a todos. No topo de sua página de busca figurava um anúncio com os dizeres "Latanya Sweeney arrested?" (Latanya Sweeney foi presa?). O anúncio contrastava com resultados de outros colegas da pesquisadora, como o de Tanya Smith, que encontrou um anúncio com os dizeres "Located: Tanya Smith" (Localização: Tanya Smith). A diferença entre os anúncios instigou a pesquisadora a iniciar uma investigação para descobrir quais os motivos de o anunciante sugerir que ela poderia ter sido presa (Pasquale, 2015, p. 39).

Durante sua pesquisa, Latanya Sweeney identificou que o site *Instantcheckmate.com* teria sido o responsável pelo anúncio atribuído ao seu nome e que essa e outras empresas estavam se utilizando de nomes frequentemente atribuídos a afrodescendentes nos Estados Unidos, associando-os com anúncios sugerindo prisões (Pasquale, 2015, p. 39). A *Instantcheckmate.com* é uma plataforma de consulta de antecedentes criminais a partir da busca pelo nome de uma pessoa. O anúncio dos serviços da empresa com a frase "Latanya Sweeney foi presa?" poderia sugerir que a pesquisadora já teria sido detida ou respondido a um processo criminal em seu país, fato esse que nunca aconteceu.

Segundo a pesquisadora (Sweeney, 2013, p. 9), consultas no buscador Google por nomes majoritariamente atribuídos a afrodescendentes nos Estados Unidos, tais como DeShawn, Darnell e Jermaine, geraram anúncios como o sugerido para Latanya Sweeney de 81 a 86% dos casos, a depender do nome e da plataforma anunciante. Quando os nomes pesquisados foram escolhidos entre aqueles majoritariamente atribuídos a pessoas brancas, tais como Geoffrey, Jill e Emma, os anúncios com a palavra "preso" foram sugeridos pelo buscador Google em apenas 23 a 29% dos resultados, a depender da plataforma anunciante.

Mas quem foi o responsável por decidir que o anúncio da *Instantcheckmate.com* fosse vinculado a Latanya Sweeney durante sua busca no Google? Segundo a pesquisadora (Sweeney, 2013, p. 9), ações conjuntas da *Instantcheckmate.com* e da plataforma de anúncios vinculada ao serviço de buscas foi uma decisão da Google por meio do seu serviço AdSense.

Para anunciar no Google AdSense em 2012, o anunciante teria de escolher quais seriam os critérios de busca de um usuário que deveriam ser associados com o seu anúncio. Quando há um alinhamento entre o que o usuário está buscando no Google e o critério escolhido pelo anunciante, crescem as chances de o anúncio ser veiculado para um usuário do serviço. Isso porque, se mais de uma empresa escolher o mesmo critério de busca, a plataforma de anúncios Google AdSense realizava um leilão para definir quem teria o seu anúncio veiculado para o usuário do serviço de busca. A lógica é a de que quem pagar o maior preço pode obter a veiculação do anúncio em uma busca (Sweeney, 2013, p. 9).

Na época não havia nenhum dispositivo na legislação norte-americana que impedisse o uso de nomes como critério para definir a veiculação de anúncios no formato do Google AdSense. Adicione-se o fato de existir uma correlação estatística forte entre nomes majoritariamente atribuídos a afrodescendentes no país e o nome de pessoas que estavam presas no momento. Nesse sentido, o uso dos nomes predominantemente atribuídos a afrodescendentes fazia sentido economicamente para empresas como a *Instantcheckmate.com*, uma vez que poderia atrair pessoas e empresas interessadas em utilizar os serviços *online* da empresa para a busca de antecedentes criminais de, por exemplo, candidatos a vagas de trabalho (Sweeney, 2013, p. 2).

Como a pesquisadora alerta (Sweeney, 2013, p. 2), contudo, a inclusão de nomes majoritariamente atribuídos a afrodescendentes em anúncios de plataformas de buscas por antecedentes criminais pode gerar prejuízos significativos na vida de um afrodescendente. Isso porque um potencial empregador poderia, ao receber o currículo de uma candidata com o nome Latanya e buscar seu nome no Google, ter como resultado o anúncio "Latanya foi presa?" e desistir de dar encaminhamento a um processo de seleção em razão da suspeita de que a candidata tivesse cumprido pena no país. Para Latanya, mesmo sendo possível que o potencial empregador ingresse na plataforma digital de consulta de antecedentes criminais para verificar se a candidata já foi presa, nem todos estarão dispostos a despender tempo e dinheiro na consulta, ficando satisfeitos com a mera conclusão construída a partir do anúncio. Assim, uma parcela de afrodescendentes pode ter sido descartada para vagas de emprego sem terem notado o que ocorreu, algo que Latanya Sweeney ressalta que não deveria ocorrer em uma sociedade comprometida com o combate à discriminação.

A abordagem tradicional de casos como esse, em que o uso da tecnologia pode gerar prejuízos a indivíduos na esfera social, tem sido marcada pela lógica do excepcionalismo tecnológico. Nesse raciocínio, o uso da tecnologia tem sido encarado como um evento novo, inesperado pelo mundo jurídico, algo a que ordenamentos jurídicos em diferentes países não estariam preparados para responder, pois suas normas não haviam sido estruturadas nesse cenário. Não por acaso, muitos dos debates sobre direito e tecnologia têm se concentrado em recomendações do uso ético da tecnologia e na construção de normas capazes de regular empresas desenvolvedoras e aplicadoras de novas ferramentas tecnológicas (Crootof; Ard, 2021, p. 348).

Porém, em um mundo que passou por um intenso processo de digitalização em razão da implementação de medidas de distanciamento social em diversos países, será que ainda faz sentido tratarmos novas tecnologias como algo excepcional? Não deveríamos assumir o compromisso de construir abordagens que possam dar conta de evitar ou atenuar os efeitos de casos como o vivido por Latanya Sweeney? Em uma sociedade estruturada sobre a informação, não deveríamos construir formas de governar o uso de novas tecnologias, mesmo na ausência de normas jurídicas específicas aplicáveis a casos como o da pesquisadora?

Compartilhamos a sensação descrita por García Márquez nos debates contemporâneos sobre as consequências sociais geradas por novas tecnologias em diferentes países. Temos nutrido um sentimento de permanente ansiedade diante dos potenciais prejuízos que novas tecnologias podem gerar, sem, contudo, termos tempo para compreender o funcionamento da tecnologia e as causas dos prejuízos gerados. Temos sido espectadores de uma sequência de casos de usos de novas tecnologias que têm gerado prejuízos a indivíduos na sociedade sem identificar exatamente o que pode ser feito.

De um lado, argumenta-se que a velocidade do ordenamento jurídico para construir regras aptas a dar conta de novos problemas derivados do contexto tecnológico não é compatível com o surgimento de casos e a extensão de seus prejuízos, fazendo com que o Direito sempre esteja correndo atrás da tecnologia (Crootof; Ard, 2021, p. 349). De outro lado, critica-se o fato de que a incorporação de valores éticos no desenvolvimento e no uso de novas tecnologias não tem a força impositiva do Direito, o que leva diversos atores no campo tecnológico a concordar com esses valores no ambiente público, mas a não se orientar por eles na condução de seus negócios na esfera privada (Lin, 2014, p. 9).

Para não nos tornarmos espectadores de violações de direitos, precisamos construir uma camada intermediária de proteção que não seja lenta como a regulação jurídica e que tenha a força de uma obrigação para aqueles que desenvolvem uma nova tecnologia e pretendem aplicá-la em diferentes cenários. Em nossa visão, essa camada seria a governança de novas tecnologias, definida por Luciano Floridi (2018, p. 2) como a prática de elaborar e implementar políticas, procedimentos e padrões para o desenvolvimento, uso e gestão adequada de novas tecnologias da informação.

O objetivo deste capítulo é explorar o conceito de governança de novas tecnologias, uma camada intermediária entre a ética e a regulação, como forma de reduzir os potenciais prejuízos gerados a indivíduos em cenários de uso dessas tecnologias na contemporaneidade. Para tanto, dividimos o texto em quatro partes: (i) as diferenças entre os conceitos de ética, regulação e governança; (ii) a presença constante do erro em decisões tomadas por sistemas computacionais complexos; (ii) a dificuldade da construção de uma governança para novas tecnologias; e (iii) iniciativas que têm sido apresentadas para a construção da governança de novas tecnologias em diferentes organizações.

Em cada uma das seções do capítulo, buscaremos ilustrar nossos argumentos com casos em que conceitos complexos da área jurídica e da área técnica possam encontrar conexão com dinâmicas sociais e potenciais prejuízos sentidos por indivíduos na sociedade.

1. *Airbags* em veículos automotores: uma ilustração para a compreensão dos conceitos de ética, regulação e governança tecnológica

Segundo a Polícia Rodoviária Federal (PRF)[1], foram registrados 64.441 acidentes de veículos automotores em estradas federais no ano de 2021, tendo gerado 5.381 mortes. No ano anterior, foram registrados 63.548 acidentes em estradas federais, com a identificação de 5.291 mortes. Ano após ano, testemunhamos acidentes e mortes em estradas federais pelo país. Convivemos com o fato de que os automóveis, tecnologia desenvolvida no início do século XIX, gera consequências negativas a

[1] Para ter acesso aos dados sobre acidentes registrados em rodovias federais, consulte a base de dados abertos da Polícia Rodoviária Federal (PRF), disponível em: http://vias-seguras.com/dados_da_prf/dados_abertos_de_acidentes_nas_rodovias_federais_ate_2018. Acesso em: 2 ago. 2022.

diversas pessoas a partir do seu uso. Até o momento, as consequências não nos demoveram de abrir mão do uso da tecnologia, mas nos estimularam a estudar formas de atenuar os efeitos de seu uso.

Como uma tecnologia, há regras aplicáveis ao uso de veículos automotores presentes no Código de Trânsito Brasileiro (Lei n. 9.503/1997), a serem respeitadas por todos os membros da sociedade do país. Entre as regras aplicáveis ao contexto de veículos automotores, há aquelas que preveem a obrigatoriedade de instalação de itens de segurança (e.g., cinto de segurança) por parte de fabricantes como requisito para a comercialização do produto. Contudo, entre a invenção de um item de segurança e a imposição de sua obrigatoriedade em veículos automotores, há intervalos de tempo a serem considerados.

Um exemplo disso é o *airbag*[2], uma almofada de ar que serve para proteção dos ocupantes de um automóvel durante uma colisão do veículo. O primeiro automóvel com um *airbag* instalado foi lançado em 1980 pela fabricante Mercedes-Benz, o modelo Classe S. Na época não havia obrigação de inclusão do item de segurança em nenhum país em que a empresa comercializasse os seus produtos. O item servia como um diferencial do produto, algo que poderia atrair consumidores interessados em reduzir os prejuízos sofridos na hipótese de uma colisão.

Em 1994 foi a vez de a Volkswagen apresentar o primeiro *airbag* desenvolvido no Brasil para o Gol Geração II. Da mesma forma que no caso da Mercedes-Benz, o item foi incluído como um diferencial do produto e não como um item obrigatório de segurança. Foi apenas em 2009 que o *airbag* se tornou obrigatório por decisão do Conselho Nacional de Trânsito (Contran), após a análise dos dados sobre os ganhos na segurança que o item proporciona quando presente em um episódio de colisão. Todos os carros fabricados a partir de 2014 passaram a ter *airbags* instalados como item de fábrica.

O caso é uma boa ilustração das diferenças entre ética, regulação e a governança tecnológica proposta por Luciano Floridi (2018). Em primeiro lugar, não há dúvidas de que o deslocamento de esforços e recursos no desenvolvimento de itens de segurança para condutores e

[2] A história do *airbag* foi apresentada pela revista *Galileu* em matéria publicada em 2009. Para detalhes sobre a matéria, com a linha do tempo sobre a criação e a chegada do *airbag* ao Brasil, consulte Tiraboschi (2009).

passageiros de veículos automotores é um comportamento ético por parte dos agentes envolvidos, reforçando o valor moral de preservação da vida e da integridade física de indivíduos. Também não há dúvidas de que a determinação do Contran cria uma obrigação jurídica para fabricantes de automóveis, reforçando o valor moral de segurança do indivíduo. Entre essas duas camadas (ética e regulatória), há iniciativas próprias de fabricantes no sentido de espontaneamente desenvolver e instalar *airbags* nos veículos.

Do desenvolvimento de um protótipo de *airbag* até a sua instalação em carros disponíveis para comercialização, diversos setores internos da Mercedes-Benz e da Volkswagen foram envolvidos, protocolos internos de testagem foram elaborados e comitês e departamentos das fabricantes discutiram as vantagens e desvantagens de sua instalação. Esse conjunto de ações sintetiza o sentido de governança apresentado por Luciano Floridi (2018), com o detalhe que o autor busca reforçar a importância do conceito em um contexto de tecnologias da informação, ou, como ele define, da **infoesfera**.

Para o autor (Floridi, 2018, p. 2), a revolução digital já aconteceu, a transição do analógico e *offline* para o digital e *online* já passou, e não se repetirá na história da humanidade. Nossa geração será a última que terá conhecido um mundo sem tecnologias digitais, em que os carros não tinham computadores de bordo e sistemas de navegação na cidade. Nessa transição, diversos conflitos emergiram no campo tecnológico, com significativos custos sociais. Questões éticas e dilemas regulatórios surgiram no debate público e orientaram ações de diversos países, desde a edição de leis de proteção de dados pessoais (no Brasil, a Lei n. 13.709/2018 – Lei de Proteção de Dados Pessoais), passando pela regulação da Internet (Lei n. 12.965/2014 – Marco Civil da Internet) e por projetos de lei envolvendo inteligência artificial (IA) (Projeto de Lei n. 21-A/2021), entre outras iniciativas, até guias, relatórios e orientações direcionados às ações de empresas na área de tecnologia.

Contudo, Luciano Floridi (2018, p. 2) aponta que não se trata de discutir como podemos fomentar a inovação digital, tarefa em que diversos países foram bem-sucedidos; a questão crucial é saber qual o projeto da humanidade para a era digital, como compreender as mudanças que caracterizam a sociedade da informação e como estruturar a divisão de responsabilidade entre os diferentes agentes para atenuar os prejuízos suportados por indivíduos em uma sociedade estruturada a partir de tecnologias digitais. Para tanto, o conceito-chave, na visão do autor, é governança tecnológica.

Da mesma forma que temos ciência de que acidentes e mortes ocorrem no trânsito, podemos reconhecer que sistemas computacionais podem errar, produzir resultados capazes de prejudicar pessoas. Como sociedade, partilhamos do valor de que medidas que possam aumentar a segurança de motoristas e passageiros de veículos automotores são bem-vindas e devem ser incentivadas entre aqueles que produzem esses veículos. Nesse sentido, não deveríamos também incentivar iniciativas de proteção ao indivíduo no ambiente digital? Mesmo sem termos ainda maturidade para o desenvolvimento de normas jurídicas capazes de regular novas tecnologias ou até mesmo condições políticas para aprovar propostas regulatórias para o campo tecnológico, como sociedade, não deveríamos valorizar medidas que identificassem riscos às pessoas e incentivar providências para reduzi-los?

A ideia de governança tecnológica caminha nessa direção. Mesmo cientes de que acidentes e mortes irão acontecer, como o desenvolvedor de uma tecnologia poderia empenhar esforços, recursos e departamentos para a construção de políticas, programas e medidas aptos a identificar riscos e atenuar as consequências negativas que a sua tecnologia traz para a sociedade? A *Instantcheckmate.com* poderia ter um departamento, um comitê, uma instância de avaliação interna, preocupada com as consequências negativas de seu modelo de negócio para avaliar os impactos do uso de nomes de afrodescendentes como matéria-prima para a captação de novos clientes.

2. Amazon Jobs: a certeza de que os sistemas computacionais estão fadados a errar em suas interpretações sobre seres humanos

Não muito distante no tempo do caso Latanya Sweeney, em 2014, uma equipe de engenheiros da empresa Amazon[3] iniciou um projeto interno

[3] O caso *Amazon Jobs*, como foi apelidado por diversos meios de comunicação em 2014, foi sintetizado pela União Americana pelas Liberdades Civis (American Civil Liberties Union – ACLU) a partir de uma primeira reportagem publicada pela agência de notícias Reuters. Na reportagem, a agência descreve como um sistema computacional desenvolvido pela empresa discriminava mulheres em processos seletivos de contratação de engenheiros de computação. O caso passou a ser discutido por diversas entidades da sociedade civil, tendo

de automação do processo de contratação de funcionários para a companhia. A iniciativa consistia na construção de um sistema computacional baseado em um algoritmo que fosse capaz de analisar informações de currículos de candidatos e de determinar a ordem de preferência para as contratações de acordo com parâmetros preestabelecidos pela empresa (e.g., formação acadêmica, experiência etc.).

O sistema foi construído levando em conta a necessidade de reduzir o tempo gasto com a seleção e a análise de currículos recebidos pela empresa para diferentes posições. O que anteriormente dependeria do tempo de funcionários da companhia ou de gastos com empresas terceirizadas para leitura e seleção, o sistema computacional desenvolvido pela Amazon resolveria automatizando o processo. Sob a promessa de que profissionais da área de recursos humanos e recrutamento não precisariam mais investir seu tempo nessa atividade e de que a seleção seria mais objetiva, a proposta de desenvolvimento e a implementação do sistema foram celebradas pela direção da Amazon.

Após um ano de desenvolvimento, o projeto foi encerrado, cercado de críticas dos meios de comunicação e de entidades do terceiro setor. Identificou-se que a seleção realizada pelo sistema da empresa criava desvantagens artificiais capazes de prejudicar candidatas mulheres[4]. O sistema da Amazon construiu uma interpretação que considerava candidatos homens preferíveis para cargos em áreas técnicas (e.g., engenharia de *software*) em detrimento de candidatas mulheres, excluindo-as de avançar em processos de seleção.

como principal síntese a descrição elaborada por Rachel Goodman, advogada do Programa de Justiça Racial da ACLU. Os textos podem ser conferidos em Dastin (2018) e em Goodman (2018).

[4] Segundo relato da agência de notícias Reuters, em 2015 a Amazon constatou que o seu sistema de seleção automatizada de candidatos criava desvantagens artificiais para candidatas mulheres em postos de trabalho da área técnica. O sistema de seleção foi construído a partir da base de dados de currículos que a empresa reuniu durante dez anos, tendo candidatos e candidatas submetido suas informações para obtenção de uma vaga durante o período. Parte dos currículos foi utilizada para o treinamento do sistema da Amazon, e parte foi empregada como dados de controle para avaliação do desempenho do sistema, medindo se ele seria capaz de prever corretamente quais candidatos haviam sido selecionados em processos seletivos e quais não haviam sido selecionados. Para mais informações, consulte a matéria da Reuters em Dastin (2018).

O episódio foi caracterizado como discriminatório, tendo no termo *bias* a sua principal designação. O sistema computacional da Amazon teria enviesado o resultado, prejudicando candidatas mulheres com penalizações relacionadas à variável gênero. Esse fator passou despercebido pela equipe de desenvolvedores e pelos times que fizeram uso do sistema em processos seletivos.

Uma das primeiras explicações para o episódio se concentrou nas características da equipe de desenvolvimento, exclusivamente composta por homens em cargos na área técnica. Como o sistema da Amazon se baseava em uma técnica de aprendizado de máquina, em que um sistema computacional pode aprender sem ser explicitamente programado (Taulli, 2020, p. 93) e em que dados de funcionários contratados (majoritariamente homens) foram utilizados para a construção de correlações estatísticas, criando-se, assim, atributos de valoração do que é um "bom candidato" para a vaga, sugeriu-se que o caso se resumiria a um erro da empresa em reproduzir o padrão de gênero que marca as suas equipes de desenvolvimento. Nessa explicação, criou-se um ciclo vicioso de contratação em que homens seriam selecionados porque o parâmetro de contratação seriam os homens já contratados.

Todavia, os professores de Ciência da Computação da Universidade da Pensilvânia Michael Kearns e Aaron Roth (2020, p. 60-61), ao analisarem o caso, apontaram que, mesmo que a composição da equipe possa ter contribuído para que o prejuízo acontecesse, a explicação fundamentada na reprodução do padrão de contratação baseado exclusivamente na variante gênero seria simplória. Para os professores, haveria outra forma de compreensão do caso: os vieses sociais presentes em textos que serviram como referência para o treinamento de sistemas computacionais baseados em aprendizado de máquina.

Após a análise das informações disponíveis sobre o caso, os autores constataram que a presença de palavras como *women* (mulher) em frases como *women's chess club captain* (capitã do clube feminino de xadrez) e a menção a faculdades exclusivas para mulheres eram fatores de penalização de currículos no processo de seleção feita pelo sistema. A presença da palavra, sua inserção em orações, bem como a designação indireta a partir da inserção de instituições dedicadas ao atendimento exclusivo de mulheres foram reconhecidas pelo sistema como variáveis que não seriam compatíveis com os cargos técnicos oferecidos pela Amazon.

A constatação não deve ser interpretada, segundo os autores (2020, p. 60), como um ato de vontade do sistema, da mesma maneira como fazemos ao analisarmos ações humanas, em que buscamos uma intenção ou razões para justificar o comportamento de um indivíduo. O resultado deve ser encarado considerando as relações que o sistema foi capaz de construir baseado no conjunto de informações disponibilizadas para ele. A pergunta que deveria ser feita é: por que o sistema penalizou candidatas a partir de dados que identificavam o seu gênero?

Kearns e Roth (2020, p. 61) atribuem esse resultado às características da base de dados utilizada pela empresa. Segundo os autores, se a base de dados utilizada contém poucos currículos de mulheres, se as poucas mulheres presentes não foram selecionadas por processos seletivos anteriores, é possível que um sistema computacional classifique dados que identifiquem o gênero feminino com um ponto negativo na avaliação de candidatas a um cargo na área técnica da empresa.

Além disso, a ausência de palavras do gênero feminino em currículos de candidatos contratados em processos seletivos anteriores reforçou que palavras e expressões que denotem o gênero feminino podem ser fatores não compatíveis com vagas na área técnica da empresa no presente. Um sistema não precisa compreender o que é uma mulher para classificá-la como não compatível com uma vaga na área técnica (Kearns; Roth, 2020, p. 60).

Correções como a retirada de palavras como mulher – *women* – da base de dados utilizada pelo sistema não seriam suficientes para equacionar o problema, tendo em vista que outras correlações de dados poderiam fazer o sistema reconhecer a candidata como mulher. Cria-se um dilema no desenvolvimento de sistemas computacionais capazes de tomar decisões a partir de critérios próprios. De um lado, há variáveis que não devem ser utilizadas para penalizar indivíduos (no caso, mulheres); de outro, a mera omissão de variáveis consideradas proibidas (gênero) não é suficiente para a resolução do problema por aqueles que pretendem desenvolver sistemas como o da Amazon.

Para a doutora em Matemática Cathy O'Neil (2020, p. 22), casos como esse ocorrem porque cientistas de dados desconsideram que serão pessoas a receber as consequências de decisões construídas pelos sistemas computacionais. A autora, que trabalhou como cientista de dados, reforça que esses profissionais compreendem que há um significativo risco de sistemas computacionais baseados em aprendizado de máquina interpretarem erroneamente informações sobre pessoas e tomarem decisões que possam prejudicá-las. Segundo Cathy O'Neil, os sistemas estariam "fadados" a errar, por exemplo, negando-lhes empregos, benefícios sociais e acesso a serviços de saúde.

Isso porque um modelo seria uma representação abstrata de um processo realizado por um ser humano para a realização padronizada de uma tarefa (e.g., seleção de candidatos por meio de atributos presentes em seus currículos para o preenchimento de uma posição profissional). Esteja na mente humana ou em um sistema computacional, serão realizadas interpretações sobre informações disponíveis que permitirão a tomada de decisão em um caso ou outro (O'Neil, 2020, p. 30).

Se a equipe de desenvolvimento está consciente de que erros na interpretação de informação ocorrerão em decisões proferidas por sistemas computacionais como o da Amazon, não seria recomendável que a empresa responsável pelo desenvolvimento ou pela utilização do sistema adotasse ações para prevenir ou atenuar os efeitos sobre os indivíduos impactados por seu sistema? Em nossa visão, sim, podendo servir como uma forma de demonstrar o seu compromisso com a igualdade de gênero, como também ressaltando o seu igual compromisso com a ideia de inovar de maneira responsável.

3. Experimentalismo e medidas de governança digital

Muitos dos casos relatados ao longo deste capítulo estão longe de ser exceção e ilustram a complexidade das operações contemporâneas. Fica evidente a necessidade de criar um aparato orgânico-normativo destinado ao controle e à validação de determinados atos. Diante desse contexto, torna-se essencial o estabelecimento de outros mecanismos, especialmente na área da tecnologia. Há, pois, diversos espaços que o Direito por si só não consegue regular com a agilidade necessária, como no caso que mencionamos sobre itens de segurança no trânsito e a criação da legislação, o que ocasiona graves prejuízos a indivíduos e coloca a sociedade na posição de espectadora de violações.

Considerar os direitos humanos não somente pelo aspecto de sua violação, como no caso Latanya Sweeney e no processo seletivo da Amazon, mas sobretudo preventivamente é um passo fundamental e urgente para enfrentar esses dilemas na sociedade digital e construir um caminho sólido e responsável para a sociedade que queremos.

No caso da IA, já se discute um sistema principiológico para promover seu desenvolvimento e uso eticamente responsáveis. São princípios ou pilares bastante similares aos da bioética, que colocam o ser humano como indivíduo e a sociedade justamente no centro das preocupações com possíveis externalidades das aplicações criadas a partir da IA.

Assim, com base em recentes experiências na área da saúde, sugerimos o estabelecimento de uma governança corporativa, tal qual uma espécie de *rule of law*[5] operando em uma organização. Tal diagnóstico parte das experiências que levaram ao desenvolvimento da bioética contemporânea para dar efetividade aos seus princípios, particularmente na área médica, orientada pela Declaração de Helsinque. Como as iniciativas de diretrizes ética para a IA se aproximam dos princípios da bioética, como constatado por Floridi e Cowls (2019), parece pertinente adotar seus modelos de controle ético, bastante aprimorados ao longo de décadas de aplicação, também na área tecnológica.

Na prática, ainda que varie conforme o país, o modelo vigente de controle ético em saúde baseia-se em comitês de ética imparciais. Eles podem pertencer à organização usuária ou credenciada, da iniciativa privada ou de direito público; há casos em que a avaliação por um comitê é obrigatória e outros em que é facultativa. Seja como for, os comitês éticos da saúde têm permitido o desenvolvimento de pesquisas na área pautado pela ética sem impedir que as inovações aconteçam.

Não somente na área da saúde, mas, por exemplo, nas ciências sociais, também é exigida uma avaliação ética na aplicação de questionários, na realização de entrevistas, enfim, em qualquer situação que envolva seres humanos. Estender essa lógica para a manipulação de dados em aplicações de IA é um passo bastante natural, principalmente nas iniciativas destinadas à construção e ao uso de modelos de IA, como nos exemplos tratados inicialmente.

Para as organizações, além dos valores coletivos e das preocupações em construir um futuro mais seguro, trata-se, sobretudo, de uma maneira de se resguardar dos riscos econômicos associados aos riscos

[5] Aqui, a expressão em inglês ilustra melhor do que "Estado de Direito", utilizada no português.

públicos, que podem se voltar às empresas por meio da responsabilização. Ao minimizar o risco público, a avaliação ética de um sistema de IA minimizaria os danos potenciais desse sistema.

Como estratégia de negócio, fica clara a importância dessa iniciativa. Para além de demonstrar que a organização respeita os direitos humanos e de criar uma imagem de valor perante o público, em um futuro próximo esses comitês podem se tornar uma necessidade legal, assim como aconteceu com os comitês de pesquisas em seres humanos e animais.

Integrar, portanto, a abordagem *human rights by design* no desenvolvimento das organizações significa adotar a referência da ética para enfrentar tais desafios, direcionando-nos à promoção de uma sociedade melhor.

Contudo, praticamente não há materiais que orientem sobre a construção de um comitê de ética em IA. Um dos poucos existentes é um guia elaborado pela Accenture (2019). Nele são apontados cinco aspectos – função organizacional; conteúdo ético; composição; hierarquia e competência; e procedimento e governança – que permitem dar os primeiros passos em direção à criação de um comitê que trate de questões técnicas e jurídicas em IA. Isso, contudo, é apenas o ponto de partida na construção de boas práticas, que evitem prejuízos para indivíduos e sociedade sem impedir avanços tecnológicos.

A governança digital chega, assim, como uma resposta necessária aos desafios desse novo espaço, descolando da governança tradicional; se esta última se volta aos interesses da organização e do capital em função da responsabilização da pessoa do gestor diante do risco que oferece ao capital, a governança digital se abre para os interesses da sociedade e do planeta para a responsabilização da organização como unidade diante do risco que oferece ao público.

Vale ressaltar, porém, que a governança digital vai muito além do *compliance.* As questões que estão além dos muros do negócio constituem um novo paradigma. Pensar na governança, nesse sentido, é um exercício demasiadamente amplo, variando conforme o caso específico de cada organização.

Ainda, o objetivo dessa estrutura seria o de supervisionar não a tecnologia em si, mas o sistema envolvido. Tratar-se-ia do apoio à tomada de decisões da empresa, tendo em vista o atual estágio da tecnologia, que depende necessariamente de supervisão humana.

Mesmo que os comitês de ética em IA não se tornem, em curto prazo, obrigatórios para o desenvolvimento de tecnologias e aplicações digitais, o uso da ética para orientar a governança digital e dos referidos comitês para controlar esse desenvolvimento merece grande atenção por parte das organizações. Isso porque a regulação reativa, setorial e por aplicação existe, e tende a crescer, ou seja, o ético de hoje pode se tornar o *compliance* de amanhã.

É útil, portanto, pensar na boa governança como condição de sobrevivência de formas societárias nas quais há a figura do proprietário não administrador. Ainda que a governança não seja uma garantia de retorno certo ou de excelência administrativa, sua presença é, ao menos, um indicativo de gestão juridicamente responsável.

Diante da complexidade da sociedade e das questões relacionadas à IA, com consequências graves, a realidade que emerge da dimensão digital representa um grande desafio. Considerar a criação de comitês de ética em IA pode ser um caminho concreto e imediato para a sociedade evitar resultados danosos a partir de vieses indesejados, a reprodução de discriminações sistemáticas e outras violações de direitos; ao mesmo tempo, alimenta-se um terreno para a construção do ideal de sociedade que queremos.

Conclusões: Arquitetura como política e governança tecnológica como caminho

Mitch Kapor, fundador da empresa *Lotus Development Corporation* e um dos fundadores da *Eletronic Frontier Foundation* (EFF) – organização não governamental que defende direitos digitais – afirma com frequência que "arquitetura é política" Hoepman, 2021, p. ix). A frase, proferida em um contexto de discussão sobre uma suposta neutralidade de tecnologias, busca reforçar que o desenho, a estrutura e o ambiente em que uma tecnologia se insere são resultado de valores morais e dinâmicas de poder entre diversos grupos na sociedade. Dessa forma, uma arquitetura tecnológica pode ser definida como uma escolha política.

Para Kapor, a arquitetura tecnológica não é neutra, não é construída fora da sociedade, da mesma maneira que não se aliena de dinâmicas de poder. Não há apenas um desenho possível para um software, não há um modelo matemático único para a construção de algoritmos, não há uma estrutura única para a organização das interações entre indivíduos em uma rede social. O desenho e a estrutura de uma tecnologia podem incentivar ou restringir comportamentos e ações e por isso atribuem responsabilidade para seus criadores. Se a escolha do desenho e da estrutura tecnológica são realizadas de forma consciente por agentes econômicos, cabe a eles a responsabilidade da construção de caminhos para reduzir os impactos de suas tecnologias sobre a sociedade.

O caso de Latanya Sweeney é uma boa ilustração da responsabilidade inerente ao processo de desenvolvimento tecnológico. Diante dos prejuízos reputacionais de ter seu nome associado a pessoas que já foram condenadas criminalmente, empresas como a *instantcheckmate* tem de desenhar a governança de sua plataforma digital e sua estratégia de marketing digital de modo a reduzir os casos e os efeitos de uma associação inadequada como essa. Expressões como "*Latanya Sweeney presa?*" não poderiam ser veiculadas no âmbito de um anúncio dos serviços da plataforma.

Comitês internos de ética e responsabilidade tecnológica, profissionais especializados na área, equipes multidisciplinares, bem como treinamentos nas áreas de direitos humanos e ética no campo tecnológico, são algumas das possíveis iniciativas para a construção de uma governança interna para que casos como o de Latanya Sweeney não se repitam ou tenham uma reposta mais adequada para os prejuízos reputacionais que a professora poderia ter sofrido.

Infelizmente o caso de Latanya Sweeney não é um caso isolado ou contido em um setor específico. Apresentamos o caso *Amazon Jobs* para ressaltar que discriminação baseada em gênero surge como um atributo da matéria-prima para a construção de sistemas de inteligência artificial. Não estamos mais em um contexto de se ou quando um erro de sistemas de inteligência artificial irá acontecer, mas sim de como vamos lidar com o desafio de conviver com o erro em sistemas de inteligência artificial.

Medidas de governança podem auxiliar os desenvolvedores e demais agentes envolvidos com o uso de tecnologias a identificar os casos em que desenhos inadequados foram feitos, cenários em que um sistema computacional errou e prejudicou determinados indivíduos, hipóteses em que um modelo matemático abstrato contribuiu para atos de discriminação de um grupo vulnerável na sociedade. Governança no contexto tecnológico não é a solução para todos os problemas envolvendo novas tecnologias, mas é um caminho para o aprendizado organizacional e para a construção de alternativas de arquitetura tecnológica mais responsável.

Referências

ACCENTURE. Northeastern University Ethics Institute. *Building data and AI ethics committee. 2019. Disponível em:* https://www.accenture.com/_acnmedia/PDF-107/Accenture-AI-And-Data-Ethics-Committee-Report-11.pdf#zoom=50. Acesso em: 18 maio 2022.

CROOTOF, Rebecca; ARD, BJ. Structuring techlaw. *Harvard Journal of Law & Technology*, v. 34, n. 2, p. 348-417, Spring 2021.

DASTIN, Jeffrey. Amazon scraps secret AI recruiting tool that showed bias against women. *Reuters, Oct. 10, 2018. Disponível em: https://www.reuters.com/article/us-amazon-com-jobs-automation-insight/amazon-scraps-secret-ai-recruiting-tool-that-showed-bias-against-women-idUSKCN1MK08G.* Acesso em: 10 ago. 2022.

FLORIDI, Luciano. Soft ethics and the governance of the digital. *Philosophy & Technology*, v. 31, n. 1, p. 1-8, Feb. 2018.

FLORIDI, Luciano; COWLS, Josh. A unified framework of five principles for AI in Society. *Harvard Data Science Review*, v. 1, n. 1, Jul. 2019. Disponível em: https://hdsr.mitpress.mit.edu/pub/l0jsh9d1/release/8. Acesso em: 7 out. 2022.

GOODMAN, Rachel. Why Amazon's automated hiring tool discriminated against women. *ACLU, Oct. 12, 2018. Disponível em: https://www.aclu.org/news/womens-rights/why-amazons-automated-hiring-tool-discriminated-against.* Acesso em: 10 ago. 2022.

HOEPMAN, Jaap-Henk. Privacy is hard and seven other myths: achieving privacy through careful design. Cambridge: The MIT Press, 2021.

KEARNS, Michael; ROTH, Aaron. *The ethical algorithm*: the science of socially aware algorithm design. New York: Oxford University Press, 2020.

LIN, Patrick. Introduction to robot ethics. *In:* LIN, Patrick; ABNEY, Keith; BEKEY, George A. *Robot ethics*: the ethical and social implications of robotics. Cambridge: The MIT Press, 2014.

O'NEIL, Cathy. *Algoritmos de destruição em massa*: como o *big data* aumenta a desigualdade e ameaça a democracia. São Paulo: Rua do Sabão, 2020.

PASQUALE, Frank. *The black box society*: the secret algorithms that control money and information. Cambridge: Harvard University Press, 2015.

SWEENEY, Latanya. Discrimination in online ad delivery: Google ads, black names and white names, racial discrimination, and click advertising. *Queue*, v. 11, issue 3, p. 1-19, March 2013. Disponível em: https://doi.org/10.1145/2460276.2460278. Acesso em: 15 dez. 2022.

TAULLI, Tom. *Introdução à inteligência artificial*: uma abordagem não técnica. São Paulo: Novatec, 2020.

TIRABOSCHI, Juliana. A evolução do *airbag*. *Galileu*, 2009. Disponível em: https://revistagalileu.globo.com/Revista/Galileu/0,,EDR87144-8489,00.html. Acesso em: 15 dez. 2022.

2. OBSTÁCULOS PARA A CONSIDERAÇÃO DE QUESTÕES ÉTICAS NOS JULGAMENTOS ALGORÍTMICOS

Ana Frazão

Introdução

Não é novidade que, atualmente, decisões importantes e estratégicas de agentes privados e públicos estão sendo progressivamente terceirizadas, total ou parcialmente, para sistemas algorítmicos desenhados e executados com base em diferentes tipos de inteligência artificial (IA).

O fenômeno tem ocorrido mesmo quando tais decisões envolvem juízos valorativos complexos e mesmo quando trazem impactos diretos na vida das pessoas que estão sujeitas a tais julgamentos, inclusive no que diz respeito à fruição de direitos fundamentais da mais alta relevância.

Entre os inúmeros riscos dos julgamentos algorítmicos encontra-se a dificuldade – senão a própria impossibilidade – de incorporar discussões éticas, embora muitas delas sejam imprescindíveis para a legitimidade de decisões que irão repercutir na vida dos submetidos a elas. Afinal, em se tratando de assuntos humanos e sociais, mesmo a opção pela neutralidade, longe de ser propriamente uma escolha técnica, é uma opção valorativa pela manutenção do *status quo* e pela perpetuação de discriminações e iniquidades existentes.

É nesse contexto que este capítulo pretende abordar aqueles que considera serem os principais obstáculos para a consideração de questões éticas nos julgamentos algorítmicos, procurando mapear algumas das soluções possíveis para o problema.

1. Primeiro obstáculo: a incompatibilidade entre a linguagem matemática e o formalismo dos algoritmos com as discussões éticas

O primeiro obstáculo dos sistemas algorítmicos para a incorporação das discussões éticas é a linguagem matemática por eles adotada e a incorporação da abordagem da matematização, que envolve a ideia de que somente é válido o conhecimento quantitativo. Segundo W. Teed Rockwell (2013, p. 633), tal postura rompe a tradição que permeou a maior parte da história humana, na qual o conhecimento foi considerado algo que precisava ser armazenado e capturado por palavras.

Stephan Hartmann e Jan Sprenger (2010, p. 1) fazem uma interessante síntese histórica nesse sentido, mostrando que, no final do século XX, os métodos matemáticos e estatísticos passaram a ser usados e valorizados até que se chegasse ao momento atual, em que quase todas as ciências sociais neles confiam para análise de dados, a formulação de hipóteses e o entendimento do mundo social.

Uma das importantes razões para a matematização das ciências sociais é a busca por precisão, objetividade e previsibilidade, o que as aproximaria das ciências naturais e lhes atribuiria maior "cientificidade". Entretanto, se é certo que a matemática pode ser uma importante ferramenta para a compreensão dos problemas humanos, é extremamente preocupante considerar válido somente o conhecimento apoiado por fórmulas matemáticas, como bem sintetiza Rockwell (2013, p. 634).

Essas mesmas limitações podem ser observadas no processo de redução do conhecimento científico genuíno somente ao que pode ser traduzido na forma de algoritmos matemáticos (ROCKWELL, 2013, p. 633). Afinal, como já antecipava Hannah Arendt (2001, p. 14-15), a introdução da matemática nos assuntos humanos gera um perigoso impasse, porque a matemática não pode ser reconvertida em palavras e tudo o que os homens fazem, sabem ou experimentam só tem sentido na medida em que pode ser discutido.

Por outro lado, em outra linha de reflexão, Einstein já mostrava os desafios das métricas e quantificações, ao advertir que nem tudo o que conta é contável e nem tudo o que é contável conta (MULLER, 2018). Daí por que a pretensão de certeza e objetividade nas ciências sociais e nos assuntos relacionados ao homem e à sociedade encontra desafios naturais diante da natureza dinâmica e mutável das experiências sociais.

Consequentemente, métodos quantitativos tendem a desconsiderar o que é difícil ou impossível de ser quantificado ou acabam implementando quantificações reducionistas ou aleatórias.

Por essa razão, David Kingsley (2018), ao refletir sobre a matematização das ciências sociais e especialmente da ciência política, conclui que complexos modelos matemáticos não refletem a realidade, pois muito da quantificação é realizada a partir de falácias.

Não é sem motivo que, mesmo sendo otimistas quanto à utilização de métodos matemáticos e estatísticos nas ciências sociais, Hartmann e Sprenger (2010, p. 4) advertem para o fato de que é um erro supervalorizar o papel da matemática, pois esta é apenas uma ferramenta cujo uso depende crucialmente das premissas e dos pressupostos que justificaram a sua utilização. Outro problema apontado pelos autores é que, para refletir a complexidade do mundo social, tais formulações matemáticas, especialmente quando elaboradas com poderosos computadores, podem resultar em modelos tão complexos que, ainda que se adéquem à realidade empírica, tornam-se incompreensíveis.

Consequências dessas limitações são apontadas por Nicolas Bouleau (2011), ao tratar dos maus usos da matemática na economia, pois várias questões importantes escapam aos modelos matemáticos, tais como a evolução estrutural e histórica das sociedades, a prevenção de crises, os fenômenos psicológicos, dentre inúmeras outras.

Um dos exemplos citados por Nicolas Bouleau é a relação entre a matematização do risco ocorrida nos mercados financeiros e a ausência de medidas de segurança, o que foi determinante para a crise econômica do *subprime* de 2008. Segundo o autor, a quantificação da incerteza remove o significado dos eventos, o que impossibilita a própria compreensão da extensão do risco.

Ademais, especialmente nas ciências sociais, como é o caso da economia, a utilização dos modelos matemáticos não se adéqua ao rigor "popperiano", já que teorias econômicas não são suscetíveis de refutação pela observação dos fatos. Como o ambiente social está em constante mudança e nunca se repete, modelos especializados com objetivos preditivos são probabilísticos e não podem ser submetidos ao teste da falseabilidade por um único evento. Ademais, matematizações úteis para compreender mudanças são sempre abertas a muitos modelos que competem entre si, a depender das diferentes perspectivas de que partam.

É por essa razão que, ao lado de mostrar que é necessário o pluralismo interpretativo e que a função social do conhecimento não é predição, mas sim precaução e cuidado, Nicolas Bouleau (2011) conclui que o problema não é a matemática em si, mas sim o fato de ser utilizada como estrutura de teorias que clamam por uma verdade unívoca.

Tal observação converge com a conclusão de Irving Fisher (1930), ao ressaltar que a matemática é uma linguagem e, como tal, deve ser usada quando as relações a serem por ela expressadas assim exigirem, em preferência à linguagem natural, que é menos precisa e completa. De toda sorte, extrai-se das observações do autor que a linguagem matemática nem sempre será adequada para vários dos problemas sociais.

Fica claro, portanto, que os julgamentos algorítmicos partem de uma dificuldade inicial, que é a premissa de que todos os aspectos da natureza humana podem ser convertidos em fórmulas matemáticas e de que seres humanos poderão ser julgados a partir delas. Se isso já seria um obstáculo natural à consideração de diversas questões importantes, pode tornar-se um obstáculo praticamente intransponível quando se está a falar de valores e de ética.

2. Segundo obstáculo: as limitações das estatísticas e dos cálculos probabilísticos

Além das limitações da linguagem matemática, os métodos quantitativos utilizados pelos algoritmos, normalmente apoiados em estatísticas e em cálculos probabilísticos, também apresentam inúmeras dificuldades. Basta lembrar, como alertam Kay e King (2020, p. 8) em relação às estatísticas, que, se a injustiça contra indivíduos é inerente a qualquer aplicação de discriminação estatística, a utilização dos sistemas algorítmicos aumenta ainda mais esse risco.

É importante ressaltar que o problema da discriminação estatística independe da qualidade dos dados e do acerto da metodologia, persistindo mesmo quando os resultados estatísticos refletem fielmente a realidade. Seja porque a individualidade da pessoa é desconsiderada, seja porque a estatística pode simplesmente retratar preconceitos que efetivamente ocorrem no mundo real, mas que não podem ser replicados de forma acrítica pelos modelos algorítmicos, é fundamental que existam análises complementares que possam contornar e suprir tais deficiências.

Outra grande dificuldade é que, diante do grande volume de dados e da potência cada vez maior dos sistemas algorítmicos, aumentam consideravelmente os riscos de correlações absurdas. É o que adverte Pedro Domingos, em seu famoso livro *The master algorithm* (2015), no qual mostra os efeitos preocupantes dos *allucinating patterns*. Essa é mais uma razão para que sejam redobrados os cuidados com padrões e estatísticas que podem suscitar correlações que não têm qualquer sentido, capazes de levar a conclusões totalmente equivocadas.

Se as estatísticas sobre o passado não resolvem, por si sós, a solução de assuntos humanos complexos, o mesmo acontece com os cálculos probabilísticos que tentam antecipar o futuro. Esse é o argumento principal do livro de Kay e King (2020, p. 42-44), ao mostrar que tais metodologias são incompatíveis com as incertezas que caracterizam o mundo real.

É por essas razões que os autores sustentam que a inferência estatística é – e precisa continuar sendo – uma opinião, até porque escolher as informações relevantes para uma decisão é uma importante forma de julgamento (Kay; King, 2020, p. 100). Daí o especial cuidado que se deve ter com as chamadas inferências causais (Kay; King, 2020, p. 389-390).

Kay e King (2020, p. 404), na verdade, apresentam uma ampla crítica aos métodos matemáticos e quantitativos, como as análises de custo-benefício, mostrando várias de suas limitações, inclusive a de serem meras aparências de objetividade e neutralidade. Tal postura realça as críticas já feitas na seção anterior aos excessos do uso da matemática e dos métodos quantitativos. Daí a necessidade de que tais análises sejam complementadas por outros tipos de metodologias ou julgamentos, que privilegiem valores e aspectos qualitativos desconsiderados pelas análises quantitativas.

Ainda é preciso lembrar que o excesso de complexidade de vários sistemas de IA, notadamente de *machine learning*, aumenta os riscos dos resultados não intencionais. Como apontam Michael Kearns e Aaron Roth (2020, p. 69), a complexidade crescente dos modelos algorítmicos faz com que nem o executor nem o *designer* possam antecipar todos os seus resultados. Para Stuart Russel (2019, p. 70), o problema dos resultados não intencionais é precisamente o mais grave das decisões algorítmicas.

Daí por que, além das limitações inerentes às metodologias estatísticas e probabilísticas, ainda é preciso levar em consideração os resultados não intencionais. Todos esses fatores mostram como a discussão ética e valorativa, longe de poder ser dispensada, é cada vez mais relevante para as decisões algorítmicas, a fim de assegurar que o propósito de acurácia não seja alcançado à custa de decisões injustas ou discriminatórias.

Dessa maneira, conclui-se que todos os esforços para quantificar e matematizar decisões complexas sobre seres humanos são insuficientes para abarcar a complexidade do problema e, mais ainda, para considerar os necessários valores e escolhas sociais e políticas que devem orientar esse tipo de julgamento.

O recurso às metodologias estatísticas e de cálculos probabilísticos, embora importante, não resolve parte substancial dos assuntos humanos, seja em razão das limitações de tais abordagens, seja em razão dos riscos de resultados não intencionais, seja ainda em razão do fato de que, também nessa seara, deve haver o necessário enfrentamento das questões valorativas desde a programação do sistema algorítmico até a sua execução, sendo fundamental complementar os resultados com outros tipos de julgamento. Afinal, de que adianta assegurar acurácia ao preço de decisões algorítmicas injustas e discriminatórias?

Em qualquer caso, fica claro que a participação humana é fundamental nesse processo, como se continuará a examinar ao longo do capítulo, oportunidade em que se explorará em que medida as decisões humanas, apesar de suas falhas e limitações, são superiores aos julgamentos algorítmicos em vários aspectos – especialmente no que toca às análises éticas e valorativas – e não podem ser simplesmente substituídas por eles.

3. Terceiro obstáculo: o hiato entre quem programa e quem usa e o saldo final da irresponsabilidade organizada

Independentemente das limitações da linguagem matemática e dos métodos quantitativos das decisões algorítmicas, importante impacto do processo ora sob exame é a delegação, por parte de agentes privados e públicos, de decisões de suas competências para sistemas algorítmicos que são desenhados por outros agentes, criando uma preocupante cisão entre quem programa os algoritmos e quem os aplica.

Na verdade, não seria exagero dizer que a introdução de sistemas algorítmicos em processos decisórios pode implicar uma nova e ainda mais intensa forma de terceirização tanto das atividades privadas como das atividades públicas, o que nem sempre tem merecido a devida atenção.

Vale ressaltar que essa terceirização, longe de ser um efeito colateral ou não intencional dos julgamentos algorítmicos, parece ser um dos seus principais propósitos. Como ensina W. Teed Rockwell (2013, p. 634-635), todos os elementos da decisão algorítmica, como os conhecimentos e a imaginação necessários, ficam a cargo do programador, de forma que a execução do sistema seja tão simples que até um "idiota obediente" possa fazê-lo.

Ora, se a ideia de um bom sistema algorítmico é precisamente a de tornar a sua utilização simplificada e até mesmo irrefletida ou mecânica, tem-se que não apenas existe um relevante hiato entre programadores e usuários como também – o que é ainda mais preocupante – tal hiato passa a ser considerado algo natural e até mesmo um sinal da eficiência do sistema algorítmico.

Obviamente que esse cenário enseja diversas reflexões, até porque as decisões, ao fim e ao cabo, serão tomadas, pelo menos do ponto de vista formal, pelos agentes privados e públicos usuários dos sistemas algorítmicos[1]. Todavia, o problema também nos faz refletir sobre o papel dos matemáticos e programadores.

Em interessante artigo, Maurice Chiodo e Toby Clifton (2019) alertam para o fato de que a constante utilização da matemática em decisões cada vez mais importantes para as pessoas e para a sociedade requer as necessárias considerações sobre os desdobramentos práticos e as preocupações éticas inerentes aos modelos matemáticos.

Os autores utilizam-se de dois exemplos relativamente recentes para mostrar o descolamento entre os modelos matemáticos pensados abstratamente e os seus resultados práticos. O primeiro deles é a crise financeira de 2008, evento em relação ao qual há um consenso no sentido de que o trabalho matemático teve um papel crucial para a má utilização dos chamados *Collateralised Debt Obligations* (CDOs), já que a matemática que os sustentava não somente era altamente complexa – o que impossibilitava a sua compreensão pelo mercado – como continha graves limitações para a estimativa de risco, as quais eram também ignoradas pelos agentes que nela se baseavam.

[1] Sobre as implicações do problema em relação à responsabilidade civil dos administradores de sociedades, ver Frazão (2020, p. 501-541).

Outro exemplo mencionado pelos autores é o caso *Cambridge Analytica*, em que o trabalho perigoso e fraudulento de manipular pessoas para fins políticos foi viabilizado por meio de sofisticados modelos matemáticos planejados para tal propósito. Aliás, nesse ponto, a conclusão de Chiodo e Clifton vai ao encontro do diagnóstico de Giuliano Da Empoli (2019, p. 88), no seu inquietante livro *Os engenheiros do caos*, em trecho em que o próprio estrategista do Brexit – Cummings – ironicamente afirmou que, "se Victoria Woodcock, a responsável pelo *software* usado na campanha, tivesse sido atropelada por um ônibus, o Reino Unido teria continuado na União Europeia".

Todas essas discussões vêm mostrando a urgência de pensar no impacto dos modelos matemáticos sobre o mundo, como bem observam Chiodo e Clifton (2019, p. 35), ao advertirem para o fato de que um matemático em uma *big tech* pode hoje modificar um algoritmo e imediatamente afetar a vida de bilhões de pessoas.

Não bastasse a influência e o grau de penetração dos modelos matemáticos que têm sido utilizados para embasar decisões algorítmicas sobre assuntos humanos e sociais, Chiodo e Clifton (2019, p. 35) também advertem para o fato de que tais modelos, especialmente quando utilizados para predizer o futuro, apresentam a limitação natural de não poderem ser submetidos ao teste da falseabilidade, o que é uma razão a mais para haja maior reflexão ética em torno deles.

Ademais, como já se viu, sem a devida interação entre quem programa e quem executa, programadores podem não saber exatamente quais as necessidades e objetivos da organização que se utilizará do sistema, assim como podem não antever os resultados práticos da aplicação do modelo, especialmente diante de casos excepcionais que, por fugirem da regularidade, justificariam um tratamento distinto ou a própria adaptação do sistema.

Mais do que isso, sem a interação com os usuários e sem a consideração dos resultados concretos do modelo, os programadores tendem a não se sentir moralmente responsáveis pelos efeitos indesejáveis ou nocivos dos seus sistemas. Tal cenário confirma as preocupações do já citado estudo de Maurice Chiodo e Toby Clifton (2019, p. 35), ao salientarem que os matemáticos e programadores não se sentem responsáveis pelos resultados do seu modelo, porque não estão envolvidos diretamente na aplicação do seu trabalho, assim como entendem que não precisam considerar as implicações éticas externas: "After all, we just do the maths, and so it's 'not our problem'".

Por essa razão, Chiodo e Clifton (2019, p. 35) defendem que a utilização de sistemas algorítmicos nos processos decisórios deve vir acompanhada da devida reflexão, por parte dos matemáticos e programadores, sobre as repercussões éticas e os resultados concretos dos seus modelos. Daí a crescente preocupação com a chamada "ética da matemática".

4. Quarto obstáculo: as limitações de racionalidade dos homens que interagem com as máquinas

As dificuldades do hiato entre quem programa e quem executa os sistemas algorítmicos são potencializadas diante de inúmeros fatores que caracterizam as relações entre homens e máquinas, o que faz, em determinados casos, com que os primeiros tendam a replicar o resultado das segundas sem maior crítica ou escrutínio.

Isso foi demonstrado por Ben Green e Yiling Chen (2019) em interessante estudo no qual analisaram sistemas algorítmicos como o Compas, utilizado para auxiliar juízes na dosimetria de penas por meio de cálculos sobre o potencial de reincidência dos réus sob julgamento.

Antes de testarem suas hipóteses, os autores tentaram mapear os trabalhos anteriores sobre o tema, realçando a parte da literatura que aponta o quanto as pessoas são ruins para incorporar, em suas análises, predições quantitativas. O chamado fenômeno do viés da automação (*automation bias*) sugere que ferramentas de automação influenciam decisões humanas de formas significativas e geralmente ruins. Dois tipos de erros são particularmente comuns: (i) erros de omissão, nos quais as pessoas não reconhecem quando os sistemas automatizados erram, e (ii) erros comissivos, nos quais as pessoas seguem os sistemas automatizados sem considerar suas informações contraditórias.

Consequentemente, uma forte confiança em sistemas automatizados pode alterar as relações das pessoas com as suas tarefas, criando uma espécie de "para-choque" entre as decisões e os seus impactos, com a consequente perda do senso de responsabilidade e da *accountability*. Daí o receio de que decisões algorítmicas, embora tenham sido desenhadas para reduzir os erros humanos, possam causar ainda mais problemas, ainda mais diante de questões éticas, que precisam ser submetidas a um escrutínio eficiente.

Por outro lado, os autores igualmente ressaltam estudos que mostram resultados igualmente preocupantes: (i) mesmo diante de algoritmos com maior acurácia, as pessoas nem sempre os incorporam para melhorar suas decisões, preferindo confiar no seu próprio julgamento ou no julgamento de terceiro; (ii) as pessoas não sabem distinguir entre predições confiáveis e predições não confiáveis; e (iii) existe uma aversão ao algoritmo, de forma que as pessoas são menos tolerantes aos erros dos algoritmos do que aos erros das pessoas.

Outra parte dos estudos sobre o assunto mostra a importância dos vieses dos julgadores humanos como verdadeiros filtros informacionais, de modo que mesmo informações que supostamente ajudariam as pessoas a tomar melhores decisões podem falhar ao serem incorporadas de forma enviesada ao processo decisório.

Como se pode observar, há grande controvérsia a respeito de como os seres humanos formalmente responsáveis por determinadas decisões agem e reagem diante de resultados algorítmicos, existindo riscos tanto de que os sigam de forma irrefletida como de que os apliquem de acordo com seus próprios vieses, o que pode gerar resultados ainda mais disfuncionais.

Todo esse cenário mostra o quanto o sucesso da utilização de sistemas algorítmicos nos processos de decisão depende da prévia reflexão sobre como se dá a complexa relação entre homens e máquinas, a fim de evitar resultados indesejáveis, que vão da falta de supervisão humana à própria deturpação do resultado algorítmico.

Voltando ao estudo de Ben Green e Yiling Chen (2019), os autores formulam três hipóteses que, ao final, são confirmadas pela pesquisa empírica: (i) os participantes que recebem uma avaliação algorítmica de risco farão predições com menor acurácia do que a avaliação de risco; (ii) os participantes serão incapazes de avaliar a sua própria *performance* e também a *performance* do algoritmo; e (iii) diante da forma como os participantes interagem com a avaliação de riscos, suas posturas serão desproporcionalmente prováveis de aumentar as previsões de risco em relação a réus negros do que réus brancos.

Logo, o estudo mostra o quanto se tem a avançar na compreensão dos reais efeitos de avaliações ou diagnósticos algorítmicos sobre as decisões humanas que deles se utilizam, inclusive para avaliar o risco de que a intervenção humana não seja capaz de identificar falhas nem de realizar propriamente qualquer controle sobre eventuais problemas dos algoritmos.

Por mais que ainda seja cedo para formular conclusões sobre o assunto, já foi possível verificar que um resultado algorítmico pode inclusive alavancar a discriminação contra um determinado grupo. Não é sem razão que Ben Green e Yiling Chen (2019) defendem a necessidade de inserir as avaliações algorítmicas de risco no contexto social e tecnológico, a fim de que seus impactos possam ser identificados e valorados.

Ademais, ficou igualmente claro, no exemplo concreto estudado pelos autores, que a introdução de análises algorítmicas de risco no sistema criminal não elimina a discricionariedade nem cria julgamentos mais objetivos, mas simplesmente transfere a discricionariedade para outras "áreas", o que inclui a interpretação judicial da avaliação algorítmica e também a decisão sobre quão fortemente se pode confiar nela.

Seja porque a interação entre homem e máquina pode levar à total confiança nos sistemas, seja porque pode levar a interpretações que criem novas áreas de discricionariedade, que podem inclusive distorcer o sistema, é urgente que se entenda minimamente essa interação nos casos concretos, sob pena de tornar inexequível a proposta de que o controle humano possa ser suficiente para resolver problemas de discriminação e de violação a valores e a imperativos éticos.

Dessa maneira, tão importante quanto um bom *design* algorítmico, que possa considerar os resultados práticos e os desdobramentos éticos da sua aplicação, é a qualidade da interação entre os usuários e os sistemas algorítmicos, a fim de evitar resultados disfuncionais e mesmo a irresponsabilidade organizada.

5. Quinto obstáculo: a ignorância ou indiferença em relação à dimensão ética e política dos julgamentos algorítmicos sobre pessoas

Como se viu das seções anteriores, os sistemas algorítmicos estão sendo planejados sem o devido cuidado e sem as necessárias preocupações éticas e jurídicas por parte de programadores e empresas de tecnologia, o que aumenta os riscos de decisões disfuncionais, injustas e discriminatórias.

É indispensável, portanto, reconhecer que o *design* de algoritmos para viabilizar processos decisórios que causarão impactos na sociedade equipara-se à formulação de políticas sociais, razão pela qual é preciso adotar todos os cuidados e preocupações éticas inerentes a tais atividades.

Excelente artigo que sintetiza a questão é o escrito por Ben Green, "Data science as political action: grounding data science in a politics of justice" (2021), no qual propõe que os cientistas de dados se reconheçam como atores políticos engajados em construções normativas da sociedade, razão pela qual devem analisar e valorar o seu trabalho de acordo com o impacto que ele terá na vida das pessoas.

Segundo Ben Green, isso não vem acontecendo essencialmente por três motivos: (i) a "ética" da ciência dos dados baseia-se em uma divisão artificial entre tecnologia e sociedade; (ii) a "ética" da ciência dos dados raramente apresenta algum mecanismo para assegurar que engenheiros sigam princípios éticos ou para que violadores de tais princípios sejam considerados responsáveis; e (iii) a "ética" da ciência dos dados não tem nenhum substrato normativo explícito. Em razão disso, os engenheiros, matemáticos, cientistas de dados e *designers* de sistemas algorítmicos simplesmente não se veem como atores políticos, embora claramente o sejam.

Daí por que, ainda segundo Green (2021), o primeiro passo para tentar resolver o problema das decisões algorítmicas disfuncionais ou discriminatórias é demonstrar a insubsistência dos argumentos que são normalmente invocados para afastar a responsabilidade dos *designers*: (i) "I'm just an engineer"; (ii) "Our job isn't to take political stances"; e (iii) "We should not let the perfect be the enemy of the good".

Como mostra acertadamente Green (2021), não há como aceitar o argumento de que a programação de algoritmos é mera engenharia diante dos inúmeros exemplos de sistemas que estruturam comportamentos, transferem poder e moldam vários aspectos da sociedade. Dessa maneira, a falta de consciência sobre o que os cientistas de dados realmente fazem os impede de entender e de assumir as devidas responsabilidades.

Quanto ao segundo argumento, Green até considera compreensível a postura dos cientistas de dados, diante do seu desejo genuíno de assumir a postura da neutralidade. Entretanto, aponta dois argumentos poderosos contra isso: (i) a neutralidade é um objetivo inatingível, uma vez que é impossível se engajar na ciência e na política sem ser influenciado por *backgrounds*, valores e interesses; e (ii) o esforço pela neutralidade não é uma posição politicamente neutra, mas sim uma posição fundamentalmente conservadora e em defesa do *status quo*.

Já quanto ao argumento de que a perfeição é inimiga daquilo que é exequível, ele acabou fazendo com que a ciência dos dados tenha se desenvolvido sem qualquer definição praticável do que pode ser considerado o bem comum para guiar seus esforços.

Por tudo isso, Green sugere um passo a passo para a ciência dos dados, em que a etapa 1 envolve o interesse sobre as questões sociais inerentes aos sistemas algorítmicos, a etapa 2 requer a reflexão sobre os impactos dos sistemas algorítmicos no mundo real e a etapa 3 propõe a aplicação das etapas anteriores na identificação dos métodos existentes que podem ser aplicados para endereçar as injustiças e as mudanças de poder social e político.

A etapa 4, que envolve a prática, seria a mais difícil, pois envolve o enfrentamento do dilema ético fundamental que se descortina a partir do momento em que se afasta a falsa pretensão de neutralidade. Entretanto, muitas das dificuldades relacionadas ao enfrentamento do dilema ético poderiam ser resolvidas, segundo Green, por meio da participação social, o que endereçaria igualmente o problema da falta de diversidade entre os programadores.

Vale lembrar que a maior parte dos programadores é composta por homens brancos, de forma que, além da conscientização de que são atores sociais formulando políticas sociais, é importante que tenham minimamente outras visões sobre o problema, incluindo a perspectiva daqueles que estarão sujeitos aos efeitos dos sistemas algorítmicos por eles desenhados. A maior diversidade possibilitará inclusive uma melhora das análises dos impactos de tais sistemas, como igualmente afirma Green.

Daí por que, se realmente queremos ter sistemas algorítmicos que não discriminem e que cumpram minimamente as recomendações éticas obrigatórias, não será suficiente apenas o controle de resultados indesejáveis, mesmo quando isso seja possível. É preciso pensar no próprio *design* do sistema, criando mecanismos para que pesquisadores e engenheiros, assim como as empresas de tecnologia que os empregam, possam se conscientizar do que fazem e assumir as respectivas responsabilidades.

6. Sexto obstáculo: o não enfrentamento do *trade-off* entre acurácia e justiça com base na equivocada ideia de que a eliminação do ruído é o único – ou o principal – objetivo dos julgamentos sobre as pessoas

Outro grave obstáculo à consideração dos critérios éticos nos julgamentos algorítmicos é a equivocada ideia de que a acurácia é o principal – quando não o único – objetivo dos julgamentos algorítmicos.

Tal ideia é defendida no livro de Kahneman, Sibony e Sunstein *Noise*: a flaw in human judgment (2021), no qual os autores mostram a importância da redução dos ruídos, que seriam os erros não sistemáticos, devidos a fatores imprevisíveis, mas que podem causar impacto alarmante nos julgamentos humanos. Sob essa perspectiva, os ruídos diferenciam-se dos vieses, porque estes últimos são sistemáticos e, consequentemente, previsíveis. Já os ruídos apenas podem ser identificados estatisticamente.

Não se discute o quanto é legítima a preocupação dos autores, na medida em que identificam problema gravíssimo, que pode comprometer os julgamentos individuais e, com maior razão, os julgamentos realizados no interior de organizações que dependem de várias pessoas. Daí ser fundamental não apenas estar atento para o problema do ruído como também pensar em possíveis soluções e estratégias para pelo menos mitigá-lo, por meio de técnicas englobadas no que os autores chamam de "higiene decisória".

Entretanto, se o objetivo da redução do ruído é perfeitamente compreensível e necessário, a obra conclui no sentido de que ele é o principal, quando não o único, objetivo dos julgamentos. Daí os autores sustentarem abertamente que o objetivo maior de qualquer julgamento é a acurácia. Partindo também da premissa de que nossas mentes são instrumentos de mensuração, os autores descrevem julgamentos como mensurações nas quais o instrumento é a mente humana, razão pela qual um bom julgamento é um julgamento objetivo e com alto grau de acurácia (Kahneman *et al.*, 2021).

Em outras palavras, bons julgamentos são aqueles nos quais se neutraliza a própria humanidade do julgador. Daí por que, segundo os autores, regras, fórmulas e algoritmos normalmente vão ultrapassar os julgamentos humanos, pelo simples fato de serem *noise-free* (Kahneman *et al.*, 2021). Não é sem razão que os autores defendem igualmente a maior simplicidade dos processos decisórios, propondo que regras objetivas são normalmente preferíveis a *standards* ou normas abertas, exatamente porque reduzem a discricionariedade do julgador (KAHNEMAN *et al.*, 2021).

Em relação à IA, os autores são mais cautelosos, até porque não têm como negar o potencial de discriminação dos julgamentos daí decorrentes. Entretanto, advertem que há uma supervalorização do problema dos algoritmos, pois se ignora que os problemas dos julgamentos humanos podem ser ainda maiores (KAHNEMAN *et al.*, 2021).

De toda sorte, os autores conferem especial atenção ao problema dos *noiseless, biased algorithms,* admitindo que a redução dos ruídos pode vir com um custo intolerável se houver aumento dos vieses preconceituosos (KAHNEMAN *et al.*, 2021). Com isso, os próprios autores reconhecem as limitações dos julgamentos algorítmicos, sendo a questão da discriminação provavelmente o único exemplo em que admitem que os algoritmos podem levar a resultados mais enviesados do que os julgamentos humanos.

De toda sorte, o ponto mais importante a ser aqui considerado é a premissa de Kahneman, Siboni e Sunstein de que os julgamentos humanos têm por principal ou único objetivo a acurácia. Com isso, ignoram-se por completo a justiça e as preocupações éticas a ela inerentes. Afinal, de que adianta a acurácia se o julgamento for claramente incorreto, preconceituoso, injusto ou inaceitável? O fato de haver igualdade formal e segurança jurídica em casos assim resolve? Adianta para as mulheres e outras minorias saberem que serão discriminadas de forma igualitária, mantendo-se a precisão e o caráter *noise-free* dos julgamentos?

Ao salientar que a única preocupação dos julgamentos deve ser com a acurácia, os autores acabam assumindo não só que existe um *trade-off* entre acurácia e justiça como que o referido *trade-off* deve ser decidido incondicionalmente em favor da primeira. A questão não é tão simples, razão pela qual, em vários momentos da obra, os autores parecem reconhecer o reducionismo da sua proposta, sugerindo alternativas mais abrangentes, em que propõem uma conciliação entre acurácia e justiça (KAHNEMAN *et al.*, 2021).

Não obstante, mesmo nessa "concessão", a ideia é a de que as discussões sobre justiça e valores sejam feitas também por algoritmos. Ao se posicionarem desse modo, os autores acabam menosprezando vários dos desafios que foram mapeados ao longo deste capítulo, tais como as dificuldades de converter em fórmulas discussões mais complexas e sofisticadas sobre valores e o gravíssimo problema dos resultados não intencionais.

Também não exploram os autores que a opção pelos algoritmos envolve normalmente a delegação do processo decisório para a programação, sendo que os programadores estão sujeitos aos mesmos vieses e aos problemas aleatórios dos quais decorrem os ruídos. Consequentemente, a acurácia ou o caráter *noise-free* dos julgamentos algorítmicos pode vir à custa dos preconceitos, vieses e equívocos dos seus programadores, além dos fatores aleatórios – os mesmos que levam aos ruídos – a que igualmente estão sujeitos no momento da programação.

Ainda que se trate de IA, especialmente na modalidade *machine learning*, a transferência de julgamentos complexos sobre seres humanos para algoritmos implica claramente uma opção pela priorização das correlações e padrões encontrados nos dados – os quais podem simplesmente refletir e reproduzir preconceitos reais que existem na sociedade – em detrimento das necessárias reflexões a respeito da causalidade.

Não é sem razão que Kahneman, Siboni e Sunstein desprezam o raciocínio causal e defendem abertamente a prevalência do raciocínio estatístico. Com isso, ignoram toda a riqueza das discussões sobre causalidade, inclusive a partir de diferentes *framings*, além de menosprezarem as diversas limitações das estatísticas, tema que foi abordado.

Também não é sem razão que os autores defendem julgamentos baseados em regras – e não em normas abertas ou *standards* – sem considerar que, especialmente no que diz respeito a decisões judiciais, o fracasso do positivismo legalista do século XIX decorreu precisamente da constatação de que, em uma sociedade cada vez mais complexa, é simplesmente impossível regular todas as situações por regras e de que essa visão ingênua de segurança jurídica é obtida à custa de simplificações e reducionismos inaceitáveis.

Dessa maneira, se existem ruídos excessivos e inaceitáveis nas decisões judiciais e se os juízes estão exercendo indevidamente o seu poder decisório, a solução não é, por fim, a discricionariedade, mas sim contê-la a partir dos instrumentos adequados.

Aliás, é importante reiterar que, como os próprios autores reconhecem, divergências não são necessariamente ruins, ainda mais se forem bem colocadas, fundamentadas e consistentes, se resultarem de *framings* diversos e se contribuírem para uma visão mais ampla e diversificada do mesmo problema. Daí por que uma das dicas da obra, inspirada na "sabedoria das massas", é precisamente a de obter o maior número de julgamentos possíveis a respeito do mesmo problema: "Obtain independent judgments from multiple judges, then consider aggregating those judgments" (Kahneman *et al.*, 2021).

Nesse aspecto, ainda que com pontos de partida totalmente diversos, a obra de Kahnemann, Sibony e Sunstein encontra-se com a obra de Cukier, Mayer-Shönberger e Véricourt (2021), a ser explorada na próxima seção, pois chega à conclusão de que a diversidade e o pluralismo de julgamentos podem ser extremamente importantes para o julgamento final. A partir desse *insight*, a própria ideia de segurança jurídica e de formação de jurisprudência é ressignificada, uma vez que a uniformização, embora necessária a partir de um determinado momento, deve ocorrer apenas depois que houver tempo necessário para que a questão seja suficientemente debatida sob diversos ângulos, enfoques e enquadramentos.

Em outras palavras, até mesmo para estabelecer a palavra final a respeito de um determinado assunto – e cogitar traduzi-lo em códigos e algoritmos – há que ter certo grau de maturidade no debate, objetivo para o qual uma divergência saudável e rica é fundamental. Buscar segurança, acurácia e uniformização a qualquer preço pode implicar a adoção prematura e incorreta de um ponto de vista a respeito de assunto que não foi suficientemente debatido.

Ademais, considerando que os assuntos humanos são extremamente dinâmicos, mesmo após a sedimentação de um determinado entendimento, é preciso deixar válvulas de escape para atualizações, ressignificações e mesmo alterações. Tais raciocínios igualmente se aplicam a instituições privadas, que podem ter processos decisórios tão complexos quanto os que são travados no Poder Judiciário e igualmente precisam administrar a tensão entre diversidade, adequação, acurácia e coerência em seus julgamentos.

Dessa maneira, se não há dúvida de que redução de ruído e acurácia são objetivos que devem ser perseguidos, também não há dúvida de que esses não são os únicos propósitos das decisões, que precisam igualmente atender a pressupostos de adequação, justiça e ausência de discriminação. Por essas razões, não se pode optar jamais pela acurácia em detrimento da justiça e de princípios relevantes, como o da não discriminação.

Aliás, os autores reconhecem que, na esfera preditiva, os modelos algorítmicos são consistentemente melhores do que as pessoas, mas não muito melhores. Da mesma forma, reconhecem que a IA tem melhores resultados do que modelos simplificados, mesmo assim está muito longe da perfeição.

O simples fato de os julgamentos algorítmicos apresentarem tantos problemas e limites já é um importante aviso de que não é recomendável serem usados simplesmente para substituir julgamentos humanos. Pelo contrário, o mais prudente seria tentar obter uma postura de complementação entre os julgamentos algorítmicos e os humanos, a fim de que cada um possa compensar as debilidades do outro.

É por essas razões que, em que pese a legítima iniciativa de Kahneman, Sibony e Sunstein de diagnosticar e mitigar o problema dos ruídos, tal objetivo não pode ser pretexto para tornar os julgamentos algorítmicos os únicos nem – muito menos – para ignorar os benefícios dos julgamentos humanos, os quais serão explorados na próxima seção.

7. Sétimo obstáculo: a desconsideração dos aspectos positivos dos julgamentos humanos, especialmente nas questões éticas

Como demonstraram as seções anteriores, diante das limitações das decisões algorítmicas, é fundamental complementá-las com outras análises qualitativas que possam abranger os aspectos valorativos que devem nortear os julgamentos sobre as pessoas, a fim de evitar resultados discriminatórios ou inaceitáveis do ponto de vista ético. Entretanto, é precisamente esse aspecto qualitativo que decorreria do julgamento humano que tem sido eclipsado na utilização de sistemas algorítmicos.

Com efeito, tem havido a desconsideração da necessidade de complementação dos julgamentos algorítmicos com base nas narrativas e nas diversas molduras (*frames*) para a compreensão e a solução de problemas humanos complexos, como apontam Cukier, Mayer-Shönberger e Véricourt (2021) ao ressaltarem a importância da habilidade humana de emoldurar (*framing*).

Os *frames* ou molduras são modelos mentais ou representações da realidade por meio dos quais vemos o mundo. Tais modelos mentais, que tornam o mundo mais compreensível e ordenado, tanto podem ser subconscientes como podem ser transformados em ferramentas para tomar melhores decisões, na medida em que possibilitam a visualização de diferentes ângulos e perspectivas do mesmo problema (CUKIER *et al.*, 2021, p. 3-9).

Embora os termos *frame* e *framing* sejam muito comuns na psicologia comportamental, Cukier, Mayer-Shönberger e Véricourt esclarecem que o utilizam em um sentido diferente, enfatizando o ato deliberado de aproveitar variados modelos mentais para extrair distintas alternativas antes de tomar uma decisão (CUKIER *et al.*, 2021, p. 10). Sob essa perspectiva, o *framing* é uma capacidade humana extremamente valiosa e empoderadora, pois nos faz entender o sentido do mundo e remoldá-lo (CUKIER *et al.*, 2021, p. 10).

Os autores também insistem no fato de que os *frames* são mais do que perspectivas individuais, sendo verdadeiros *templates* cognitivos (CUKIER *et al.*, 2021, p. 11). Aliás, cada mudança de paradigma, no sentido de Kuhn, pode ser vista como um *reframing* (CUKIER *et al.*, 2021, p. 10). A vantagem dos *frames* é que eles podem acomodar raciocínios que são impossíveis para modelos algorítmicos, tais como os causais, os contrafactuais e as restrições (CUKIER *et al.*, 2021, p. 13). Daí concluírem os autores que o *framing* é uma habilidade exclusivamente humana extremamente valiosa para a compreensão do mundo e a solução de problemas (CUKIER *et al.*, 2021, p. 17 e 44).

Além de ressaltarem que os julgamentos humanos, sob esse ângulo, são superiores aos julgamentos algorítmicos, os autores mostram a importância da coexistência de diferentes molduras, a fim de evitar o que chamam de monoculturas mentais (CUKIER *et al.*, 2021, p. 173-182). Nesse ponto, a observação reforça a crítica de que os julgamentos algorítmicos refletem a maneira como os programadores compreendem o mundo, o que é bastante restritivo.

Tais considerações igualmente evidenciam que a pretensão de acurácia, que é o maior fundamento para substituir os julgamentos humanos pelos julgamentos algorítmicos, não pode ser a única a ser buscada em decisões que afetarão as pessoas. Pelo contrário, além das discussões éticas e valorativas, há que assegurar espaço para diversos juízos para os quais os algoritmos têm inúmeras limitações.

Não é sem razão que, para Cukier, Mayer-Shönberger e Véricourt, é fundamental assegurar o pluralismo e as diferentes visões de mundo para a solução dos problemas complexos. Ademais, asseveram os autores que muito do poder transformador da inteligência humana - que assegurou a própria sobrevivência da espécie e que não pode ser replicado por julgamentos algorítmicos - vem dessa habilidade de ver o mundo por diferentes lentes, de imaginar novos cenários e soluções e de mudar a realidade (Cukier *et al.*, 2021, p. 218).

Vale ressaltar que Cukier, Mayer-Shönberger e Véricourt não estão sozinhos em suas conclusões. Cada vez mais, as ciências sociais e a economia direcionam suas atenções para a importância dos distintos *frames* e narrativas para a compreensão do mundo e para as tentativas de modificá-lo.

Robert Shiller, em seu *Narrative economics* (2019), mostra como as histórias que as pessoas contam podem ter importância fundamental para a economia, embora sejam comumente ignoradas sob o fundamento de que são anedóticas ou anticientíficas. De forma contrária, o autor propõe que estudar histórias populares e narrativas é essencial para entender e influenciar o comportamento econômico - tanto individual como coletivo -, inclusive para o fim de melhorar nossa habilidade para prever crises financeiras ou importantes eventos econômicos, ou pelo menos para nos preparar para eles ou mitigar seus respectivos danos.

No âmbito da economia da complexidade, Brian Arthur (2015) também defende que os dados não têm nenhum significado a eles inerente, mas adquirem significados a partir dos sentidos que lhes atribuímos. Por essas razões, diferentes pessoas com diferentes experiências irão construir diferentes sentidos (Arthur, 2015, p. 162). Acrescenta Brian Arthur (2015, p. 162-163) que os seres humanos não pensam dedutivamente como os matemáticos, mas sim de forma associativa, relacionando os dados com metáforas, memórias, estruturas, padrões e teorias. Daí a importância de que essa forma de raciocínio esteja igualmente presente nas decisões humanas mais importantes.

Aliás, há uma farta literatura na atualidade mostrando não somente a importância dos *frames* como a relação entre eles e a posição social e da coletividade (JACKSON, 2020). Se o aspecto social molda a nossa própria humanidade, especial atenção há que ser dada ao ambiente social dos programadores e executores de sistemas algorítmicos e à medida em que ele é suficientemente aberto para a diversidade e o debate que devem permear decisões valorativas sobre seres humanos.

De forma geral, o reconhecimento da importância dos *frames* e da dimensão social da ação humana só reitera a relevância do cotejo entre diferentes narrativas e versões para a compreensão do mundo e a solução dos principais problemas. É o que nos propõe Robert Skidelski (2020, p. 94-96), ao ressaltar não somente o quanto nossas ações individuais são emolduradas (*framed*) pela posição dos indivíduos no grupo mas também a importância das narrativas.

Outra obra imprescindível para as atuais reflexões sobre o tema é a de Akerloff e Kranton (2020), cujo título já descreve bem a ideia principal dos autores: *Identity economics*: how our identities shape our work, wages and well-being. Um dos objetivos fundamentais do livro é restaurar o papel das paixões humanas e das instituições sociais para a economia, mostrando como o contexto social importa (AKERLOFF; KRANTON, 2020, p. 6-7), inclusive para as concepções individuais de justiça (AKERLOFF; KRANTON, 2020, p. 10).

Obviamente que as abordagens ora expostas não pretendem substituir os julgamentos algorítmicos nem questionar a sua importância. Pretendem apenas mostrar que eles têm limitações que podem e devem ser complementadas por outras formas de julgamento, especialmente quando se está diante de questões éticas. Várias dessas abordagens também mostram que os julgamentos humanos, apesar de todas as suas reconhecidas falhas, apresentam inúmeros aspectos positivos, dentre os quais as possibilidades de, por meio de distintas narrativas e molduras, não apenas ver o mundo de diferentes maneiras como pensar em outras possibilidades a partir da imaginação e de diversos outros recursos do intelecto humano, além de incorporar as preocupações éticas nos julgamentos.

A partir do momento em que desprezamos as habilidades do raciocínio humano e passamos a atribuir a julgamentos algorítmicos a palavra única ou final, corremos diversos riscos, que vão desde a possibilidade da prevalência e da cristalização dos valores ou dos *frames* dos seus programadores – sem qualquer discussão ou escrutínio – até o empobrecimento da própria compreensão e da interpretação dos dados, os quais serão vistos com base em correlações que não estarão submetidas às análises de contextos, sentidos, causalidades, contrafactuais, constrições e tantas outras que dependem do julgamento humano qualitativo, pois dificilmente podem ser traduzidas em números e métricas.

Daí por que a idolatria cega dos algoritmos não somente amesquinha o processo de julgamento, impedindo que as ferramentas do raciocínio humano possam contribuir para complementar e suprir as limitações dos julgamentos algorítmicos, como igualmente aumenta a probabilidade de julgamentos equivocados ou discriminatórios.

8. Oitavo obstáculo: a desconsideração das incertezas e das dificuldades para fazer prognoses sobre as pessoas

Além de todos os aspectos já mencionados nas seções anteriores, há um ponto fundamental a mostrar a importância das análises qualitativas para complementar julgamentos baseados em métricas ou números, tais como os algorítmicos: a necessidade de incorporarmos ao processo decisório as incertezas absolutas ou, como diriam John Kay e Mervin King (2020), as incertezas radicais.

Como já se teve oportunidade de apontar ao longo do capítulo, o livro de Kay e King, *Radical uncertainty.* decision-making beyond the numbers, representa uma crítica contundente à ideia de que podemos resolver problemas complexos apenas por meio de raciocínios matemáticos, estatísticos e probabilísticos. Isso é especialmente importante quando estamos falando sobre prognoses a respeito dos indivíduos.

Sob vários aspectos, a obra pode ser vista como um contraponto muito interessante ao livro *Noise* (Kahneman *et al.*, 2021), que foi explorado em seção anterior. Em primeiro lugar, porque Kay e King (2020) refutam a simplificação das regras e dos julgamentos algorítmicos e propugnam por uma complementação entre estes e os julgamentos humanos. Em segundo lugar, porque Kay e King são muito claros no sentido de que vários aspectos fundamentais para a experiência humana – como valores e intenções – não são de fácil conversão para a linguagem matemática, assim como padrões passados são normalmente insuficientes para a compreensão do futuro, considerando a centralidade dos eventos únicos na história. Em terceiro lugar, porque os autores não apenas enaltecem a importância das narrativas como mostram que elas são o coração do processo decisório (KAY; KING, 2020, p. 211).

Obviamente que, em um contexto de desinformação e negacionismo, os autores fazem questão de salientar que não é qualquer narrativa que pode ser considerada válida para o debate, mas apenas aquelas que atendam a requisitos de credibilidade, consistência e coerência. Desde que respeitados os devidos cuidados, as narrativas são fundamentais para o processo decisório, inclusive para efeito de auxiliarem na compreensão das análises estatísticas e das análises probabilísticas naquilo em que elas apresentam claras limitações para lidar com os eventos únicos (KAY; KING, 2020, p. 212, 214 e 230).

De forma muito semelhante à adotada por Cukier, Mayer-Shönberger e Véricourt (2021), Kay e King (2020, p. 397) ressaltam a importância do pluralismo e do embate entre diferentes narrativas para entender os problemas em seus respectivos contextos, valorizando o ecletismo e o pragmatismo. Não é sem razão que Kay e King (2020, p. 398) também vão ao encontro de Cukier, Mayer-Shönberger e Véricourt (2021) no que diz respeito à importância dos julgamentos para a capacidade humana de emoldurar (*framing*).

Em razão de todas essas premissas, Kay e King (2020, p. 410-411) concluem que as narrativas são o mais importante mecanismo de que dispomos para organizar nosso conhecimento imperfeito, o que já afastaria a possibilidade de delegarmos todas as decisões importantes sobre os seres humanos e a sociedade a computadores, pelo simples fato de que eles não sabem fazer narrativas.

Outra conclusão relevante de Kay e King (2020, p. 411-412) é a da importância do caráter colaborativo do processo decisório e do pluralismo metodológico para as decisões complexas em um cenário de incertezas radicais.

Nesse ponto, a advertência dos autores reforça uma preocupação geral apontada no presente capítulo: a de que os julgamentos algorítmicos ou estejam cristalizando – de forma intencional ou não, de forma crítica ou não – a visão dos seus programadores – normalmente homens brancos imersos em determinada cultura – ou, nas hipóteses de *machine learning* e outras modalidades de IA, estejam reproduzindo correlações indevidas ou padrões passados, ainda que injustos e discriminatórios, sem a necessária abertura para soluções futuras que procurem corrigir discriminações existentes.

Vale ressaltar que, assim como diversos outros autores já explorados ao longo do capítulo, Kay e King reconhecem a importância das métricas e dos julgamentos algorítmicos. Apenas insistem no fato de que é necessário complementar tais análises com as análises qualitativas que apenas os seres humanos podem fazer, introduzindo o problema das incertezas radicais no processo decisório.

Ora, a questão das incertezas radicais muda completamente o cenário de decisão, pois só faz sentido confiar incondicionalmente em julgamentos algorítmicos se entendemos que o mundo é previsível e controlável, de modo que os padrões passados são indicativos adequados para prognoses e projeções futuras.

Entretanto, diante das incertezas radicais, como apontam Kay e King, somente o raciocínio humano pode tentar encontrar explicações, respostas e cenários futuros, bem como tentar corrigir distorções do passado e do presente. Trata-se de mais uma questão que enfatiza a importância de análises que apenas os seres humanos podem fazer, tais como a de causalidades, contrafactuais e constrições, tão bem retratadas pela obra de Cukier, Mayer-Shönberger e Véricourt (2021), examinada em outras oportunidades.

Todas essas razões reforçam a necessidade de controle e de supervisão humana dos julgamentos algorítmicos, bem como de encontrar caminhos alternativos para conciliar as vantagens destes com as vantagens dos julgamentos humanos, tentando reduzir os riscos de ambos e buscando julgamentos que equilibrem o objetivo de acurácia com o objetivo de resultados adequados e não discriminatórios.

Conclusões

Este capítulo procurou mostrar que existem sérios riscos relacionados à adoção de julgamentos algorítmicos para a tomada de decisões sobre seres humanos, especialmente quando tais decisões podem trazer relevantes impactos para as vidas daqueles que estão sob julgamento, porque há várias razões que fazem com que sejam desconsiderados os aspectos éticos.

Sob diversas perspectivas, a questão da discriminação algorítmica é, na verdade, fruto de problema mais amplo e complexo, que diz respeito à própria utilização de algoritmos para diversos tipos de julgamentos sem maiores cuidados com a desconsideração dos aspectos éticos e sem a necessária supervisão humana.

Tais aspectos potencializam-se quando os julgamentos algorítmicos são considerados a palavra única ou final, até porque podem refletir seja os vieses dos programadores, seja os preconceitos já existentes na sociedade, seja os interesses de poderosos agentes econômicos ou mesmo do Estado, os quais podem ser diametralmente opostos aos dos cidadãos.

Por essa razão, as reconhecidas falhas dos julgamentos humanos não podem ser pretexto ou justificativa para adotar, em substituição, julgamentos algorítmicos que são igualmente falhos e limitados, com o agravante de serem obscuros e em muitos casos incompreensíveis, diante das dificuldades técnicas e jurídicas para que se alcance a necessária transparência e *accountability*.

Consequentemente, há que buscar caminhos para evitar o que Yuval Harari (2016) chama de dataísmo, aquela situação em que sistemas de IA – que nos conhecem mais do que nós mesmos – passam a decidir nosso futuro, sem qualquer transparência e possibilidade de contestação efetiva, subjugando-nos por completo.

Não se trata aqui de uma visão apocalíptica ou que ignore os benefícios da tecnologia, mas de simples advertência de que, como instrumento que é, a tecnologia tanto pode ser utilizada para o mal como para o bem. Logo, não é possível que a escolha da tecnologia fique restrita aos interesses de poderosos agentes econômicos ou do Estado, sem nenhum debate público mais abrangente.

O que precisa ser destacado, dentre as inúmeras discussões relacionadas às limitações dos julgamentos algorítmicos, é que, como bem sintetizam Ben Green e Lily Hu (2018), as preocupações com vieses e justiça têm sido preteridas diante das preocupações com eficiência e acurácia. Afinal, o *machine learning* tem ficado adstrito a técnicas que concebem critérios de justiça em termos de métricas estatísticas ou que confiam excessivamente em dados históricos como representações neutras e precisas do mundo, quando tal abordagem pode até mesmo entrincheirar discriminações históricas (Green; Hu, 2018).

Para boa parte da literatura, critérios de justiça não podem ser simplesmente automatizados, o que já sugere a necessidade de complementar os julgamentos algorítmicos com julgamentos valorativos. Mesmo autores que, como Kearns e Roth (2020, p. 18), consideram ser possível expandir os princípios nos quais o *machine learning* é baseado, a fim de exigir que incorporem – de maneira quantitativa, mensurável e verificável – muitos dos valores éticos com os quais nos preocupamos como indivíduos e sociedade, entendem que o enfrentamento do problema exige necessariamente a intervenção humana, assim como propõem que a redução de acurácia pode ser justificável em prol de ganhos na implementação da justiça (Kearns; Roth, 2020, p. 69).

Se existe um *trade-off* entre acurácia e justiça, Kearns e Roth (2020, p. 78) concluem que não há alternativa senão reconhecê-lo e enfrentá-lo. Vale ressaltar que os autores não apenas enfatizam a importância da decisão humana para a solução do conflito entre acurácia e justiça como pontuam que tal solução envolve uma questão social e política – e não propriamente científica –, que deve ser informada por muitos fatores que não podem ser quantificados (Kearns; Roth, 2020, p. 82-86).

Assim, muitos dos obstáculos apontados neste capítulo podem ser superados, desde que sejam adotados os devidos cuidados na programação e execução dos sistemas algorítmicos e desde que sejam compreendidas as limitações dos julgamentos algorítmicos e a necessidade de que sejam supervisionados e complementados pelos julgamentos humanos.

Somente assim conseguiremos conciliar a acurácia dos julgamentos algorítmicos com a observância das preocupações éticas fundamentais para julgamentos sobre as pessoas que trarão impactos reais e graves em suas vidas.

Referências

Akerloff, George; Kranton, Rachel. *Identity economics*: how our identities shape our work, wages and well-being. New Jersey: Princeton University Press, 2020.

Arendt, Hannah. *A condição humana. Tradução Roberto Raposo. Lisboa: Relógio d'Água Editores, 2001.*

Arthur, Brian. *Complexity and the economy*. New York: Oxford University Press, 2015.

Bouleau, Nicolas. On excessive mathematization, symptoms, diagnosis and philosophical bases for real world knowledge. *Real World Economics, v. 57, p. 90-105, 2011. Disponível em: halshs-00781976. Acesso em: 15 dez. 2022.*

Chiodo, Maurice; Clifton, Toby. European Mathematical Society. *Newsletter n. 114, Dec. 2019. Disponível em: https://www.ems-ph.org/journals/newsletter/pdf/2019-12-114.pdf.*

CUKIER, Kenneth *et al. Framers*: human advantage in an age of turmoil. New York: Penguin Randon House LLC, 2021.

DOMINGOS, Pedro. *The master algorithm*: how the quest for the ultimate learning machine will remake our world. New York: Basic Books, 2015.

EMPOLI, Giuliano Da. *Os engenheiros do caos. Tradução Arnaldo Bloch. São Paulo: Vestígio, 2019.*

FISHER, Irving. The application of mathematics to the social sciences. *Project Euclides*, Apr. 1930. Disponível em: https://projecteuclid.org/journals/bulletin-of-the-american-mathematical-society-new-series/volume-36/issue-4/The-application-of-mathematics-to-the-social-sciences/bams/1183493954.full. Disponível em: 15 dez. 2022.

FRAZÃO, Ana. Responsabilidade civil de administradores de sociedades empresárias por decisões tomadas com base em sistemas de inteligência artificial. *In*: FRAZÃO, Ana; MULHOLLAND, Caitlin (coord.). *Inteligência artificial e direito*: ética, regulação e responsabilidade. São Paulo: Revista dos Tribunais, 2020. p. 501-541.

GREEN, Ben. Data science as political action: grounding data science in a politics of justice. *Journal of Social Computing*, v. 2, n. 3, Sept. 2021. Disponível em: https://arxiv.org/ftp/arxiv/papers/1811/1811.03435.pdf. Acesso em: 15 dez. 2022.

GREEN, Ben; CHEN, Yiling. Disparate interactions: an algorithm-in-the-loop analysis of fairness in risk assessments. *In*: *FAT* '19*: Conference on Fairness, Accountability, and Transparency (FAT* '19), January 29-31, 2019, Atlanta, GA, USA. ACM, New York, NY, USA. DOI https://doi.org/10. 1145/3287560.3287563. Disponível em: https://scholar.harvard.edu/files/19-fat.pdf.

GREEN, Ben; HU, Lily. The myth in the methodology: towards a recontextualization of fairness in machine learning. Equal contribution John A. Paulson School of Engineering and Applied Sciences, Harvard University, Cambridge, MA, U.S.A. *Presented at the Machine Learning: The Debates workshop at the* 35th *International Conference on Machine Learning*, Stockholm, Sweden [2018]. Disponível em: https://econcs.seas.harvard.edu/files/econcs/files/green_icml18.pdf. Acesso em: 15 dez. 2022.

HARARI, Yuval Noah. *Homo Deus*: uma breve história do amanhã. *São Paulo: Companhia das Letras, 2016.*

HARTMANN, Stephan; SPRENGER, Jan. *Mathematics and statistics in the social sciences.* May 7, 2010. p. 1. Disponível em: http://hdl.handle.net/2318/1662639. Acesso em: 15 dez. 2022.

JACKSON, Matthew O. *The human network*: how your social position determines your power, beliefs, and behaviors. New York: Vintage Books, 2020.

KAHNEMAN, Daniel *et al. Noise*: a flaw in human judgment. New York: Little Brown Spark, 2021. *E-book.*

KAY, John; KING, Mervin. *Radical uncertainty*: decision-making beyond the numbers. New York: W. W. Norton & Company, 2020.

KEARNS, Michael; ROTH, Aaron. *The ethical algorithm*: the science of socially aware algorithm design. New York: Oxford University Press, 2020.

KINGSLEY, David. Quantification and scientism in political science: domination of discourse by experts presenting mathematical models of reality. *Poverty & Public Policy, Jun. 4, 2018. Disponível em:* https://doi.org/10.1002/pop4.211. Acesso em: 15 dez. 2022.

MULLER, Jerry Z. *The tyranny of metrics*. New Jersey: Princeton University Press, 2018.

ROCKWELL, W. Teed. Algorithms and stories. *Human Affairs,* v. 23, p. 633-644, 2013. p. 633. DOI 10.2478/s13374-013-0154-0.

RUSSELL, Stuart. *Human compatible*: artificial intelligence and the problem of control. [*S. l.*]:Viking, 2019.

SHILLER, Robert. *Narrative economics*: how stories go viral & drive major economic events. New Jersey: Princeton University Press, 2019.

SKIDELSKY, Robert. *What's wrong with economics?* A primer for the perplexed. London: Yale University Press, 2020.

3. DECISÃO AUTOMATIZADA POR INTELIGÊNCIA ARTIFICIAL: A IMPARCIALIDADE MAQUÍNICA TENDE A SUPERAR A IMPARCIALIDADE HUMANA

DORA KAUFMAN

Introdução

O filme de ficção científica *Blade Runner*: o caçador de androides (1982), do diretor britânico Ridley Scott e estrelado por Harrison Ford interpretando o personagem central, Rick Deckard – caçador de androides aposentado intimado a rastrear e matar quatro Nexus-6, replicantes ilegais na Terra –, retrata um futuro distópico e a impossibilidade de escape. O roteiro, baseado no romance *Do androids dream of electric sheep?* de Philip K. Dick (1968), narra o enfrentamento entre humanos e tecnologia em um cenário de excesso tecnológico e humanidade degradada. Ícone *cult* do cinema, o filme influenciou o movimento *cyberpunk*[1].

No filme convivem seres humanos e replicantes, termo usado por Scott como sinônimo de androide, seres com aparência similar aos

[1] *Cyberpunk*: o termo foi criado em 1980 pelo escritor Bruce Bethke, no conto "Cyberpunk", publicado em novembro de 1983, em *Amazing Science Fiction Stories*, v. 57, n. 4. Subgênero alternativo de ficção científica, conhecido por seu enfoque de "alta tecnologia e baixa qualidade de vida" ("high tech, low life"). Mescla ciência avançada, como as tecnologias de informação e a cibernética, e algum grau de desintegração ou mudança radical no sistema civil vigente. Fonte: https://pt.wikipedia.org/wiki/Cyberpunk.

humanos, mas com funções de memória e inteligência superiores. Concebidos como "dispositivos à prova de falhas" com vida útil limitada a quatro anos (obsolescência planejada), os replicantes tornam-se uma ameaça ao adquirir sentimentos e emoções, atributos ausentes nos humanos do filme. Os replicantes Nexus libertam-se das colônias de escravos onde vivem confinados e retornam à Terra em busca de sua criadora, a Tyrell Corporation, para convencê-la a reprogramá-los, prolongando suas vidas.

Várias questões filosóficas – entendidas como questões abertas ao desacordo, não limitadas por recursos empíricos e lógico-matemáticos (Floridi, 2021a) – são propostas no filme, incluindo o sentido de humano, abordado, dentre outros momentos, no teste psicológico aplicado ao personagem Leon para detectar se ele é humano ou androide. No filme, Scott enreda humanos e máquinas, heróis e vilões, androides com emoções e humanos-robôs sem emoções (Williams, 1988). Desconsiderando a radicalidade típica da ficção, alguns dos fundamentos de *Blade Runner* povoam a vida contemporânea.

A pandemia da covid-19, ao acelerar a digitalização, acelerou a desigualdade social (Goldin; Muggah, 2020; World Bank, 2021; Ahmed, 2022). Em pleno século XXI, convivem a miséria e a alta tecnologia, contradizendo a crença que associa progresso e bem-estar social. O desenvolvimento tecnológico não garante uma sociedade justa, equânime, e para isso é crítica a ação do Estado, por meio de diretrizes e arcabouços regulatórios que conciliem a inovação tecnológica contínua com a mitigação dos riscos éticos e sociais, particularmente no segmento da população vulnerável. No âmbito dos sistemas de inteligência artificial (IA), os códigos de conduta, baseados em princípios gerais, e a autorregulamentação pelo setor de tecnologia, mostraram-se ineficientes no enfrentamento das externalidades negativas.

A origem desses princípios gerais é a *Conference on Beneficial AI*, realizada em 2017 em Asilomar, na Califórnia, pelo Future of Life Institute, que ao final publicou 23 princípios éticos para garantir o desenvolvimento de tecnologias de IA benéficas à sociedade, no que ficou conhecido como os "*Asilomar Principles*". A essência dos princípios está na base fundadora de diversos institutos – entre outros, o Future of Humanity Institute, liderado pelo filósofo inglês Nick Bostrom; o AI Now Institute, da Universidade de Nova York; o Human-Centered Artificial Intelligence (HAI), da Universidade de Stanford; e o Leverhulme Center for the Future of Intelligence, da Universidade de Cambridge –, de iniciativas de organizações multilaterais como a Organização para a Cooperação e Desenvolvimento Econômico (OCDE) e a Comissão Europeia, de mais de 30 documentos de estratégias nacionais de IA e de projetos de regulamentação (KAUFMAN, 2021c).

Entretanto, esses princípios, já por si abstratos, têm aplicabilidade restrita, não sendo traduzíveis em boas práticas para nortear o ecossistema de IA – pesquisadores, desenvolvedores, instituições, academia, empresas, governos: (a) evocam valores democráticos e éticos que não são universalmente aceitos; e (b) não são traduzíveis em termos matemáticos, pré-condição para inseri-los em modelos estatísticos de probabilidade (como a técnica de redes neurais profundas). Ademais, não basta aplicar esses princípios, supondo ser viável, no estágio inicial de desenvolvimento e implementação dos sistemas de IA; o alinhamento aos princípios na partida, com novos conjuntos de dados, pode posteriormente se perder, requerendo monitoramento contínuo, procedimento inviável nas condições atuais.

Sobre a autorregulamentação da indústria de tecnologia, Luciano Floridi (2021b) relembra que até o início da década de 2000 questões éticas como privacidade, enviesamento e preconceito, moderação de conteúdo ilegal ou antiético, proteção à privacidade, *fake news* e exclusão digital eram circunscritas ao âmbito acadêmico. A partir de 2004, esses temas adquiriram visibilidade na opinião pública, com a consequente pressão sobre as estratégias e práticas das instituições, florescendo a ideia de autorregulamentação. Ao longo do tempo, contudo, esse caminho não se tornou efetivo, ilustrado por experiências malsucedidas e/ou com efetividade ainda não comprovada, como o *Google's AI Principles* (PICHAI, 2018) e o *Google Guidebook* (GOOGLE, 2019), ambos com a finalidade de orientar seus desenvolvedores para o uso responsável da IA. Em 2018, o Facebook instituiu o "Facebook Oversight Board", órgão independente com o propósito de selecionar casos de conteúdo para revisão e defender ou reverter as decisões de conteúdo da plataforma, contudo o estatuto (janeiro de 2020) preservou o comando da plataforma. Diante das reações contrárias, em outubro de 2020 o Facebook reformulou os termos do comitê, aparentemente lhe atribuindo mais legitimidade; ainda é cedo para avaliar, mas suas funções estão longe de abarcar a dimensão dos problemas éticos da plataforma. Floridi (2021b) pondera sobre a premência de reconhecer que a autorregulação não funcionou, e a urgência de promulgar leis como parte das atribuições do poder público de proteger a sociedade.

Na regulamentação moderna, a tendência é firmar acordos de colaboração entre o poder público e as entidades da sociedade: ao primeiro cabe a função de estabelecer um arcabouço regulatório mínimo, e às segundas, conceder certificações (espécie de "selo de qualidade"). O Institute of Electrical and Electronics Engineers (IEEE) – maior organização profissional –, por exemplo, anunciou o IEEE CertifAIEd, um conjunto de critérios éticos baseado em risco para auxiliar as organizações na disponibilização de experiências mais confiáveis aos seus usuários; a certificação atesta que o produto, serviço ou sistema foi verificado e que estão de acordo com os padrões de confiabilidade estabelecidos em torno de quatro grandes blocos: *Transparency*, *Accountability*, *Algorithmic Bias* e *Privacy*. Mesmo considerando a credibilidade do IEEE, contudo, é fundamental que o Estado garanta o interesse público, ou seja, valide ou não as certificações de instituições privadas. Estabelecer arcabouços regulatórios é crítico, inclusive para garantir a segurança jurídica e gerar confiança no mercado. Atribuir, exclusivamente, ao juiz a função de arbitrar os potenciais conflitos gera insegurança no ambiente institucional do país.

O relatório AI100 da Universidade de Stanford (Stanford, 2021) sinaliza um maior engajamento de 60 países em iniciativas nacionais de IA nos últimos cinco anos, e vários esforços multilaterais significativos. Essas iniciativas incluem a orientação de política específica por setor, estudos pilotos, estruturas voluntárias para conformidade e padrões formais. Emergiram, igualmente, esforços cooperativos entre países inclusive na busca por definir e incorporar avaliações de impacto da IA, inspirados nas avaliações de impacto ambiental, nos processos de desenvolvimento dos sistemas (ética *by design*)[2]. É intenso o debate sobre se a regulamentação ativa seria apropriada e como implementá-la, e as respostas não são triviais.

[2] Para um panorama das iniciativas regulatórias mundo afora, consultar o artigo "Um projeto de futuro" (Kaufman, 2021c).

Na intervenção do poder público para atuar como legislador e/ou atuar em parceria com entidades da sociedade, destacam-se quatro barreiras: (a) a globalização, que praticamente elimina as fronteiras entre os países do ponto de vista da atuação das multinacionais plataformas de tecnologia; (b) a lacuna de conhecimento entre os desenvolvedores e os legisladores/reguladores; (c) a aceleração no ritmo e na abrangência do desenvolvimento e da implementação; e (d) o relativamente extenso tempo de formulação de políticas públicas que, uma vez codificadas, contêm regras inflexíveis e difíceis de adaptar.

A primeira barreira requer convergir interesses e legislações locais na busca de um entendimento regional ou global. O primeiro acordo global sobre a ética da IA foi firmado em 25 de novembro de 2021 pelos 193 países membros da Unesco, *Global Agreement on the Ethics of Artificial Intelligence* (UNESCO, 2021); o propósito do acordo é garantir o desenvolvimento e o uso saudável da IA por meio de uma estrutura normativa, cabendo aos Estados a responsabilidade sobre a regulamentação e a fiscalização. Elaborado por um grupo multidisciplinar de 24 especialistas (*Ad Hoc Expert Group* – AHEG), o texto destaca as vantagens e os potenciais riscos da IA, contemplando várias dimensões, dentre elas o meio ambiente e as especificidades do Sul Global. No âmbito específico, o documento enfatiza o controle sobre o uso de dados pessoais e proíbe, explicitamente, os sistemas de IA para pontuação social e vigilância em massa.

A segunda barreira, como reconhecem Bora e Timis (2021) em publicação do Fórum Econômico Mundial (*World Economic Forum*, WEF), é a lacuna de alfabetização entre os desenvolvedores e os reguladores de IA, lacuna que tende a se ampliar pela correlação entre a complexidade dos modelos e a assimetria informacional, ou seja, quanto mais complexas as implementações de IA, maior a assimetria informacional entre desenvolvedores e legisladores. Os autores alertam para a necessidade de os formuladores de políticas acelerarem seu aprendizado, capacitando-se para tomar as melhores decisões e evitando serem excessivamente vigorosos na regulamentação da IA ou, pelo contrário, não atuarem com eficiência para proteger a sociedade contra os potenciais riscos. Bora e Timis apontam dois caminhos para suprir essa preocupante lacuna: ênfase na educação em IA entre os formuladores de políticas e reguladores, e no recrutamento de talentos técnicos para os quadros governamentais.

A terceira barreira tem sido vivenciada no cotidiano, com a redução dos tempos entre os lançamentos de novos sistemas ou soluções de inteligência artificial, como ilustras os aplicativos de IA generativa, particularmente o ChatGPT e seus congêneres. Esse avanço acelerado torna visível a inédita concentração de mercado e a fragilidade dos governos em proteger a sociedade das externalidades negativas.

A quarta barreira é parte do desafio dos reguladores, em geral, lidando com a defasagem entre a realidade e a natureza dos processos regulatórios em regimes democráticos.

O propósito do capítulo é sinalizar algumas das características-chave da nova geração de técnicas de aprendizado de máquina, redes neurais profundas, técnica que permeia a maior parte das atuais implementações de IA, e refletir sobre seu potencial impacto no mundo jurídico, sem a pretensão de esgotar o tema, muito menos de oferecer conclusões definitivas.

1. Desmistificando a inteligência artificial

Analisar os impactos éticos da aplicação da IA pressupõe lidar, no mínimo, com dois domínios – o domínio do campo da IA e o domínio de aplicação, no caso, o campo jurídico –, implicando integrar conhecimentos, convergir linguagens e lógicas distintas na busca de um espaço de reflexão multidisciplinar.

A implementação atual da IA, em geral, refere-se a uma técnica específica de aprendizado de máquina denominada redes neurais profundas DLNNs (*Deep Learning Neural Networks*). As técnicas de aprendizado de máquina são modelos estatísticos que não seguem regras definidas previamente (como a programação formal, regras de inferência lógica); por meio de correlações, os algoritmos identificam padrões em grandes conjuntos de dados e projetam a probabilidade de determinado evento ocorrer com base em uma amostra finita de uma população (universo) teoricamente infinita (as proporções consideradas na amostra, inclusive, podem não refletir as proporções da população em geral). Distintas da forma humana de pensar a relação com o mundo, essas técnicas não lidam com contrafactuais, ou seja, não são capazes de vislumbrar cenários alternativos e de refletir sobre as ações passadas (Pearl, 2018).

A grande contribuição das DLNNs, e provavelmente a razão de sua disseminação na sociedade, é ser a única técnica estatística disponível capaz de lidar com o *big data* (número grande de dimensionalidades). Ao adotar essa técnica de IA, a sociedade deixa para trás os modelos estatísticos baseados em causalidades, optando por privilegiar as correlações que têm potencial de extrair o melhor "*mapping*" de dados de entrada (*input*) para dados de saída (*output*) e gerando previsões potencialmente mais assertivas.

A título de contribuição ao entendimento, segue uma breve explicação da origem, do funcionamento e da lógica das DLNNs.

1.1. Origem e lógica da técnica de redes neurais profundas (DLNNS)

Resolver tarefas executadas pelos humanos intuitivamente, e com relativo grau de subjetividade, era um desafio dos primórdios do campo da IA. Várias tentativas envolvendo linguagens formais, apoiadas em regras de inferência lógica, tiveram êxito limitado, sugerindo a necessidade de os sistemas gerarem seu próprio conhecimento extraindo padrões de dados, ou seja, "aprender" com os dados sem receber instruções explícitas. Esse processo é usualmente denominado "aprendizado de máquina" (*machine learning*), criado em 1959 e hoje certamente o maior subcampo da IA em número de praticantes (Domingos, 2015; Goodfellow *et al.*, 2016; Alpaydin, 2016).

Um algoritmo de aprendizado de máquina é capaz de aprender com experiências; como definido por Tom Mitchell (1997), consigna-se que um programa de computador aprende com a experiência E em relação à classe de tarefas T e a medida de desempenho P, se seu desempenho nas tarefas medidas por P melhora com a experiência E. O processo de aprendizagem desses sistemas é influenciado por múltiplos fatores, observáveis ou não observáveis no mundo físico, sujeitos a efeitos de fontes externas: por exemplo, os *pixels* em uma imagem de um carro vermelho podem estar muito próximos do preto à noite, e a forma da silhueta de um carro varia com o ângulo de visão (Goodfellow *et al.*, 2016).

A técnica de aprendizado de máquina que hoje melhor resolve esses desafios é o aprendizado profundo (*deep learning*), que introduz representações complexas expressas em termos de outras representações mais simples organizadas em diversas camadas (*layers*). As entradas (*inputs*) são apresentadas em uma camada visível, assim chamada porque contém as variáveis observáveis, seguida de uma série de camadas ocultas contendo variáveis não observáveis e internas ao próprio modelo (origem do problema da não explicabilidade). Essa estrutura codifica uma função matemática que mapeia conjuntos de valores de entrada (*inputs*) para valores de saída (*output*); redes com maior profundidade (mais camadas) têm apresentado resultados positivos em várias áreas, particularmente em visão computacional, reconhecimento de voz e imagem (GOODFELOW *et al.*, 2016).

Essa relativamente nova técnica de aprendizado de máquina, denominada Redes Neurais de Aprendizado Profundo (*Deep Learning Neural Networks* – DLNNs) pela inspiração no funcionamento do cérebro biológico, é capaz de lidar com dados de alta dimensionalidade; por exemplo, milhões de *pixels* em um processo de reconhecimento de imagem. Na última década, as DLNNs tornaram-se estratégicas em processos decisórios em distintas áreas, pela capacidade de gerar resultados preditivos com taxas relativamente altas de acurácia (superior às alternativas disponíveis). Reconhecida pela academia e pelo mercado em 2012 e implementada em larga escala a partir de 2016-17, a técnica ainda está em seus primórdios, apresentando significativas limitações.

Do ponto de vista estrutural, as DLNNs requerem (a) abundância de dados e (b) *hardware* com grande capacidade de processamento, dada a arquitetura complexa dos modelos, o que gera impacto negativo sobre o meio ambiente (uso intensivo de energia e consequente emissão de gás carbônico). Esses dois fatores engendram desigualdades entre as instituições, alavancando a concentração de mercado ao favorecer aquelas com maior acesso a grandes bases de dados e maior capacidade computacional (efeito em parte atenuado pelo processamento em "nuvem", mas que favorece a concentração de mercado dada a hegemonia das grandes empresas de tecnologia).

O filósofo S. Matthew Liao (2020) distingue as questões éticas da IA em dois conjuntos: (a) as associadas à eficiência da técnica em alguns domínios, implicando que os humanos podem se sentir vulneráveis ao lidar com esses sistemas, denominadas por ele "vulnerabilidades humanas", e (b) as associadas às limitações da técnica, denominadas por ele "vulnerabilidades no aprendizado de máquina". O primeiro conjunto de questões éticas abarca, dentre outras externalidades negativas, a ameaça ao aparente "livre-arbítrio"[3] dos indivíduos, na medida em que os algoritmos de IA são capazes de extrair dos dados conhecimento inédito sobre os usuários das plataformas e dispositivos tecnológicos e, com base nesse conhecimento, prever e elaborar estratégias para influenciar, alterar e/ou manipular o comportamento humano; a ameaça à privacidade por conta da disseminação dos sistemas de monitoramento e vigilância com o uso de técnicas de reconhecimento facial; as *deep fakes* e sua capacidade de distorcer imagem e voz, simulando falas, imagens e vídeos de pessoas reais com forte aproximação da realidade; e o deslocamento do trabalhador humano por sistemas inteligentes, mais rápidos e mais eficientes e a um custo menor.

No segundo conjunto de questões éticas, destacam-se (a) a opacidade dos modelos, ou não explicabilidade, ou seja, como os algoritmos chegaram ao resultado ou dado de saída (*output*) com base nos dados de entrada (*inputs*), e (b) o viés contido nos resultados dos modelos. A opacidade não deve ser confundida com autonomia, termo inapropriado para qualificar um processo definido por especialistas humanos em praticamente todas as etapas; a opacidade, ou *black box*, está no desconhecimento (não controle dos desenvolvedores) de como os algoritmos de IA estabelecem as correlações entre as variáveis contidas nos dados.

O viés, em geral, é atribuído integralmente às bases de dados tendenciosas, contudo o viés pode emergir antes da coleta de dados em função das decisões tomadas pelos desenvolvedores – as variáveis iniciais (hiperparâmetros) contemplados no modelo determinam inclusive a seleção dos dados. No caso de viés associado aos dados, existem duas principais origens: os dados coletados não representam a composição proporcional do universo objeto em questão, ou os dados refletem os preconceitos existentes na sociedade. O primeiro caso pode ocorrer, por exemplo, se uma base de dados de treinamento contiver mais observações de uma categoria que de fato é minoritária: sistemas de reconhecimento facial treinados em base de dados predominantemente de imagens de pessoas brancas apresentarão resultados discriminatórios no reconhecimento de imagens de pessoas negras.

[3] Alan Turing, em um texto de maio de1951 (*Can Digital Computers Think?*) questiona o atributo de livre arbítrio como diferencial do humano, aventando a hipótese de que esse sentimento seja mera ilusão).

O segundo caso é ilustrado pelo sistema de triagem de recrutamento automatizado da Amazon implantado em 2014 (descontinuado no início de 2017): em 2015, a empresa identificou que seu sistema não estava sendo neutro em termos de gênero, privilegiando candidatos homens. Os algoritmos de IA do sistema foram treinados, ou seja, "aprenderam" a identificar padrões na base de dados de currículos enviados à Amazon ao longo de um período de dez anos, refletindo o domínio masculino na indústria de tecnologia, ou seja, a realidade enviesada (viés histórico).

Resultados tendenciosos em sistemas de IA podem decorrer, igualmente, de erros na rotulagem da base de dados que antecede o aprendizado supervisionado e na própria geração de dados; por exemplo, a não desagregação por gênero (Perez-Criado, 2021). A constatação do viés em um modelo ocorre tardiamente, dificultando identificar retroativamente sua origem e, consequentemente, as formas de eliminá-lo. Especialistas em IA estão empenhados em identificar formas de mitigá-los a partir de variadas abordagens (Hao, 2019).

O impacto ético potencial e real dos sistemas de IA não é aparente e emerge em face de um uso problemático, em geral decorrente de uma acusação. As externalidades negativas não têm o mesmo grau e natureza de problematização, variando conforme o domínio de aplicação e o potencial dano sobre os afetados pelo sistema: o grau de risco de uma recomendação equivocada em uma plataforma de *streaming*, por exemplo, é significativamente distinto de uma recomendação equivocada de um procedimento médico ou de uma decisão automatizada sobre a pena de um condenado pela Justiça.

2. Características-chave das DLNNs para o debate jurídico

Como uma tecnologia de propósito geral (*General Purpose Technologies* – GPT), a IA está moldando a sociedade e reorientando as inovações nos respectivos setores de aplicação. Esse processo foi denominado "destruição criativa" pelo economista Joseph Schumpeter (2008), no âmbito de sua teoria da inovação econômica, com base no argumento do "impulso fundamental" do capitalismo de se autotransformar continuamente. Para Schumpeter, a entrada inovadora de empreendedores, e seus respectivos modelos de negócio, constitui a força disruptiva que sustenta o crescimento econômico.

No século XXI, os modelos de negócio baseados em dados (*data-driven models*) e tecnologias de IA, as GPT deste século, extrapolam as plataformas de tecnologia e estão igualmente no cerne da transformação digital das empresas tradicionais. A dimensão e a amplitude da IA geram efeitos complexos, inviabilizando qualquer pretensão de abordá-los em sua totalidade. A reflexão deste capítulo é circunscrita a algumas das características-chave das DLNNs, motivando ao diálogo o campo do direito.

2.1. Variável de incerteza

As DLNNs já têm intrinsecamente a variável incerteza de todo modelo estatístico de probabilidade; produzem conhecimento provável, mas inevitavelmente incerto, o que Floridi *et al.* (2016) denominam "evidência inconclusiva". Existem teorias – teoria da aprendizagem computacional e teoria da aprendizagem estatística – com foco em quantificar a variável de incerteza, contudo sem resultados conclusivos.

2.2. Correlação *versus* causalidade

Viktor Mayer-Schönberger e Kenneth Cukier (2013) ponderam que o *big data* subverte a maneira como tomamos decisões e compreendemos a realidade, e convocam a sociedade a conter a obsessão pela causalidade e trocá-la por correlações. Em 2018, em editorial da revista *Wired*, Chris Anderson (2008) declarou o fim da teoria ("The end of theory"); para ele, com o *big data* a ciência poderia avançar prescindindo de teorias, apenas observando as previsões extraídas dos dados. Wendy Chun (2021) defende os métodos mistos, combinando práticas exploratórias correlacionais com pesquisas explicativas causais.

A vantagem da primeira é identificar correlações inéditas entre variáveis não perceptíveis aos desenvolvedores humanos, cuja tendência é considerar apenas as correlações "mais fortes", embora as correlações "mais fracas", quando agrupadas, possam impactar sensivelmente a acurácia dos modelos. A vantagem da segunda é solucionar problemas complexos em que as relações de causa-efeito são críticas, permitindo conjecturar como um ambiente poderia ter evoluído de forma diferente sob outras condições; por exemplo, o comportamento de um vírus: quais os fatores que determinaram o surgimento e a proliferação da covid-19[4].

[4] O sistema "Google Flu Trends", mencionado por Mayer-Schonberger e Cukier como ilustração da eficiência do *big data*, mostrou-se extremamente impreciso na previsão de casos

Por outro lado, os eventos mais complexos são determinados por uma matriz de variáveis, em que é difícil individualizar a relação causa-efeito, ou seja, isolar a variável que determinou o efeito final (mesmo supondo que exista).

As correlações não são neutras; pelo contrário, os sistemas de decisão automatizados por IA geram resultados tendenciosos e discriminatórios, por exemplo, em um modelo de análise de crédito que inclua a variável *zip code*/CEP, um solicitante de crédito pessoal pode ser penalizado caso a propensão à inadimplência predomine entre os moradores de seu bairro; ao correlacionar o perfil de um usuário a perfis de usuários com similaridades existe, em qualquer situação, alta probabilidade de gerar resultados distorcidos (por conta dessa fragilidade ética, recomenda-se evitar o uso em aplicações de alto risco).

O cientista da computação e filósofo Judea Pearl (2018), vencedor do Prêmio Turing em 2011 e nos últimos 25 anos dedicado ao problema da causalidade, sugere que a falta de compreensão das relações causais por parte das máquinas constitui o maior obstáculo para atingir a inteligência de nível humano, ou seja, dotar as máquinas da capacidade de refletir sobre seus erros, identificar fraquezas, atuar como entidades morais. Por outro lado, Pearl reconhece que a estimativa estatística causal não é trivial quando o número de variáveis é grande. Nesse caso, somente as técnicas avançadas de aprendizado de máquina são eficazes, mesmo considerando suas limitações (justamente a incapacidade de decifrar as causalidades): um jogador de futebol, por exemplo, pode explicar por que decidiu passar a bola para o jogador A em vez de para o jogador B, mas raramente esses motivos desencadearam a ação conscientemente; na verdade, inúmeros sinais competem pela atenção do jogador, cuja decisão crucial é quais sinais priorizar (PEARL, 2018).

2.3. Prever o futuro com base no passado

As DLNNs, como todos os modelos estatísticos, utilizam bases de dados gerados por ações já executadas, ou seja, são dados do passado. Qualquer análise preditiva contém elementos de incerteza, função de

de gripe (2007-2008) com base nos termos de busca, tendo sido desativado em 2014 pelo próprio Google (LAZER *et al.*, 2014).

insuficiência e/ou equívocos no uso dos dados ou porque a realidade é essencialmente aleatória. Fatos e fenômenos relevantes no passado não necessariamente serão relevantes no futuro. Ademais, é duvidoso abordar a história humana como uma série de padrões que tendem a se repetir ciclicamente, negligenciando o inesperado. A velocidade e a intensidade da inovação tecnológica e socioeconômica indicam um futuro qualitativamente diferente do passado e do presente.

2.4. Subjetividade humana

A subjetividade humana está presente em todas as etapas do desenvolvimento, implementação, visualização e interpretação dos resultados das DLNNs. A tarefa inicial dos cientistas da computação é identificar o problema a ser resolvido pelo sistema, em que situação e com qual objetivo o sistema será utilizado. O segundo passo é traduzir esse problema a ser resolvido em variáveis que possam ser observadas e manipuladas ("feature engineering process"). São eles que definem, por exemplo, quais termos de pesquisa serão usados para coletar os dados, a arquitetura do modelo que inclui o número de camadas ocultas e o número de unidades (neurônios artificiais). Identificar a influência da subjetividade humana no projeto e na configuração dos algoritmos de IA não é trivial, além de não ser possível eliminá-la mesmo se identificada (Hao, 2019).

O Alan Turing Institute (Leslie, 2020) aponta que um dos problemas críticos que permitem que os vieses sistêmicos se infiltrem nos dados deriva da postura dos desenvolvedores e *designers* de algoritmos que não priorizam as ações para identificar e corrigir desequilíbrios potencialmente discriminatórios na representação demográfica e fenotípica. O Instituto atribui esses viesses à complacência dos produtores de tecnologia, em geral parte do grupo dominante, logo isentos dos efeitos adversos de resultados discriminatórios.

Equipes inter e multidisciplinares de desenvolvedores, potencialmente, podem atenuar esses efeitos discriminatórios, mas sua eficácia depende de construir "pontes" entre os pesquisadores de diferentes campos do conhecimento visando superar conflitos potenciais de linguagem, de raciocínio, de metodologia de análise, de objetivos e prioridades (Kaufman, 2021b).

2.5. Opacidade da técnica

A técnica das DLNNs contém intrinsecamente o problema da não explicabilidade, tratado pelos cientistas do campo como "problema da interpretabilidade". As arquiteturas das DLNNs são formadas por várias camadas (*layers*), cada uma delas realizando representações mais abstratas do que a camada anterior, visando alcançar a abstração requerida pelo *output*. Esse processo de representações cada vez mais abstratas está no cerne do problema da não explicabilidade e da dificuldade de concretização, na sua plenitude, do direito à explicação. Os pesos, ou parâmetros, que correlacionam os *pixels* no reconhecimento de imagem, por exemplo, são definidos pelos algoritmos de IA, portanto são variáveis não controláveis (grau de relevância de cada *pixel* para atingir o objetivo final/*output*) (Goodfellow *et al.*, 2016).

Com cada vez mais recursos computacionais e grandes conjuntos de dados (*big data*), o número de fatores possíveis para incluir nesses sistemas gera uma complexidade que ultrapassa o nível da cognição humana. Estabelece-se uma incompatibilidade entre a otimização matemática de alta dimensionalidade, e o raciocínio e a interpretação semântica do ser humano.

Coeckelbergh (2020) aborda o problema da explicabilidade e transparência dos sistemas de IA pela perspectiva da atribuição de responsabilidade: a responsabilidade dos agentes (usuários da tecnologia) decorre da expectativa dos destinatários (o outro lado da relação) de que os mesmos saibam explicar as razões da decisão; a responsabilidade é tratada como prestação de contas. A visão da explicabilidade como demanda dos afetados faz sentido do ponto de vista ético, mas confronta-se com as limitações intrínsecas às DLNNs. Estão em curso esforços científicos para gerar interpretações amigáveis do funcionamento dos modelos de DLNNs, o que seria a "IA Explicável" (*Explanable AI* – XAI), entretanto sem resultados conclusivos. A dificuldade aumenta quando os sistemas de IA são produzidos por empresas privadas, em parceria ou não com o Estado, pois nesses casos os sistemas estão juridicamente protegidos pelo segredo comercial.

2.6. Resultados tendenciosos

Considera-se que existe um enviesamento no resultado quando o sistema exibe um erro sistemático ("enviesamento estatístico" ou "discriminação algorítmica"). Dito de outra forma, um resultado pode ser considerado discriminatório se apresentar um efeito danoso sobre um grupo específico de pessoas (mesmo que decorrente de constatações conclusivas e fundamentadas).

Karen Hao (2019) adverte que para detectar o viés é imprescindível compreender suas origens, reconhecendo que ele pode surgir nas várias etapas do processo, particularmente: (a) no enquadramento do problema, quando o desenvolvedor traduz o objetivo a ser alcançado em linguagem computável; (b) na coleta dos dados, no caso de a base não ser representativa da realidade ou refletir os preconceitos existentes na sociedade; e (c) na preparação das bases de dados. Hao (2019) alerta que, mesmo quando detectado, é difícil corrigir o viés nesses sistemas, inclusive porque a detecção pode ocorrer quando o sistema já está plenamente em uso.

Uma discriminação potencial não contemplada por Hao é a originada na produção de dados, presente tanto na predominância de usuários dos países desenvolvidos com mais acesso às tecnologias e às redes sociais, o que engendra, por exemplo, uma base de dados imagética enviesada pelo biotipo racial de pele clara, quanto na não desagregação dos dados por gênero e/ou no tratamento dado ao homem como "humano padrão" (Perez-Criado, 2021).

Na base de dados, o viés ocorre se os dados de referência forem menos diversificados demograficamente do que a população-alvo, ou seja, se a base de dados contiver poucos ou nenhum exemplo de uma determinada subpopulação por etnia e/ou gênero. A diferença entre ambientes controlados (laboratórios) e ambientes não controlados (mundo real), igualmente, tem o potencial de gerar resultados tendenciosos. Nas ruas, por exemplo, as câmaras de vigilância podem captar imagens em baixa resolução, o ângulo captado da face e a luminosidade podem dificultar a extração de características faciais ou mesmo distorcer, provocando falso positivo (erro no reconhecimento facial) (Learned-Miller *et al.*, 2020).

Outra possibilidade é consequência da variância, que expressa a sensibilidade de um algoritmo às diferenças nos dados de treinamento, ou seja, não capturar todas as características contidas nos dados. No processo de rotulagem dos dados, o desafio é representar a complexidade do mundo em taxonomias de classificação de dados, base do processo de aprendizado de máquina supervisionado utilizado, por exemplo, no reconhecimento de imagem e som/voz. O nível de complexidade aumenta no caso de taxonomias de imagens de seres humanos (Crawford, 2021).

O *ImageNet*, por exemplo, demorou uma década (2009-2019) para reconhecer o viés na rotulagem de suas imagens. O *Labeled Faces in the WILD* (LFW), organizado em 2007 com base em artigos de notícias *online* e rotulado por uma equipe da *Umass Amherst,* é outra base de dados tendenciosa amplamente utilizada; em 2014, Hu Han e Anil Jain, da Michigan Sates, identificaram que mais de 77% das imagens eram de homens e mais de 83% de homens de pele clara, e o então presidente dos Estados Unidos, George W. Bush, tinha 530 imagens exclusivas, mais que o dobro do conjunto de imagens de todas as mulheres de pele escura combinadas. Cinco anos depois e doze da data de constituição do LFW, seus gestores postaram um aviso de isenção de responsabilidade, alertando que muitos grupos não estão bem representados (Christian, 2020).

O United States Office of the Director of National Intelligence – supervisor da implementação do Programa de Inteligência Nacional, principal assessor do Presidente, do Conselho de Segurança Nacional e do Conselho de Segurança Interna para assuntos de inteligência relacionados à segurança nacional –, lançou em 2015 um banco de dados de imagens faciais denominado IJB-A, supostamente contemplando a diversidade da população americana. Estudo de Timnit Gebru e Buolamwini, contudo, constatou que 75% eram imagens de homens e 80% de homens de pele clara, e apenas 4,4% do conjunto de dados eram de mulheres de pele escura (Christian, 2020).

Os efeitos danosos do viés contido nas decisões automatizadas por IA são mais sensíveis quando aplicadas à saúde e à educação.

Quadro 1 – Características-chave *versus* Judiciário

Características críticas	Descrição	Jurídico*
Variável de incerteza	Intrínseca a todo modelo estatístico de probabilidade/evidência inconclusiva.	Por mais imparcial que seja a decisão do magistrado, como em qualquer decisão humana, não é inteiramente certa.
Correlação vs causalidade	As DNLLs estabelecem correlações nos dados, e não efeito causal.	Os magistrados têm a ilusão de controlar a equação causa-efeito, e estabelecem correlações mais óbvias.
Prever o futuro com base no passado	Como todo modelo estatístico, as DNLLs preveem o futuro com base em dados do passado.	Os magistrados decidem com base em suas experiências passadas. São elas que desempenham papel crítico na formação das crenças presentes).
Subjetividade humana	As decisões humanas são críticas em todas as etapas do desenvolvimento, implementação e uso das DNLLs.	Os magistrados, como seres humanos, são permeados pela subjetividade.
Opacidade da técnica	Como as DNLLs geram o *output* com base nos *inputs* transcende a capacidade cognitiva humana.	A opacidade está presente nas decisões dos magistrados. A inteligência e a *expertise* humanas dependem principalmente de instintos inconscientes**.
Resultados tendenciosos	São múltiplas as origens do viés nas DNLLs, invariavelmente resultando em resultados tendenciosos.	As decisões dos magistrados são enviesadas, refletindo os preconceitos intrínsecos aos seres humanos.

* As suposições em relação ao comportamento dos magistrados são meramente especulativas, extraídas do senso comum, sem fundamento teórico (escapa ao perfil do autor).

** Dreyfus, Hubert. *Mind over machine*: the power of human intuition and expertise in the era of the computer. 1988.

Fonte: elaborado pela autora.

O contraponto às questões éticas associadas às DLNNs é que as decisões humanas estão longe de serem imparciais. A natureza do julgamento humano é suscetível a vieses e ruídos, definido ruído como a variabilidade de julgamentos de um mesmo caso pela mesma pessoa em distintas ocasiões (Kahneman *et al.*, 2021).

> Se uma pessoa acusada receberá fiança ou, em vez disso, será enviada para a prisão enquanto se aguarda o julgamento depende em parte da identidade do juiz que acabará ouvindo o caso. Alguns juízes são

> muito mais tolerantes do que outros. Os juízes também diferem acentuadamente em sua avaliação de quais réus apresentam maior risco de fuga ou reincidência (KAHNEMAN *et al.*, p. 7).

Segundo as experiências de Kahneman, Sibony e Sunstein (2021), em julgamentos preditivos os especialistas humanos são facilmente superados por modelos estatísticos baseados em fórmulas simples, vantagem que cresce com as previsões mais sofisticadas baseadas em DLNNs.

Conclusões

A técnica que permeia a maior parte das implementações atuais de inteligência artificial (DLNNs) é um modelo estatístico de probabilidade restrito a desempenhar tarefas pontuais, baseado em experimentações, ou seja, são modelos empíricos sem sustentação teórica que, aplicados na execução de tarefas específicas, apresentam resultados superiores às alternativas disponíveis.

Mesmo com todas essas limitações, as DLNNs têm desempenhado tarefas com resultados superiores aos apresentados pelas demais alternativas existentes, particularmente pela capacidade de lidar com grandes quantidades da variável "dimensionalidade" com impacto positivo no grau de acurácia dos resultados.

Como mostrado no capítulo, as DLNNs mostram limitações intrínsecas, implicando externalidades negativas éticas e sociais, com distintos graus de relevância a depender do domínio de aplicação. Existem em curso várias iniciativas para aperfeiçoar as DLNNs, como criar novas estruturas e/ou arquiteturas com maior capacidade de abstração e reduzir o número de variáveis (menor número de *wights*) nas camadas (*layers*) sem comprometer a acurácia das previsões. Em paralelo, cresce o movimento focado em melhorar a base de dados – *"data-centric AI moviment"* –, a consistência da rotulagem dos dados ou até mesmo, em alguns casos, em utilizar dados sintéticos (NG, 2022).

O capítulo se propôs a comparar as principais limitações dos sistemas de decisão automatizados (baseados nas DLNNs) com as decisões dos especialistas humanos, no caso os magistrados, sinalizando que o grau de "imparcialidade" das previsões dos modelos de IA tende a superar o dos especialistas humanos. O aperfeiçoamento da IA, em algum momento mitigando as externalidades negativas, pode representar a possibilidade de uma sociedade permeada por decisões mais transparentes, mais justas e mais assertivas.

Referências

AHMED, Nabil *et al.* Inequality kills: the unparalleled action needed to combat unprecedented inequality in the wake of Covid-19. *Oxfam International, Jan. 17, 2022. Disponível em:* https://www.oxfam.org/en/research/inequality-kills. Acesso em: 1 mar. 2022.

ALPAYDIN, Ethem. *Machine learning*. Cambridge: MIT Press, 2016.

ANDERSON, Chris. The end of theory: the data deluge makes the scientific method obsolete. *Wired, Jun. 23, 2008. Disponível em:* https://www.wired.com/2008/06/pb-theory/. Acesso em: 20 fev. 2022.

ASILOMAR Principles. *Future of life, Aug. 11, 2017. Disponível em:* https://futureoflife.org/2017/08/11/ai-principles/. Acesso em: 18 fev. 2022.

BORA, Adriana; TIMIS, David Alexandru. We need to talk about artificial intelligence. *Word Economic Forum*, Feb. 22, 2021. Disponível em: https://www.weforum.org/agenda/2021/02/we-need-to-talk-about-artificial-intelligence/. Acesso em: 22 fev. 2022.

CHRISTIAN, Brian. *The alignment problem*: machine learning and human values. New York: W. W. Norton & Company, 2020.

CHUN, Wendy Hui Kyong. *Discrimitating data*: correlation, neighbourhoods, and the new politics of recognition. Cambridge: MIT Press, 2021.

COECKELBERGH, Mark. *AI ethics*. Cambridge: MIT Press, 2020.

COECKELBERGH, Mark. Artificial intelligence, responsibility attribution, and a relational justification of explainability. *Science and Engineering Ethics*, 2019. Disponível em: https://link.springer.com/article/10.1007/s11948-019-00146-8. Acesso em: 5 abr. 2021.

CRAWFORD, Kate. *Atlas of AI*. New Haven: Yale University Press, 2021.

DOMINGOS, Pedro. *The master algorithm*: how the quest for the ultimate learning machine will remake our world. New York: Basic Books, 2015.

DREYFUS, Hubert. *Mind over machine*: the power of human intuition and expertise in the era of the computer. 1988.

FLORIDI, L. *et al.* How to design AI for social good: seven essential factors. *Science and Engineering Ethics*, v. 26, n. 3, p. 1771-1796, 2020.

FLORIDI, L. *et al. The ethics of algorithms*: mapping the debate. Dec. 1st 2016. Disponível em: https://journals.sagepub.com/doi/full/10.1177/2053951716679679. Acesso em: 15 dez. 2022.

FLORIDI, L.; SANDERS, J. W. On the morality of artificial agents. *Minds and Machines*, v. 14, n. 3, p. 349-379, 2004.

FLORIDI, Luciano. The end of an era: from self-regulation to hard law for the digital industry. *Springer Link*, Nov. 10 2021b. Disponível em: https://doi.org/10.1007/s13347-021-00493-0. Acesso em: 10 fev. 2022.

FLORIDI, Luciano. *The logic of information*. Oxford: Oxford University Press, 2021a.

GOLDIN, Ian; MUGGAH, Robert. Covid-19 is increasing multiple kinds of inequality. Here's what we can do about it. *World Economic Forum*, Oct. 9, 2020. Disponível em: https://www.weforum.org/agenda/2020/10/covid-19-is-increasing-multiple-kinds-of-inequality-here-s-what-we-can-do-about-it/. Acesso em: 18 fev. 2022.

GOODFELLOW, Ian *et al. Deep learning*. Cambridge: MIT Press, 2016. Disponível em: https://journals.sagepub.com/doi/full/10.1177/2053951716679679. Acesso em: 22 fev. 2022.

GOOGLE. *People + AI Guidebook, 2019. Disponível em:* https://pair.withgoogle.com/guidebook/. Acesso em: 15 dez. 2022.

HAO, Karen. *Intelligent machines*: this is how AI bias really happens – and why it's so hard to fix. *MIT Technology Review*, 2019. Disponível em: https://www.technologyreview.com/2019/02/04/137602/this-is-how-ai-bias-reallyhappensand-why-its-so-hard-to-fix/. Acesso em: 7 ago. 2021.

INNOVATION AT WORK. *IEEE educational activities*. [S. d.]. Disponível em: https://innovationatwork.ieee.org/certificates/. Acesso em: 15 dez. 2022.

KAHNEMAN, Daniel *et al. Noise*: a flaw in human judgement. New York: Little, Brown Spark, 2021.

KAUFMAN, Dora. Equipes interdisciplinares: não basta "juntar campos", tem que construir pontes. *Época Negócios*, 2021b. Disponível em: https://epocanegocios.globo.com/colunas/IAgora/noticia/2021/09/equipes-interdisciplinares-nao-basta-juntar-campos-tem-que-construir-pontes.html. Acesso em: 20 fev. 2022.

KAUFMAN, Dora. Inteligência artificial e os desafios éticos: a restrita aplicabilidade dos princípios gerais para nortear o ecossistema de IA. *Paulus: Revista de Comunicação da FAPCOM*, São Paulo, v. 5, n. 9, jan./jul. 2021a.

KAUFMAN, Dora. Um projeto de futuro. *Piauí, 22 out. 2021c. Disponível em:* https://piaui.folha.uol.com.br/um-projeto-de-futuro/. Acesso em: 18 fev. 2022.

LAZER, D. *et al.* The parable of Google Flu: traps in big data analysis. *Science*, v. 343, n. 6176, p. 1203-1205, Mar. 14, 2014. Disponível em: http://nrs.harvard.edu/urn-3:HUL.InstRepos:12016836. Acesso em: 20 fev. 2022

LEARNED-MILLER, Erik *et al.* Facial recognition technologies in the wild: a call for a federal office. *White Paper*, May 29, 2020. Disponível em: https://www.ajl.org/federal-office-call/. Acesso em: 15 set. 2021.

LESLIE, David. Understanding bias in facial recognition technologies. *The Alan Turing Institute*, 2020. Disponível em: www.turing.ac.uk. Acesso em: 20 fev. 2022.

LIAO, S. Matthew. *Ethics of artificial intelligence*. New York: Oxford University Press, 2020.

MAYER-SCHÖNBERGER, Viktor; CUKIER, Kenneth. *Big data*: a revolution that will transform how we live, work, and think. New York: Houghton Mifflin Harcourt, 2013.

MITCHELL, T. M. *Machine learning*. New Yokk: McGraw-Hill, 1997.

OVERSIGHT BOARD. Comitê de Supervisão. 2019. Disponível em: https://oversightboard.com/. Acesso em: 15 dez. 2022.

PASQUALE, F. *The black box society*: the secret algorithms that control money and information. Cambridge: Harvard University Press, 2015.

PEARL, Judea. *The book of why*: the new science of cause and effect. New York: Basic Books, 2018.

PEREZ-CRIADO, Caroline. *Invisible women*: data bias in a world designed for men. New York: Abrams Press, 2021.

PICHAI, Sundar. AI at Google: our principles. *Google: The Keyword,* Jun. 7, 2018. Disponível em: https://www.blog.google/technology/ai/ai-principles/. Acesso em: 15 dez. 2022.

SCHUMPETER, Joseph. *Capitalism, socialism and democracy*. 3rd ed. [1st ed. 1950]. New York: HarperCollins, 2008.

STANFORD UNIVERSITY. *Gathering strength, gathering storms*: the one hundred year study on artificial intelligence (AI100), 2021. Study Panel Report. Disponível em: https://ai100.stanford.edu/gathering-strength-gathering-storms-one-hundred-year-study-artificial-intelligence-ai100-2021-study. Acesso em: 2 mar. 2022.

UNESCO *193 countries adopt first-ever global agreement on the ethics of artificial intelligence,* Nov. 21, 2021. Disponível em: https://news.un.org/en/story/2021/11/1106612. Acesso em: 15 dez. 2022.

WILLIAMS, Douglas E. Ideology of "Blade Runner". *International Political Science Review / Revue Internationale de Science Politique,* v. 9, n. 4, p. 381-394, Oct. 1988. Disponível em: http://www.jstor.org/stable/1600763. Acesso em: 7 fev. 2022.

WORLD BANK. *2021 Year in Review in 11 Charts*: the inequality pandemic. Dec. 21, 2021. Disponível em: https://www.worldbank.org/en/news/feature/2021/12/20/year-2021-in-review-the-inequality-pandemic. Acesso em: 18 fev. 2022.

4. EXPLICAÇÃO COMO DECORRÊNCIA DE UMA TRANSPARÊNCIA RELACIONAL: UM ESTUDO DE CASO DO DIREITO À EXPLICAÇÃO SOB A PERSPECTIVA DA PROTEÇÃO DE DADOS NA UNIÃO EUROPEIA

LUCAS COSTA DOS ANJOS

Introdução

A percepção do público em relação ao mecanismo de busca do Google é a de que ele fornece resultados neutros e orgânicos, embora seja justamente a personalização dos dados e os resultados individualizados que o tornam uma das ferramentas de busca de maior sucesso no mundo digital. Atuando como um ponto nodal entre usuários que buscam informações *online* e provedores de conteúdo, o Google se beneficia de suas capacidades de *gatekeeping* (editoração, curadoria e controle de acesso à informação) e monetiza seu acúmulo de dados coletados, tanto de usuários que realizam consultas *online* quanto de empresas que desejam ser classificadas em sua página de resultados por meio de anúncios pagos ou orgânicos (não patrocinados).

Pelo fato de o Google criar valor *online* ao intermediar esses relacionamentos em um contexto caracterizado por uma extraordinária assimetria de conhecimento – uma vez que a empresa possui abundância de informações de ambas as pontas do espectro, ao passo que suas operações são pouco transparentes para usuários e clientes –, a proteção de dados pode, assim, ser considerada um *proxy* para outra perspectiva analítica do algoritmo da empresa, que serve como um intermediário para limitar a inescrutabilidade de seu segredo comercial.

Ao longo dos anos, várias iniciativas, incluindo algumas fora das fronteiras da União Europeia, procuraram fornecer alguma estandardização de padrões mínimos relativos ao tratamento de dados pessoais. A Convenção n. 108, a Diretiva n. 95/46 e o Regulamento Geral de Proteção de Dados (RGPD, ou GDPR) serão analisados como pilares dos direitos individuais de proteção de dados no continente, incentivando legislações e jurisprudência sobre o tema. No caso do RGPD, o seu Considerando n. 71 suscitou uma correlação entre a proteção de dados e o direito à explicação de decisões algorítmicas, que este trabalho procura apoiar.

Para concluir este capítulo, aprofundo-me em razões mais práticas pelas quais o direito à explicação deve ser aplicado, apesar das alegações de que os algoritmos devem ser mantidos completamente obscuros em função da necessidade de proteger segredos comerciais. A teoria da regulação apoia alternativas para reger o uso de algoritmos, especialmente no caso do Google e de seus ativos intelectuais, como segredos comerciais, a fim de fornecer parâmetros básicos de transparência aos titulares dos dados.

1. Transparência de processos automáticos de tomada de decisões

Existe um consenso geral de que a transparência e a responsabilização (bem como os seus sinônimos conceituais) estão entre os parâmetros a perseguir na governança de algoritmos, sobretudo na era da Inteligência Artificial (IA) (Saurwein *et al.*, 2015, p. 36). Esses são dois de um conjunto de requisitos-chave que a IA deve atender para ser confiável, de acordo com o Grupo de Especialistas de Alto Nível em IA da Comissão Europeia (EUROPEAN UNION, 2019).

Em primeiro lugar, transparência é, essencialmente, um conceito relacional, que trata de um contexto entre duas partes ou entidades diferentes, como o governo e seus cidadãos, uma empresa e seus acionistas, ou uma plataforma de Internet e seus usuários (Felzmann *et al.*, 2019, p. 8-9). No quadro da governação e tecnologia da Internet, nomeadamente no que diz respeito à governança de algoritmos, esse princípio refere-se a formas de funcionamento compreensíveis e inteligíveis, ou melhor, em termos básicos, à falta de opacidade ou ignorância (Zuboff, 2019, p. 323-324). A transparência também pode ser definida como o princípio de determinar a maneira pela qual a informação é transmitida às pessoas e sua finalidade.

Essa definição destaca a transparência como meio de garantir certas liberdades civis relevantes para a governança da Internet. No caso do papel que os motores de busca desempenham na vida de usuários, pode-se afirmar que a divulgação de seus parâmetros operacionais contribui para que os resultados disponibilizados sejam fidedignos, sejam eles consumidores desse serviço ou usuários empresariais (Käde; Maltzan, 2019, p. 12). Os consumidores poderiam acessar as melhores e mais relevantes informações disponíveis de acordo com os parâmetros de suas consultas. *Sites*, outros usuários e empresas que desejem aparecer como fonte referencial de informação para quem realiza buscas teriam a garantia de que os métodos utilizados pelo mecanismo de busca são suficientemente compreensíveis e inteligíveis para apoiar uma concorrência entre aqueles que acreditam ter a melhor resposta possível para uma consulta.

Por outro lado, um mecanismo de busca sem transparência tem o potencial de não ser confiável e de apresentar resultados tendenciosos por interesses econômicos, culturais ou políticos de todos os tipos (Van Hoboken, 2012, p. 206). Mecanismos de pesquisa podem usar vários critérios que não estão necessariamente alinhados com os melhores interesses dos usuários para determinar a resposta personalizada de uma pesquisa. Assim, o nome "caixa-preta" é comumente usado quando se refere ao funcionamento interno desses algoritmos (Taulli, 2020, p. 38; Guidotti *et al.*, 2019), o que "pode significar um sistema cujo funcionamento é misterioso; podemos observar suas entradas e saídas, mas não podemos dizer como um se torna o outro" (Pasquale, 2015, p. 3, tradução livre).

Uma característica dos algoritmos é o fato de seu objetivo ser o mais eficiente possível, pois são baseados em lógica e matemática. No entanto, isso deixa pouco espaço para subjetividade, sutileza, nuance e, portanto, justiça (O'Neil, 2016, p. 95). Esses são todos conceitos tão difíceis de entender, mesmo para os pesquisadores mais renomados, que sua tradução em códigos de computador também representa um exercício desafiador para qualquer equipe de desenvolvedores. "Modelos opacos e invisíveis são a regra, e os transparentes, a exceção. [...] Mesmo quando tais modelos se comportam, a opacidade pode levar a um sentimento de injustiça" (O'Neil, 2016, p. 28, tradução livre).

2. Estrutura normativa que corrobora um direito à explicação na União Europeia

Esforços para enfrentar essa questão, seja por meio de legislação (Considerandos n. 58 e 85, bem como o Artigo 5º do RGPD) e de diretrizes setoriais sobre o tema (OECD, 2019), seja pela literatura especializada (Kim; Routledge, 2021, p. 23; Saurwein *et al.*, 2015, p. 25), têm empregado abordagens de contextualização. O histórico desses esforços informa diretamente nossa discussão sobre o mecanismo de pesquisa do Google e a necessidade de seus processos de decisão automatizados estarem sujeitos ao direito de explicação para usuários.

> Desafios à tomada de decisão algorítmica ensinam uma lição valiosa: conhecimento é poder. Nos esforços para confrontar a tomada de decisão algorítmica, o primeiro passo é quase sempre uma jornada árdua para esclarecer por que e como a decisão foi alcançada em primeira instância (Bloch-Wehba, 2020, p. 1295, tradução livre).

O exemplo do Considerando n. 58 do Regulamento Geral de Proteção de Dados estabelece que "o princípio da transparência exige que qualquer informação dirigida ao público ou ao titular dos dados seja concisa, facilmente acessível e de fácil compreensão" (EUROPEAN PARLIAMENT, 2016, tradução livre). Uma vez que o direito à explicação decorre de um considerando que introduz o RGPD, nota-se que o princípio da transparência como princípio também pode ser encontrado no regulamento, como no Artigo 12(1), que determina o acesso à informação pelo titular, de forma "clara e simples" (EUROPEAN PARLIAMENT, 2016). Essa diretriz sobre o tratamento de dados pessoais é corroborada por autores como Bruce Schneier, que afirma que "as pessoas devem ter o direito de saber quais dados estão sendo coletados sobre elas, quais dados estão sendo arquivados sobre elas e como os dados sobre elas estão sendo usados – e por quem" (Schneier, 2015, p. 186, tradução livre).

As diretrizes sobre a tomada de decisão individual automatizada e a criação de perfis, do Grupo de Trabalho de Proteção de Dados do Artigo 29, destacam o principal objetivo da transparência quando afirmam: "o titular dos dados só poderá contestar uma decisão ou expressar sua opinião se entender completamente como foi feito e com que base" (EUROPEAN COMMISSION, 2017, p. 27, tradução livre). Portanto, os requisitos de transparência atuam como uma condição para a capacidade de exercer outros direitos legais dentro do GDPR, incluindo o direito de explicação.

Alguns autores promovem a transparência por meio de uma compreensão intencional de algoritmos. Em outras palavras, o **porquê** por trás do processamento dos dados coletados pode ser mais importante do que **como** eles foram processados (Kroll, 2018, p. 6). Seria mais produtivo para a discussão e para a resolução de problemas reais de explicabilidade deslocar o foco dos critérios de transparência como a revelação de códigos-fonte para uma visão muito mais ampla do algoritmo (Diakopoulos; Friedler, 2016). Em vez disso, outras perguntas devem guiar o raciocínio: Quais são os objetivos do algoritmo? Quais padrões os codificadores tinham em mente ao projetar o algoritmo? Diferentes opções e "ajustes" foram testados e rejeitados? Se sim, então por quê (Kroll, 2018, p. 6; Krebs *et al.*, 2019, p. 3)?

As respostas a essas e outras perguntas podem fornecer uma compreensão muito mais profunda dos modelos de negócio baseados em algoritmos do que a revelação de um código-fonte e são consideravelmente mais propensas a satisfazer os requisitos de "direito à explicação" do Considerando n. 71 do GDPR. As chances são de que a explicabilidade seja mais viável para todas as partes envolvidas se focar no "contexto subjacente ao mecanismo de ação de um sistema como um processo dentro de um amplo sistema sociotécnico" (Kroll, 2018, p. 7, tradução livre; ver também Helleringer; Sibony, 2017, p. 625-626).

No texto do RGPD, embora a definição do princípio da transparência fornecida se refira a informações gerais sobre a utilização de dados pessoais, ela é contextualizada em várias instâncias quando aplicada ao tratamento de dados (Considerando n. 39), aos códigos de conduta (Artigo 40), à certificação de conformidade (Considerando n. 100), ao direito de esclarecimento (Considerando n. 71) e ao direito de ser informado (Artigos 12 a 14) (Malgieri, 2019, p. 23). Assim, uma simples análise quantitativa do texto do regulamento revela que é dada uma importância considerável ao conceito de transparência, essencial para interpretar e fazer cumprir as disposições do RGPD.

Estrutura semelhante foi elaborada por organizações como a Organização para a Cooperação e Desenvolvimento Econômico (OCDE), na qual o desenvolvimento da IA levou a um estudo focado nas questões éticas, técnicas e legais, com a transparência em seu núcleo (OECD, 2019). Como a IA está no centro dos mecanismos empregados pelo mecanismo de busca do Google (KAPUT, 2018), é fundamental entender as diretrizes recomendadas por organizações com impacto na política de IA, como a OCDE. Em junho de 2019, a organização publicou sua análise, em que afirma que "deve haver transparência e divulgação responsável em torno dos sistemas de IA para garantir que as pessoas entendam os resultados baseados em IA e possam desafiá-los" (OECD, 2019).

Em suas diretrizes, a organização recomenda mais transparência quanto ao funcionamento de algoritmos que envolvem o uso de IA, inclusive pelo motivo econômico de aumentar a confiabilidade e adoção entre os usuários (OECD, 2019). Além disso, o estudo relata que não é necessário divulgar códigos algorítmicos ou conjuntos de dados para promulgar tais padrões, especialmente pelo fato de que, devido à complexidade dos códigos, isso não necessariamente forneceria transparência aos usuários e poderia revelar segredos comerciais pertencentes aos seus desenvolvedores. Em vez disso, o objetivo deve ser focar em "quem participa do processo e os fatores usados para tomar a decisão" para "divulgar como a IA está sendo usada em uma previsão, recomendação ou decisão" (OECD, 2019, p. 90).

Já o Grupo de Alto Nível sobre Inteligência Artificial da Comissão Europeia (AI HLEG) foi criado em 2018, com 52 membros de diferentes origens (academia, sociedade civil e setores empresariais). Suas missões incluíam a elaboração de recomendações e diretrizes, além de apoiar a criação de uma Aliança Europeia de IA (EUROPEAN COMMISSION, 2021). Entre as primeiras entregas estavam as Diretrizes de Ética para IA Confiável, nas quais a transparência é considerada um requisito fundamental, explicitamente derivado do princípio da explicabilidade1.

[1] "Transparência. Este requisito está intimamente ligado ao princípio da explicabilidade e abrange a transparência dos elementos relevantes para um sistema de IA: os dados, o sistema e

Da mesma forma, o AI HLEG criou listas de avaliação para IA confiável, em que a transparência é um dos elementos-chave: "Um componente crucial para alcançar a IA confiável é a transparência, que engloba três elementos: 1) rastreabilidade, 2) explicabilidade e 3) abertura na comunicação sobre as limitações do sistema de IA". Essa lista de autoavaliação apresenta um questionário aos desenvolvedores de IA para avaliar a explicabilidade de seus sistemas por meio do "raciocínio por trás das decisões ou previsões que o sistema de IA faz" (EUROPEAN COMMISSION, 2020, p. 14, tradução livre). Curiosamente, as perguntas de autoavaliação se concentram no aspecto relacional dos sistemas de IA, não se os códigos-fonte e os algoritmos estão abertos ao escrutínio público. Isso reforça a ideia de a explicabilidade ser um conceito intimamente relacionado aos usuários e a sua compreensão do processo automatizado de tomada de decisão.

3. Explicabilidade e suposta inescrutabilidade algorítmica

No que diz respeito à complexidade algorítmica, outra razão comumente utilizada para justificar a falta de explicabilidade dos programas de computador, Joshua Kroll alerta que "os sistemas computacionais não são ferramentas puras e neutras, mas produtos de seu contexto sociotécnico, e devem ser considerados como tal. E, no contexto, a inescrutabilidade não é resultado da complexidade técnica, mas sim da dinâmica de poder na escolha de como usar essas ferramentas" (Kroll, 2018, p. 2, tradução livre; ver também Martin, 2019, p. 843). Zuboff, por sua

os modelos de negócios. [...] Explicabilidade. A explicabilidade diz respeito à capacidade de explicar tanto os processos técnicos de um sistema de IA quanto às decisões humanas relacionadas (por exemplo, áreas de aplicação de um sistema). A explicabilidade técnica requer que as decisões tomadas por um sistema de IA possam ser compreendidas e rastreadas por seres humanos. Além disso, compensações podem ter que ser feitas entre melhorar a explicabilidade de um sistema (o que pode reduzir sua precisão) ou aumentar sua precisão (ao custo da explicabilidade). Sempre que um sistema de IA tiver um impacto significativo na vida das pessoas, deve ser possível exigir uma explicação adequada do processo de tomada de decisão do sistema de IA. Essa explicação deve ser oportuna e adaptada à experiência da parte interessada em questão (por exemplo, leigo, regulador ou pesquisador). Além disso, explicações sobre o grau em que um sistema de IA influencia e molda o processo de tomada de decisão organizacional, as escolhas de *design* do sistema e a justificativa para implantá-lo devem estar disponíveis (assim garantindo a transparência do modelo de negócios)" (EUROPEAN UNION, 2019, p. 18).

vez, afirma que "transparência e privacidade representam atrito para os capitalistas de vigilância da mesma forma que melhorar as condições de trabalho, rejeitar o trabalho infantil ou reduzir a jornada de trabalho representava atrito para os primeiros capitalistas industriais" (Zuboff, 2019, p. 249, tradução livre).

Em outras palavras, os sistemas computacionais podem ser compreendidos por meio de duas facetas: seu desenho técnico e sua mecânica (como funcionam); e seus objetivos, ou seja, a correlação entre entradas e saídas, que se estabelece dentro de um determinado contexto social (por que opera). Ambos os aspectos são passíveis de escrutínio, não apenas por pessoal técnico especializado, mas também por equipes jurídicas e regulatórias que desejam compreender as decisões particulares e as dinâmicas de poder envolvidas na criação e operação dos sistemas. De acordo com Frank Pasquale, "sem acesso aos dados e códigos subjacentes, nunca saberemos que tipo de rastreamento está ocorrendo e como os problemas de discriminação documentados há muito tempo na 'vida real' podem estar se insinuando no ciberespaço" (Pasquale, 2015, p. 40, tradução livre). Para ele, um passo essencial à equidade está relacionado ao conceito de transparência para o público em geral, ao seu entendimento de como um algoritmo realiza suas tarefas.

Em muitos casos, a transparência tradicional não é suficiente e deve ser acompanhada de um raciocínio inteligível de acordo com a realidade dos usuários (literacia algorítmica) (Bayamlioğlu, 2021, p. 10-11). Caso contrário, uma forma eficiente de as empresas evitarem a divulgação de suas vantagens competitivas e ainda cumprirem as normas legais seria evitar a "linguagem simples", compreensível pela maioria dos consumidores, e usar linguagem altamente complexa em suas divulgações. Afinal, "alcançar a transparência requer considerar quem deve aprender o quê para encontrar um sistema compreensível" (Kroll, 2018, p. 9, tradução livre).

Além disso, a divulgação de códigos-fonte não garante transparência real (Pariser, 2011, p. 202). Por exemplo, um *software* de código aberto, como o navegador Firefox da Mozilla, VLC Media Player e Trello, não garante automaticamente aos usuários a compreensão do funcionamento interno de um algoritmo. Os usuários podem ser leigos em ciência da computação, podem não entender o conceito de preconceito e ainda pode ser necessária uma ação coletiva para interpretar, criticar e até mesmo propor mudanças em um algoritmo de código aberto.

À semelhança do que enfrenta o personagem Joseph K. em *O processo*, de Franz Kafka, a falta de conhecimento sobre os motivos e parâmetros básicos que orientam uma decisão importante gera um sentimento de desamparo em usuários, ao mesmo tempo que fornece uma alavanca substancial aos modelos de negócios algorítmicos. Se o algoritmo toma decisões automatizadas que afetam substancialmente o usuário e fornece, no melhor dos casos, apenas algumas explicações sobre como chegou a essas decisões, o usuário afetado não tem base para discordar ou mesmo apelar. Como explica a filósofa política Kate Vredenburgh: "Muitas vezes, esses tomadores de decisão fornecem pouca ou nenhuma razão para suas ações, o que significa que as pessoas afetadas não têm base para objetar" (VREDENBURGH, 2020, tradução livre).

Nesta análise, estamos considerando o mecanismo de busca do Google e os possíveis efeitos da falta de transparência de sua plataforma sobre os direitos de acesso à informação, concorrência e liberdade de expressão. No entanto, como Cathy O'Neil explora em *Weapons of math destruction*, decisões automatizadas de plataformas digitais são cada vez mais difundidas na sociedade, com consequências para aspectos abrangentes, como saúde, seguros, emprego, educação, finanças e até mesmo a justiça criminal (O'NEIL, 2016, p. 7). Segundo Frédéric Marty, "os segredos comerciais, condição *sine qua non* para a proteção dos algoritmos, reduzem a transparência e a responsabilização das decisões dos agentes dominantes do mercado" (MARTY, 2019, p. 213, tradução livre). Seu argumento é ecoado por Cathy O'Neil, cujas previsões para o futuro da expansão algorítmica não apenas exigem mais transparência para promover a responsabilização, mas também que essa opacidade reduzida seja contextual.

> Os algoritmos só se tornarão mais onipresentes nos próximos anos. Devemos exigir que os sistemas que responsabilizam os algoritmos também se tornem onipresentes. Vamos começar a construir uma estrutura agora para responsabilizar os algoritmos a longo prazo. Vamos nos basear em evidências de que os algoritmos são legais, justos e fundamentados em fatos. E vamos continuar evoluindo o que essas coisas significam, dependendo do contexto (O'NEIL, 2016, p. 231, tradução livre).

Pesquisadores como Frank Pasquale há muito defendem um conceito de transparência qualificada que, novamente, não implicaria necessariamente colocar em risco o modelo de negócio baseado em algoritmos. Com o objetivo de equilibrar os diferentes interesses dos modelos de negócios baseados em algoritmos, do proprietário ao direito dos usuários, ele propõe uma transparência qualificada, que consistiria em "limitar as revelações para respeitar todos os interesses envolvidos em determinada informação" (Pasquale, 2015, p. 142, tradução livre). Referindo-se aos episódios de Julien Assange e Edward Snowden da última década, o autor argumenta que algum nível de responsabilidade na curadoria e filtragem é necessário ao divulgar informações ao público em geral. Por mais perturbadores e controversos que esses vazamentos tenham sido para agências governamentais, empresas GAFA (Google, Amazon, Facebook e Apple) e política internacional, houve edições, retenção de documentos e algum nível de higienização para proteger informações que colocam pessoas em perigo.

Segundo Pasquale, metodologias utilizadas na prestação de serviços *online* podem fornecer explicações razoáveis de decisões automatizadas com o objetivo primordial de equilibrar de forma justa os interesses de quem deseja aparecer no topo das páginas de resultados de buscas de mecanismos como o Google. Ele recomenda que divulgações e auditorias sejam práticas regulares para garantir a transparência de processos automatizados de decisão empregados por gigantes da tecnologia. Essas práticas também constituiriam medidas para aumentar a competitividade *online* e garantir a escolha do consumidor (Pasquale, 2015, p. 142).

Dado que a lógica por trás da garantia dos direitos de propriedade intelectual busca equilibrar os esforços dos inventores com as necessidades de bem-estar da sociedade, uma abordagem de transparência qualificada parece ser a resposta para um cenário tão dividido. Leva em consideração os diferentes destinatários de decisões automatizadas, não apenas usuários individuais, mas também outras empresas e reguladores (Kaminski, 2019, p. 210-211). Para fins de maior equidade entre as partes envolvidas (usuários, empresas e reguladores), o exercício de equilíbrio justo leva em consideração os direitos fundamentais na implementação da legislação da União Europeia na prática, incluindo a transparência qualificada.

Em geral, as questões em torno da opacidade também demonstram a complexidade da própria dinâmica sociotécnica de poder que controla os mecanismos técnicos em jogo. De fato, tanto as opções de opacidade algorítmica quanto a transparência algorítmica completa não são ideais quando se trata de equilibrar os direitos dos usuários com os direitos de propriedade dos ativos intelectuais. Uma solução ideal considera os interesses dos desenvolvedores de algoritmos ao mesmo tempo que fornece uma explicação adequada dos resultados fornecidos pelo algoritmo ou algoritmos de maneira apropriada ao caso ou circunstância particular. Além disso, os reguladores devem atribuir "diferentes obrigações de divulgação a várias empresas, de acordo com suas características, as necessidades de seus consumidores e as características específicas dos mercados em que essas empresas operam" (Chari *et al.*, 2020, p. 5, tradução livre).

4. Propostas de implementação do direito à explicação

De certo modo, as propostas do *Digital Markets Act* e do *Digital Services Act*, de 2020, visam responder a essa contextualização e modernização regulamentar. Ambas as propostas abordam a questão da modernização das regulamentações na União Europeia, considerando as particularidades de mercados inovadores e em constante mudança. Ao mesmo tempo, elas se concentram em padrões mínimos de mercado para atribuir passivos, estabelecer requisitos de transparência e determinar formas de divulgação de informações confidenciais, como no caso do Artigo 33(3) do *Digital Services Act*. Outros autores sugerem a proposta de auditorias de Frank Pasquale como uma disposição adicional para garantir efetivamente o direito à explicação, principalmente no âmbito jurídico da União Europeia e do GDPR.

> Tanto o direito de acesso quanto qualquer direito futuro à explicação enfrentarão limitações significativas devido à sensibilidade de segredos comerciais e direitos de propriedade intelectual. [...] Uma solução ideal permitiria o exame de sistemas automatizados de tomada de decisão, incluindo a lógica e as circunstâncias de decisões específicas, por um terceiro confiável. Essa abordagem limita o risco para os controladores de dados de expor segredos comerciais, ao mesmo tempo que fornece um mecanismo de supervisão para os titulares de dados que podem

> operar quando as explicações são inviáveis ou muito complexas para a compreensão leiga. Os poderes das Autoridades de Supervisão poderiam ser alargados a esse respeito. Alternativamente, um regulador europeu poderia ser criado especificamente para algoritmos de auditoria, antes (certificações) e/ou após a implantação dos algoritmos (Wachter *et al.*, 2017, p. 43-44, tradução livre).

Em suma, não existe uma solução única para a proposta de transparência qualificada. Será precisamente sua abordagem caso a caso que determinará adequadamente o grau de transparência exigido de acordo com os fatos de um determinado cenário; um regulamento personalizado em vez de um normalizado. Além disso, a transparência (entre usuários empresariais) tem sido um requisito para tecnologias no setor de telecomunicações há algum tempo, e as estruturas de neutralidade da rede destacam a importância dessas questões (EUROPEAN PARLIAMENT, 2015). O mercado de telecomunicações é fortemente regulado, seja considerando contratos e tarifas ou a interoperabilidade técnica e lógica de sistemas (Graef; Valcke, 2014, p. 12). Por que não sujeitar os mecanismos de pesquisa e outros aplicativos *over-the-top* (OTT) no setor a alguns desses mesmos padrões fundamentais de transparência?

A auditoria de algoritmos, que é um conceito de transparência visto pelas lentes dos reguladores, também pode ser um caminho para a transparência e a prestação de contas, embora em âmbito processual: auditorias são um meio para garantir a prestação de contas e a transparência, não um substituto para elas. Embora as auditorias possam muito bem enfrentar problemas em relação à medição (diferentes escalas de conjuntos de dados usados em auditorias em comparação com o "mundo real" dos algoritmos de execução) e à validade de sua construção (uma vez que os próprios modelos de auditoria precisam ser projetados e estruturados de acordo com seus objetivos), elas servem como uma ferramenta útil para medir os resultados de acordo com as entradas dadas a um algoritmo. Devido a fato de os conjuntos de dados também evoluírem e estar em constante transformação, as auditorias algorítmicas devem ser uma exigência contínua para empresas cujos modelos de negócios dependem de códigos de computador.

Em programas informáticos considerados inescrutáveis e que demonstrem comportamentos indesejáveis ou indisciplinados, o problema não é a falta de transparência, nem a incapacidade dos reguladores de desempenhar as suas funções por razões técnicas, mas uma má prática cometida pelo controlador do sistema. Houvesse o dever de transparência, explicação e abstenção de abuso de domínio do mercado, os desenvolvedores seriam responsabilizados pelo que introduzem nos mercados. Tecnologias inadequadas, com resultados insatisfatórios e vieses censuráveis de acordo com nossos padrões legais atuais, não devem ser irresponsáveis.

O objetivo da publicidade *online* (e das plataformas que a utilizam, como o Google) não é apenas levar os usuários a fazer compras, mas também manter sua atenção e seus padrões de comportamento. Esse fato coincide com a ideia de Tim Wu de que a indústria da publicidade *online* é um negócio de "comerciantes de atenção", cujo objetivo principal é chamar a atenção dos usuários por meio de "serviços gratuitos" e depois vendê-los a anunciantes (Wu, 2017, p. 16). Como consequência, empresas que prosperam na atenção aumentam sua dependência de usuários como audiência, o que, em mercados competitivos, também significa constantemente inventar formas, conteúdos e estímulos para manter pessoas *online*, incluindo em buscadores.

Os efeitos do viés algorítmico em um mecanismo de busca podem variar de impedimentos econômicos para concorrentes ao sufocamento da inovação, acesso tendencioso à informação e até mesmo consequências comportamentais para usuários, que podem incutir neles determinados padrões de compra e consumo de conteúdo. Mais importante ainda, estas constituem questões significativas em relação a direitos dos titulares de dados com possíveis consequências legais, de acordo com as Diretrizes sobre a tomada de decisão individual automatizada e a criação de perfis do Artigo 29 do Grupo de Trabalho de Proteção de Dados. Esse órgão consultivo afirmou que, "mesmo quando não há alteração em seus direitos ou obrigações legais, o titular dos dados ainda pode ser impactado o suficiente para exigir as proteções" do Artigo 22 do GDPR, interpretado sistematicamente ao Considerando n. 71. É importante notar que "a decisão deve ter o potencial de: afetar significativamente as circunstâncias, o comportamento ou as escolhas dos indivíduos envolvidos; ter um impacto prolongado ou permanente no titular dos dados; ou, em seu extremo, levar à exclusão ou discriminação de indivíduos" (EUROPEAN COMMISSION, 2017, p. 21, tradução livre). Considera-se que a publicidade baseada em perfilamento também pode afetar significativamente os titulares de dados.

> [É] possível que sim, dependendo das características particulares do caso, incluindo: a intrusão do processo de criação de perfil, incluindo o rastreamento de indivíduos em diferentes *sites*, dispositivos e serviços; as expectativas e desejos das pessoas envolvidas; a forma como o anúncio é entregue; ou usando o conhecimento das vulnerabilidades dos titulares de dados visados. [...] A tomada de decisão automatizada que resulta em preços diferenciados com base em dados pessoais ou características pessoais também pode ter um efeito significativo (EUROPEAN COMMISSION, 2017, p. 22, tradução livre).

Mesmo no caso de modelos de negócio de serviços gratuitos, como o Google, há influência comportamental efetiva e consequências sobre como os usuários acessam informações *online* (Zuboff, 2019, p. 377). A responsabilidade deve ser incorporada às responsabilidades intrínsecas de conduzir negócios com tratamentos tão gravosos em relação a dados pessoais (Diakopoulos; Friedler, 2016, p. 1306). Assim como padrões de proteção ambiental foram impostos a empresas que descartam produtos químicos, empresas que trabalham com dados pessoais e acesso a informações "devem ser obrigadas a auditar seus algoritmos regularmente quanto à legalidade, justiça e precisão" (O'Neil, 2016, p. 223, tradução livre).

Para que provedores de aplicações estejam sujeitos a alguma forma de supervisão em relação aos relacionamentos *online* que intermedeiam, a prestação de contas é exigida tanto por regulamentos, como o GDPR e outras diretivas, quanto pela aplicação dessas diretivas, o que envolve o trabalho das instituições e seu poder de implementar tais regulamentos (Lu, 2020, p. 127-128). O Artigo 5(2) do RGPD, por exemplo, impõe a responsabilidade de demonstrar o cumprimento do RGPD ao responsável pelo tratamento de dados pessoais.

Seja por entidades privadas, seja por agências governamentais, propor a avaliação de algoritmos por terceiros parece ser uma tendência crescente para lidar com a falta de transparência e aplacar as legítimas preocupações do setor privado com a proteção de segredos comerciais e de indústria envolvidos na prestação de serviços que contam com o uso de algoritmos proprietários (Wachter; Mittelstadt, 2019, p. 503). Ainda, certo nível de transparência já é exigido pelo *status quo* regulatório de hoje. Por exemplo, o Considerando n. 24 do Regulamento n. 2019/1150, do Parlamento Europeu e do Conselho, aborda a promoção da equidade e da transparência para os utilizadores empresariais dos serviços de intermediação *online*.

Tim Wu, ao discutir o contexto concorrencial dos Estados Unidos, acredita que as leis que regulam mercados são geralmente interpretadas de forma tão ampla (para fornecer resiliência e adaptabilidade durante a transformação econômica e tecnológica) que uma aplicação adequada é essencial para sua eficácia (WU, 2018, p. 50). Tal fiscalização deve ir além das penalidades atualmente aplicadas na forma de multas contra Google e Facebook, por exemplo, especialmente porque os valores dessas multas, por mais altos que possam parecer para a maioria, representam apenas uma fração da receita desses gigantes: "É um modelo de fiscalização quebrado, e temos caixas-pretas para agradecer por muito disso. As pessoas não podem ficar indignadas com o que não conseguem entender" (Pasquale, 2015, p. 213, tradução livre). Se não fosse pela regulação da Microsoft no início dos anos 1990, e se as ideias de Bill Gates de poder monopolista sobre a economia digital em ascensão tivessem prevalecido, possivelmente não haveria empresas como Google, Facebook e Amazon. De acordo com Wu, a fiscalização da concorrência foi fundamental para que o Vale do Silício alcançasse seu *status* global, pois essa fiscalização protegia um ambiente que fomentava a inovação e reduzia as barreiras à entrada no mercado (Wu, 2018, p. 100).

Explicação é um conceito que depende da contextualização, não apenas das partes envolvidas na explicação de um algoritmo, mas também do propósito da tomada de decisão automatizada na qual um algoritmo se engajou (Chari *et al.*, 2020, p. 5). De acordo com Joshua Kroll (2018, p. 3), o contexto é crucial para a transparência efetiva e, posteriormente, a prestação de contas:

> [O] valor de explicar o comportamento de uma ferramenta é temperado pela necessidade de entender o que deve ser explicado para quem e quais conclusões essa parte deve tirar. A explicação não é um bem puro, tanto porque só é útil quando envolve adequadamente o contexto da ferramenta que está sendo explicada quanto porque as explicações,

> em nível técnico, não necessariamente fornecem compreensão ou melhoram a interpretabilidade de uma determinada ferramenta técnica. Em vez disso, as explicações tendem a descompactar o mecanismo de uma ferramenta, concentrando-se estritamente na maneira como a ferramenta operava em detrimento da contextualização dessa operação. As explicações correm o risco de serem histórias "simples", que dão falsa credibilidade a uma construção incorreta (tradução livre).

Uma explicação é relacional na medida em que exige o que deve ser explicado para quem e quais conclusões essa parte deve tirar. Pessoas diferentes, com diferentes níveis de compreensão, exigirão posteriormente diferentes tipos de explicação. Quanto mais bem versada nas funcionalidades de um algoritmo uma pessoa é, mais fácil é promover a compreensão.

Além disso, o nível de interpretabilidade necessário das informações fornecidas para explicar o funcionamento de um algoritmo pode variar muito quando se trata de atender às necessidades dos usuários. A transparência adequada pode exigir algo muito além de simplesmente revelar códigos-fonte. De fato, em alguns casos, a verificação de uma relação causal entre entradas e saídas de um algoritmo, dado um determinado conjunto de dados, pode ser mais reveladora do que o próprio código-fonte.

> Transparência não significa apenas que as entranhas de um sistema estão abertas à vista do público. [...] também significa que os usuários individuais entendem intuitivamente como o sistema funciona. E essa é uma pré-condição necessária para que as pessoas controlem e usem essas ferramentas (Pariser, 2011, p. 231, tradução livre).

Devemos examinar a insistência possivelmente injustificada de que os segredos comerciais devem ser um inescrutável ativo intangível. Se compararmos as limitações de segredos comerciais e industriais com aquelas impostas a patentes e direitos autorais, torna-se bastante aparente por que a opacidade algorítmica é o foco central desta análise. "Pode não ser possível impedir o domínio das empresas no desenvolvimento de algoritmos no próximo século, mas é crucial garantir que os algoritmos sejam inofensivos, exigindo mais transparência para mitigar a opacidade algorítmica" (LU, 2020, p. 158, tradução livre).

A obscuridade do Google permitiu uma falta de responsabilidade nos últimos 20 anos de sua história quando se trata de fornecer serviços de busca na Internet (BARTLETT, 2018, p. 101). Como uma parte extremamente significativa do modelo de negócios da empresa é apoiada por um conjunto complexo de algoritmos protegidos como segredos comerciais e industriais, ela conseguiu usar um véu de sigilo para se resguardar das expectativas em relação à responsabilidade, relatórios e transparência. Além desse véu de sigilo, o Google cobre suas práticas em uma camada extra de proteção com alegações de objetividade e neutralidade.

Conclusões

Como a transparência é um conceito relacional que aborda um relacionamento entre duas partes diferentes, se um mecanismo de busca se caracteriza pela falta de transparência, isso tem o potencial de torná-lo não confiável e de levá-lo a apresentar resultados tendenciosos. Essa noção de transparência (ou sua falta) tem estado no centro da aplicação de reguladores da União Europeia, o que enfatiza uma ligação entre a opacidade da empresa e seus danos à concorrência. Para melhores padrões de transparência, defende-se uma abordagem relacional e qualificada, por meio de práticas mínimas de divulgação, auditorias de terceiros, ampliação do papel das autoridades de concorrência na regulação de algoritmos e maior desenvolvimento legal do direito à explicação por meio da legislação. Essas propostas consideram o conceito de transparência através de três lentes diferentes: consumidores, usuários empresariais e reguladores.

Procedimentos de responsabilidade aventados dependem do contexto de sistemas algorítmicos e do nível de risco envolvido. O segredo comercial e industrial do Google contribuiu para sua falta de responsabilidade e transparência nos últimos 20 anos. A empresa tornou-se *gatekeeper* de informações *online* ao selecionar conteúdos e favorecer seus próprios serviços na ferramenta de busca. Seus resultados são amplamente percebidos como respostas neutras e naturais às consultas. No entanto, os incentivos para que os anunciantes apareçam na primeira página dos resultados impulsionam a principal fonte de receita da empresa. Além disso, as decisões algorítmicas do mecanismo de busca do

Google têm um impacto direto na escolha do consumidor e no fluxo de tráfego *online*, o que aumenta ainda mais seu poder de mercado.

Várias iniciativas que foram concebidas especificamente para lidar com a proteção de dados podem ser aplicadas neste contexto. O RGPD, por exemplo, especificamente no Considerando n. 71, propõe um direito de explicação na União Europeia, cuja natureza operativa ainda é frágil. Resta saber como os tribunais interpretarão e aplicarão sistematicamente as disposições do Artigo 22 e do Considerando n. 71 do GDPR. Ainda há espaço para interpretação do que constitui os interesses legítimos dos controladores de dados de acordo com as leis nacionais, incluindo as leis relativas à proteção de segredos comerciais e industriais. Consequentemente, a fim de avançar na jurisprudência sobre o assunto, os controladores de dados devem ser examinados pelas autoridades de proteção de dados e repreendidos e solicitados por danos nos tribunais se seus padrões de processamento desses dados não estiverem de acordo com a lei.

Referências

BARTLETT, Jamie. *The People vs Tech*: how the Internet is killing democracy (and how we save it). London: Penguin Random House, 2018.

BAYAMLIOĞLU, Emre. The right to contest automated decisions under the general data protection regulation: beyond the so-called "right to explanation". *Regulation & Governance*, Mar. 14, 2021. DOI https://doi.org/10.1111/rego.12391. Disponível em: https://onlinelibrary.wiley.com/toc/17485991/0/0. Acesso em: 12 jan. 2021.

BLOCH-WEHBA, Hannah. Access to algorithms. *Fordham Law Review*, 88, n. 4, Mar. 2020. Disponível em: https://ir.lawnet.fordham.edu/flr/vol88/iss4/2/. Acesso em: 15 dez. 2022.

CHARI, Shruthi *et al.* Directions for explainable knowledge-enabled systems. *ArXiv*, Mar. 17, 2020. Disponível em: https://arxiv.org/pdf/2003.07523.pdf. Acesso em: 15 dez. 2022.

DIAKOPOULOS, Nicholas; FRIEDLER, Sorelle. How to hold algorithms accountable. *MIT Technology Review*, Nov. 17, 2016. Disponível em: https://www.technologyreview.com/2016/11/17/155957/how-to-hold-algorithms-accountable/. Acesso em: 15 dez. 2022.

EUROPEAN COMMISSION. Article 29 – Data Protection Working Party. *Guidelines on Automated Individual Decision-Making and Profiling for the Purposes of Regulation 2016/679*. WP251rev.01, Oct. 3, 2017. Disponível em: https://

ec.europa.eu/newsroom/article29/item-detail.cfm?item_id=612053. Acesso em: 15 dez. 2022.

EUROPEAN COMMISSION. *High-Level Expert Group on Artificial Intelligence*, Jun. 23, 2021. Disponível em: https://digital-strategy.ec.europa.eu/en/policies/expert-group-ai. Acesso em: 15 dez. 2022.

EUROPEAN COMMISSION. *The Assessment List for Trustworthy Artificial Intelligence (ALTAI)*, Jul. 17, 2020. Disponível em: https://ec.europa.eu/newsroom/dae/document.cfm?doc_id=68342.

EUROPEAN PARLIAMENT. *Proposal for a Regulation of the European Parliament and of the Council on a Single Market for Digital Services (Digital Services Act) and Amending Directive 2000/31/EC, 2020, COM/2020/825 final.* Disponível em: https://eur-lex.europa.eu/legal-content/en/TXT/?qid=1608117147218&uri=COM%3A2020%3A825%3AFIN. Acesso em: 15 dez. 2022.

EUROPEAN PARLIAMENT. *Proposal for a Regulation of the European Parliament and of the Council on Contestable and Fair Markets in the Digital Sector (Digital Markets Act), 2020, COM/2020/842 final.* Disponível em: https://eur-lex.europa.eu/legal-content/en/TXT/?qid=1608116887159&uri=COM%3A2020%3A842%3AFIN. Acesso em: 15 dez. 2022.

EUROPEAN PARLIAMENT. *Regulation (EU) 2015/2120 of the European Parliament and of the Council of 25 November 2015 Laying down Measures Concerning Open Internet Access and Amending Directive 2002/22/EC on Universal Service and Users' Rights Relating to Electronic Communications Networks and Services and Regulation (EU) No 531/2012 on Roaming on Public Mobile Communications Networks within the Union (Text with EEA Relevance), 2015 OJ (L 310).* Disponível em: http://data.europa.eu/eli/reg/2015/2120/oj/eng. Acesso em: 15 dez. 2022.

EUROPEAN PARLIAMENT. *Regulation (EU) 2016/679 of the European Parliament and of the Council of 27 April 2016 on the Protection of Natural Persons with Regard to the Processing of Personal Data and on the Free Movement of Such Data, and Repealing Directive 95/46/EC (General Data Protection Regulation), 2016 OJ (L 119).* Disponível em: https://eur-lex.europa.eu/legal-content/EN/TXT/?qid=1596321608879&uri=CELEX:32016R0679. Acesso em: 15 dez. 2022.

EUROPEAN PARLIAMENT. *Regulation (EU) 2019/1150 of the European Parliament and of the Council of 20 June 2019 on Promoting Fairness and Transparency for Business Users of Online Intermediation Services, 2019 OJ (L 186).* Disponível em: https://eur-lex.europa.eu/legal-content/EN/TXT/?uri=CELEX:32019R1150. Acesso em: 15 dez. 2022.

EUROPEAN UNION. *Ethics Guidelines for Trustworthy AI*, Apr. 8, 2019. Disponível em: https://op.europa.eu/en/publication-detail/-/publication/d3988569-0434-11ea-8c1f-01aa75ed71a1. Acesso em: 15 dez. 2022.

FELZMANN, Heike *et al.* Transparency you can trust: transparency requirements for artificial intelligence between legal norms and contextual concerns. *Big Data & Society*, v. 6, n. 1, 8-9, Jan. 2019. Disponível em: https://doi.org/10.1177/2053951719860542. Acesso em: 15 dez. 2022.

GRAEF, Inge; VALCKE, Peggy. Exploring new ways to ensure interoperability under the digital agenda. *Info*, 16, n. 1, Jan. 7, 2014. Disponível em: https://doi.org/10.1108/info-09-2013-0050. Acesso em: 15 dez. 2022.

GUIDOTTI, Riccardo *et al.* A survey of methods for explaining black box models. *ACM Computing Surveys*, v. 51, n. 5, Jan. 23, 2019. Disponível em: https://doi.org/10.1145/3236009. Acesso em: 15 dez. 2022.

HELLERINGER, Genevieve; SIBONY, Anne-Lise. European consumer protection through the behavioral lense. *Columbia Journal of European Law*, v. 23, May 16, 2017. Disponível em: https://ssrn.com/abstract=3176817. Acesso em: 15 dez. 2022.

KÄDE, Lisa; VON MALTZAN, Stephanie. Towards a demystification of the black box: explainable AI and legal ramifications. *Journal of Internet Law*, v. 23, n. 3, Sept. 2019. Disponível em: https://cibleplus.ulb.ac.be/permalink/32ULDB_U_INST/1cfj0qe/cdi_proquest_reports_2297099124. Acesso em: 15 dez. 2022.

KAMINSKI, Margot E. The right to explanation, explained. *Berkeley Technology Law Journal*, v. 34, n. 1, May 2019. Disponível em: https://doi.org/10.15779/Z38TD9N83H. Disponível em: 15 dez. 2022.

KAPUT, Mike. How search engines use artificial intelligence. *Marketing Artificial Intelligence Institute*, May 6, 2018. Disponível em: https://www.marketingaiinstitute.com/blog/how-search-engines-use-artificial-intelligence. Disponível em: 15 dez. 2022.

KIM, Tae Wan; ROUTLEDGE, Bryan. Why a right to an explanation of algorithmic decision-making should exist: a trust-based approach. *Business Ethics Quarterly*, p. 1-28, 2021. Disponível em: https://doi.org/10.1017/beq.2021.3. Acesso em: 15 dez. 2022.

KREBS, Luciana Monteiro *et al.* Tell me what you know: GDPR implications on designing transparency and accountability for news recommender systems. *CHI EA'19: Extended Abstracts of the 2019 CHI Conference on Human Factors in Computing Systems*, May 2019. Disponível em: https://doi.org/10.1145/3290607.3312808. Acesso em: 15 dez. 2022.

KROLL, Joshua A. The fallacy of inscrutability. *Philosophical Transactions of the Royal Society A: Mathematical, Physical and Engineering Sciences*, v. 376, n. 2133, Nov. 28, 2018. Disponível em: https://doi.org/10.1098/rsta.2018.0084. Acesso em: 15 dez. 2022.

LU, Sylvia. Algorithmic opacity, private accountability, and corporate social disclosure in the age of artificial intelligence. *Vanderbilt Journal of Entertainment*

& Technology Law, v. 23, n. 1, 2020. Disponível em: https://scholarship.law.vanderbilt.edu/jetlaw/vol23/iss1/3. Acesso em: 15 dez. 2022.

MALGIERI, Gianclaudio. Automated decision-making in the EU Member States: the right to explanation and other "suitable safeguards" in the national legislations. *Computer Law & Security Review*, v. 35, n. 5, Oct. 2019. Disponível em: https://doi.org/10.1016/j.clsr.2019.05.002. Acesso em: 15 dez. 2022.

MARTIN, Kirsten. Ethical implications and accountability of algorithms. *Journal of Business Ethics*, v. 160, n. 4, Dec. 2019. Disponível em: https://doi.org/10.1007/s10551-018-3921-3. Acesso em: 15 dez. 2022.

MARTY, Frédéric. La protection des algorithmes par le secret des affaires: entre risques de faux négatifs et risques de faux positifs. *Revue Internationale de Droit* Économique, t. XXXIII, n. 2, 2019. Disponível em: https://doi.org/10.3917/ride.332.0211. Acesso em: 15 dez. 2022.

OECD. *Artificial intelligence in society*, Paris: OECD Publishing, 2019a. Disponível em: https://doi.org/10.1787/eedfee77-en. Acesso em: 15 dez. 2022.

OECD. *OECD moves forward on developing guidelines for artificial intelligence (AI)*, Feb. 20, 2019b. Disponível em: http://www.oecd.org/going-digital/ai/oecd-moves-forward-on-developing-guidelines-for-artificial-intelligence.htm. Acesso em: 15 dez. 2022.

OECD. *OECD principles on artificial intelligence*, Jun. 2019c. Disponível em: http://www.oecd.org/going-digital/ai/principles/. Acesso em: 15 dez. 2022.

O'NEIL, Cathy. *Weapons of math destruction*: how big data increases inequality and threatens democracy. New York: Crown Publishers, 2016.

PARISER, Eli. *The filter bubble*: what the Internet is hiding from you. London: Penguin Books, 2011.

PASQUALE, Frank. *The black box society*: the secret algorithms that control money and information. Cambridge: Harvard University Press, 2015.

SAURWEIN, Florian *et al.* Governance of algorithms: options and limitations. *Info*, 17, n. 6, 35-49, Sept. 2015. Disponível em: https://doi.org/10.1108/info-05-2015-0025. Acesso em: 15 dez. 2022.

SCHNEIER, Bruce. *Data and Goliath*: the hidden battles to collect your data and control your world. New York: W. W. Norton & Company, 2015.

TAULLI, Tom. *Introdução à inteligência artificial*: uma abordagem não técnica. São Paulo: Novatec, 2020.

VAN HOBOKEN, Joris. Search engine freedom: on the implications of the right to freedom of expression for the legal governance of web search engines. *Information Law Series,* v. 27. Alphen aan den Rijn, The Netherlands: Kluwer Law International, 2012.

VREDENBURGH, Kate. HAI Fellow Kate Vredenburgh: the right to an explanation. Entrevista por Katherine Miller, *Stanford HAI*, Jun. 24, 2020. Disponível em:

https://hai.stanford.edu/blog/hai-fellow-kate-vredenburgh-right-explanation. Acesso em: 15 dez. 2022.

WACHTER, Sandra *et al.* Why a right to explanation of automated decision-making does not exist in the general data protection regulation. *International Data Privacy Law*, n. 2017, Jan. 24, 2017. Disponível em: https://dx.doi.org/10.2139/ssrn.2903469. Acesso em: 15 dez. 2022.

WACHTER, Sandra; MITTELSTADT, Brent. A right to reasonable inferences: re-thinking data protection law in the age of big data and AI. *Columbia Business Law Review*, 2019. Disponível em: https://doi.org/10.31228/osf.io/mu2kf. Acesso em: 15 dez. 2022.

WU, Tim. *The attention merchants*: the epic scramble to get inside our heads. New York: Vintage Books, 2017.

WU, Tim. *The curse of bigness*: antitrust in the New Gilded Age. New York: Columbia Global Reports, 2018.

ZUBOFF, Shoshana. *The age of surveillance capitalism*. New York: Profile Books, 2019.

Parte 2
QUESTÕES DE GOVERNANÇA E MAPA NORMATIVO

1. OS *FRAMEWORKS* DE GOVERNANÇA DE SISTEMAS DE INTELIGÊNCIA ARTIFICIAL E SUA CORRELAÇÃO COM OS ASPECTOS ÉTICOS E DE EXPLICABILIDADE DE DECISÕES AUTOMATIZADAS

Alexandre Zavaglia Coelho
Diogo Cortiz

Introdução

A era da economia digital tem transformado todos os setores da economia e estimulado os diferentes campos da ciência para o desenvolvimento da tecnologia da informação e, consequentemente, de inovações na gestão, na criação de produtos e serviços, de novas formas de relacionamento e de modelos de negócio, em um ambiente impactado por essas novas demandas e transformações sociais.

Isso tem impulsionado não somente a criação de empresas nativas digitais como a adaptação de empresas tradicionais a essa nova realidade, o que também tem acontecido no Poder Público.

Apesar do uso crescente de tecnologia nas últimas décadas para o desenvolvimento de ambientes digitais e para a automação de processos, seja na indústria ou no setor de serviços, o fator principal dessa trajetória foi a compreensão sobre a quantidade de dados gerados por esse modelo e os seus reflexos na economia.

O aumento da capacidade de armazenamento e processamento de dados, em conjunto com a criação da Internet e de novos dispositivos de uso pessoal, que geram milhares de interações, estão no centro desse movimento, o que fez emergir uma nova necessidade: organizar essa massa de dados e transformá-la em informações relevantes e novas estratégias para os negócios e as organizações.

Essa lógica também demonstrou que, além dos dados estruturados, lançados ou cadastrados nesses sistemas, existem milhares de outros dados classificados como não estruturados, dispersos em imagens, vídeos, textos e em uma infinidade de outras fontes.

1. Inteligência artificial

Nesse cenário, a ciência de dados e as técnicas denominadas inteligência artificial (IA), criadas desde os anos 1950, enfim tiveram o espaço ideal e os incentivos financeiros para sua evolução.

A IA, portanto, tem se tornado a grande aposta do mundo digitalizando, tanto pela ótica da ciência, para tentar compreender e replicar alguns aspectos da inteligência humana, como para o desenvolvimento de uma tecnologia capaz de realizar tarefas antes restritas à capacidade humana, com grandes impactos na produção de bens e serviços.

Essa a relevância da IA no mundo atual: a possibilidade de impulsionar todas as demais inovações que estamos vivenciando. Kevin Kelly (2017), nesse sentido, já alertava que o avanço dessa tecnologia iria acelerar todas as demais disrupções.

Com isso, foram criadas muitas expectativas e a visão de que uma superinteligência ou a singularidade seria atingida em pouco tempo, a partir do rápido progresso da IA.

Não se pode afirmar que isso não vai acontecer, ou quando vai acontecer. Contudo, trazendo a discussão para a realidade atual, são muitos os benefícios, e os resultados da utilização dessas técnicas são surpreendentes, mas, de fato, ainda não se trata de uma inteligência próxima à capacidade de aprender, interagir em cenários complexos, realizar juízos de valor, entre outras características do ser humano.

Segundo Dora Kaufman (2022), a máquina é capaz de "aprender" a partir de dados, até mesmo sem instruções específicas, como na técnica de IA denominada *machine learning* (aprendizagem de máquina), ou ainda pelo *deep learning* (aprendizado profundo), que se inspira nas redes neurais e no funcionamento do cérebro para "lidar com dados de alta dimensionalidade", sendo capaz de correlacionar, como exemplo, "milhões de *pixels* num processo de reconhecimento de imagem", muito além da nossa capacidade. No entanto, a autora ressalta a dificuldade de definir o que entendemos por "inteligência" (Kaufman, 2022, p. 26).

Pelas pesquisas e pelo desenvolvimento atual, apesar de extremamente disruptivas, essas técnicas ainda estão limitadas a resolver tarefas específicas, a partir de grande quantidade de dados e das técnicas adequadas. Isso é o que demonstram Kai-Fu e Chen (2021), ao dizer que é importante entender que o "*AI Brain*" ou cérebro de inteligência artificial funciona de forma muito diferente do humano, o que os autores representam no Quadro 1.

Quadro 1 – Human Brain x AI Brain

	Human brain	**AI brain (deep learning)**
Data required to learn	Few data points	Huge amount of data
Quantitative optmizing and matching (picking a face out of million)	Hard	Easy
Customizing for each situation (showing each user a different product to maximize pushing)	Hard	Easy
Abstract concepts, analytical reasoning, inferences, common sense, and insight	Easy	Hard
Creativity	Easy	Hard

Fonte: Lee, Kai-Fu; Qiufan, Chen. *AI 2041*: ten visions for our future. New York: Random House, 2021. p. 26.

Assim, enquanto os serem humanos são limitados no número de coisas ou dimensões que conseguem absorver ao mesmo tempo, algoritmos de *deep learning* treinados em milhares de dados vão descobrir correlações entre características (*features*) de dados que são muito complexos para nossa capacidade, ou que sequer somos capazes de notar. Por outro lado, precisam de quantidade massiva de dados, uma tarefa ou função objetiva a resolver e um domínio restrito (*narrow AI*) (Lee; Qiufan, 2021).

Diante dessas condições, não conseguem analisar ou processar conceitos abstratos, realizar inferências e raciocínio lógico, praticar o senso comum ou a criatividade, sem a supervisão ou a atividade humana no seu desenvolvimento.

Isso não quer dizer que as máquinas não possam realizar tarefas além de certa capacidade humana, pois essas técnicas de *machine learning* e *deep learning* têm permitido descobertas na área da medicina, por exemplo, cujos resultados comprovados não conseguem ser explicados.

Em situações mais corriqueiras, uma calculadora científica também faz operações além de nossa capacidade, e um carro viaja mais rápido e sem paradas, e tem até certa autonomia na condução. Alguns podem dizer que são atividades com algum tipo de inteligência, mas isso não significa que ultrapassar nossa capacidade de fazer algo tem a ver com replicar ou reproduzir a inteligência humana. Mark Coeckelberg (2020, p. 48), nesse aspecto, defende que somos seres vivos que dão sentido ao mundo e as coisas, com consciência, cuja natureza, mente e o conhecimento não podem ser explicados por comparações com máquinas.

Sem qualquer objetivo de discutir o conceito de inteligência ou inteligência artificial, até porque ainda não há um consenso sobre essa problemática, com muitas posições divergentes, a intenção é apenas analisar que a tecnologia atual tem se restringido à captura e padronização desses dados, sua classificação e entendimento de padrões, para a criação de modelos matemáticos e estatísticos de probabilidade. Ou seja, compreender padrões de comportamento ou correlações a partir de dados e sugerir ou antecipar o próximo passo para uma atuação mais assertiva, com melhores resultados.

2. Inteligência artificial e seus aspectos éticos e legais

Mas o que essa discussão tem a ver com a governança de projetos de IA ou com seus aspectos éticos e a transparência/explicabilidade de algoritmos?

Se estamos falando de uma IA capaz apenas de reproduzir padrões, sem nenhuma possibilidade de compreensão ou juízo de valor sobre suas atividades, ou mesmo sem originalidade pela necessidade de interação humana desde a formulação do objetivo de uma determinada solução até a escolha da tecnologia, dos dados, entre outras atividades, essas constatações têm reflexos muito relevantes em relação a aspectos éticos, legais e sociais.

Pode uma IA (*narrow AI*) desenvolver um raciocínio moral ou aprender como um ser humano toma decisões sobre problemas morais? As máquinas podem ser consideradas agentes morais? Nos parece que, conforme o estágio da tecnologia atual, a resposta é não. Até porque essa pergunta mostra que a discussão "não é sobre a ética da ou na IA, mas sobre a nossa ética em relação à IA. Aqui a IA é o objeto de preocupação ética, ao invés de um potencial agente ético" (Coeckelberg, 2020, tradução livre).

Isso nos faz observar que essas técnicas, ao utilizar dados históricos com vieses ou mesmo pela formulação de um problema a partir de uma preocupação meramente econômica, podem refletir dilemas morais existentes na sociedade (correlação) ou mesmo criar desigualdades ou discriminações por nos valer de dados desbalanceados ou sem a devida representatividade (causalidade), o que reflete diretamente nos resultados desses modelos (*outputs*), com possíveis consequências na vida das pessoas e em sua esfera de direitos.

Se um carro autônomo precisa de decisões em segundos sobre quem vai atingir em um acidente de trânsito, mostra-se razoável pensar que é preciso antecipar esses dilemas e discutir como implementar controles e a gestão de risco nesse tipo de situação. Sobre essas questões, Coeckelberg (2020) ainda diz que:

> AI Ethics is about technological change and its impact on individual lives, but also about transformations in society and in the economy [...] It seems that we will have to make these moral decisions (beforehand) and make sure developers implement them.

Ora, (a) se não podemos comparar a chamada inteligência artificial com a inteligência humana; (b) se as técnicas atuais são modelos matemáticos e estatísticos de probabilidade; (c) se dependem de uma grande quantidade de dados e se limitam a resolver uma atividade específica e objetiva; (d) se a falta de representatividade dos dados históricos, de treinamento, de análise ou mesmo as decisões dos desenvolvedores podem gerar vieses indesejados ou discriminatórios; e, ainda, (e) se a IA não tem capacidade de raciocínio lógico ou moral, entre outros aspectos; restam evidentes os desafios regulatórios e éticos, bem como a participação relevante e a responsabilidade dos seres humanos e suas organizações nesse processo.

Ainda mais porque essa IA está embedada cada vez mais nas soluções que utilizamos diariamente, mesmo sem saber, e nunca estão isoladas, mas sempre inseridas em sistemas que integram cálculos matemáticos e estatísticos, bem como integram técnicas com automação e outras estratégias.

Portanto, o problema não está na tecnologia, em regular a tecnologia (IA), mas nas soluções, nas escolhas e em suas consequências.

Obviamente, essa não é uma tarefa simples, tanto pela dificuldade de compreender essas correlações avançadas e milhares de cálculos, o que muitos chamam de opacidade ou *black box*, como pelo contexto, subjetividade ou diversidade de pensamentos e culturas sobre o que é justo ou ético.

2.1. Inteligência artificial e vieses

Um dos pontos mais polêmicos dessa problemática são os vieses nas soluções de IA, especialmente os vieses discriminatórios.

Com base no raciocínio construído ao longo dessa reflexão, se são modelos matemáticos e estatísticos de probabilidade, precisamos compreender que, em sua essência, essas análises dependem da classificação, categorização e segmentação desses dados, bem como de sua qualidade. Tudo isso para permitir essas correlações necessárias e a compreensão de padrões de comportamentos ou atividades, para que se possa prever ou predizer uma situação futura, seja um tratamento médico, uma tendência de compra ou o desfecho de um processo judicial. E isso pode ser feito, inclusive, utilizando-se ou não de técnicas de IA.

Diante disso, os vieses não são necessariamente negativos ou ligados às pessoas. Podemos entender o viés de alta ou baixa das ações de uma empresa para comprá-las ou não, por exemplo. No entanto, mesmo quando essa segmentação tem a ver com as pessoas e suas características ou perfis, podemos simplesmente segmentar a cor da pele para entender o melhor tratamento para o câncer de pele, ou analisar o perfil de crédito, e isso pode ser positivo. Os bancos, tradicionalmente, têm um limite de apetite de crédito, e milhares de pessoas entraram no sistema de crédito a partir do advento das *fintechs* e da compreensão do risco a partir do acesso a milhares de dados e sua classificação.

Assim, opiniões rasas sobre retirar todos os vieses desses sistemas não se mostram adequadas para discussões mais profundas e técnicas, pois retirar a segmentação da cor (etnia) no caso do tratamento de câncer de pele pode tornar o tratamento inadequado, com graves consequências para o paciente. Da mesma forma, retirar essa segmentação adequada ou vieses na decisão de crédito pode deixar o risco mais alto e, assim, excluir muitas pessoas do sistema, ou deixar os juros inacessíveis para a maioria das pessoas.

Mesmo os vieses chamados discriminatórios ou negativos, na grande maioria das vezes, não estão nos modelos ou algoritmos, mas na própria sociedade ou nas decisões ou omissões dos desenvolvedores, e isso acaba aparecendo de qualquer forma ou interferindo nos resultados.

Portanto, definir se um viés é positivo ou negativo pode esbarrar em questões culturais, jurídicas, éticas ou ainda no contexto da solução, e esse entendimento pode se alterar de acordo com cada país ou região.

No caso de soluções que geram decisões automatizadas, e se utilizam de IA, os vieses ou *bias* podem ser considerados discriminatórios de forma negativa, quando os "sistemas de IA sistematicamente e injustificadamente produzem resultados menos favoráveis, injustos ou prejudiciais para membros de grupos demográficos específicos" (BSA, 2021, p. 2 e 4, tradução livre), e podem ser introduzidos em diversas fases do ciclo de vida dessas soluções, desde o *design*, o desenvolvimento e a implantação, como nos exemplos a seguir.

Quadro 2 – Tipos de Vieses

Fase	Tipo	Exemplos
Design	*Problem formulation bias*	Desde a formulação do problema. Exemplo: se o objetivo do modelo for o maior lucro possível, todo o desenvolvimento vai refletir desigualdades sociais no acesso ao serviço.
	Historical bias	Na base histórica. Exemplo: modelo de contratação de funcionários treinado em uma base histórica com mais contratações de determinado gênero ou características.
	Sampling bias	Na amostragem ou base de treinamento. Exemplo: a falta de representatividade de gênero ou etnia para uma solução de reconhecimento facial.
	Labeling bias	Na rotulagem de dados. Exemplo: definição subjetiva de quem vai rotular os dados sobre quais as características do melhor funcionário para promoção.

Development	*Proxy bias*	No uso de *proxys*. Exemplo: definir perfis para segmentar o *feed* de uma rede social e classificar pessoas sem dados pela similaridade com outras, que servem como parâmetros (*proxys*).
	Aggregation bias	Pela agregação ou generalização. Exemplo: a maioria das pessoas de um bairro é inadimplente. O modelo generaliza e classifica os subgrupos pela regra geral, sem observar suas peculiaridades.
Deployment	*Deployment bias*	Na fase de implantação. Exemplo: os dados reais são diferentes dos dados de treinamento, e a *performance* do modelo cai e gera vieses não observados no momento do treinamento.
	Misuse bias	Por uso indevido. Modelo criado para uma finalidade é utilizado para outra e acaba gerando distorções indesejadas nos resultados. Exemplo: modelo mais restritivo de crédito posteriormente utilizado para oferta de serviços, e acaba restringindo essa oferta a determinadas categorias.

Fonte: elaborado por Alexandre Zavaglia Coelho, a partir dos tipos de *bias* e exemplos descritos em BSA (2021, p. 4-7).

Esses momentos e formas de introduzir vieses nos sistemas de IA mostram que, muitas vezes, as decisões ou a falta de cuidados dos gestores ou desenvolvedores têm importantes consequências nesse processo, e os riscos podem ser mitigados pela observância de princípios éticos e de uma governança adequada.

No mesmo sentido, o olhar econômico, ou apenas de técnicos ou de profissionais de TI, pode não ser o bastante para análises de consequências sociais ou éticas indesejadas, com possibilidade de gerar problemas jurídicos, financeiros ou reputacionais.

Por isso, o desenvolvimento deve envolver diferentes *stakeholders*, até porque são diversos momentos de decisões e trocas (*trade-offs*) ao longo desse caminho. Só para exemplificar, o Professor Arvind Narayanan explica que são ao menos 21 diferentes definições de critérios matemáticos e outros que podem ser utilizados para avaliar se um sistema está operando de forma justa, e é impossível para um sistema de IA satisfazer todos eles ao mesmo tempo (BSA, 2021, p. 9).

O National Institute of Standards and Technology (NIST), dos Estados Unidos, classifica três categorias de vieses na IA – sistêmica, computacional e humana –, e reforça a ideia de que o gerenciamento de *bias* em sistemas automatizados requer essa visão de que nem sempre é um fenômeno negativo, mas um ambiente de *trade-offs*, e precisa integrar o lado técnico e o social (SCHWARTZ *et al.*, 2022):

> While bias is not always a negative phenomenon, certain biases exhibited in AI models and systems can perpetuate and amplify negative impacts on individuals, organizations, and society, and at a speed and scale far beyond the traditional discriminatory practices that can result from implicit human or systemic biases. [...] It is possible for trustworthy AI systems to achieve a high degree of risk control while retaining a high level of performance quality. Achieving this difficult goal requires a comprehensive approach to risk management, with tradeoffs among the technical and socio-technical characteristics.

Assim, a integração entre as diferentes visões em um time de projetos multidisciplinar e com diversidade, para unir os matemáticos, estatísticos e outros profissionais de tecnologia com os aspectos sociopolíticos, pela visão dos gestores e das ciências humanas, é, ao mesmo tempo, o maior desafio da atualidade e uma solução para o desenvolvimento sustentável dessas inovações.

2.2. Princípios éticos e esforços regulatórios para nortear o desenvolvimento de sistemas de inteligência artificial

Em função desse ambiente e pela importância da IA nesta era da economia digital, vêm crescendo as discussões mundiais sobre os princípios éticos que devem nortear essas soluções, e os esforços regulatórios e corporativos para uma agenda de sustentabilidade e confiança.

As Nações Unidas, por meio da Unesco, têm realizado diversas discussões e atividades para esse desenvolvimento sustentável, estabelecendo um diálogo global sobre o tema (AZOULAY, 208), com 193 países que já assinaram o primeiro acordo global sobre ética de IA (UNITED NATIONS, 2021).

A Organização para a Cooperação e Desenvolvimento Econômico (OCDE), um dos principais fóruns globais, lançou seus princípios de IA, com os seguintes valores:

a) Crescimento inclusivo, desenvolvimento sustentável e bem-estar.
b) Valores centrados no ser humano e na justiça.

c) Transparência e explicabilidade.
d) Robustez, segurança e proteção.
e) Responsabilidade.

A European Comission, por sua vez, instituiu o High-Level Expert Group on Artificial Intelligence, para produzir o famoso *Ethics Guidelines for Trusthworthy AI*, que estabeleceu que os projetos de desenvolvimento precisam ser: "(1) lawful, complying with all applicable laws and regulations; (2) ethical, ensuring adherence to ethical principles and values and (3) robust", tendo como base os direitos humanos, o respeito pela dignidade humana, a liberdade dos indivíduos, o respeito pela democracia e justiça, a qualidade, não discriminação e solidariedade e os direitos dos cidadãos, com os seguintes princípios (EUROPEAN COMMISSION, [s. d]):

a) Respeito à autonomia dos seres humanos.
b) Prevenção a prejuízos e danos.
c) Justiça.
d) Explicabilidade.

A Europa, nesse contexto, tem sido pioneira nas discussões de regulação de IA, liderando as iniciativas para uma legislação sobre o tema, o AI ACT, que está em fase final de discussão, o que também tem acontecido em diversos outros países, como os Estados Unidos e o Brasil, com o Projeto de Lei n. 21/2020, atualmente em tramitação no Senado Federal.

Além dos esforços governamentais, o setor privado também tem aderido à agenda denominada *Responsible AI*, que integra iniciativas de responsabilidade corporativa para o estabelecimento de boas práticas e estratégias de desenvolvimento dessas tecnologias com a governança necessária para a explicabilidade (*Explainable AI*), a auditabilidade (*Auditable AI*), a prestação de contas (*Accountable AI*) e a mitigação de vieses (*Bias mitigation*), conforme o cenário apresentado na Figura 1.

Figura 1 – Responsible AI

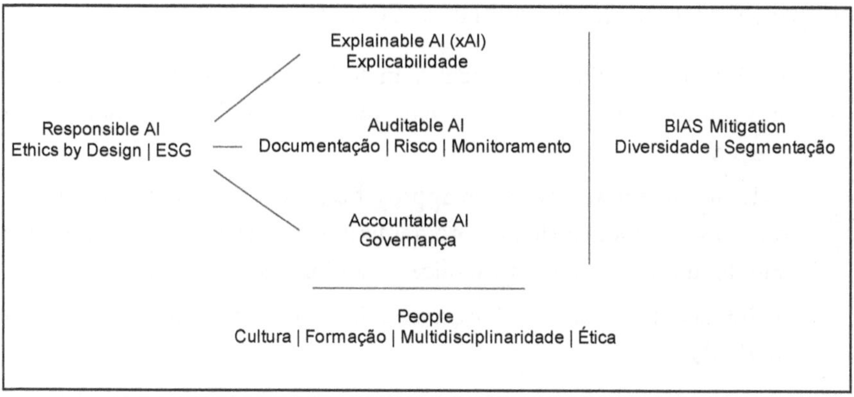

Fonte: elaborada pelo autor Alexandre Zavaglia Coelho em 2022.

Essa agenda, inclusive, tem ligação direta com as práticas de *Environmental, Social and Governance* (ESG), tanto nos aspectos sociais (respeito à diversidade nas decisões automatizadas, por exemplo) quanto nos de governança (Zavaglia Coelho, 2020).

Contudo, apesar de todos esses esforços, as discussões atuais têm demonstrado a importância de se aprofundar nessa temática de forma mais prática, para além dos princípios e diretrizes gerais, pela criação de *frameworks* de governança e de boas práticas capazes de aplicá-los em casos reais, inclusive adaptando-os aos *core principles* e aos projetos de cada organização.

3. *Frameworks* de governança de projetos de inteligência artificial

Seguindo essa tendência, têm sido publicados diversos *frameworks* de governança para endereçar essas necessidades para o *design* e o desenvolvimento de soluções de IA.

Um ponto relevante, antes de analisarmos alguns dos *frameworks* mais importantes já publicados ou em fase de publicação, é compreender que a expressão inteligência artificial tem sido utilizada pelo mercado para diferentes estratégias, tipos de tecnologias e técnicas, até mesmo pelo marketing gerado e pelo interesse das empresas e das pessoas no assunto.

Nesse sentido, tanto a versão atual do texto em tramitação do AI ACT europeu como boa parte das discussões no mundo têm considerado, para esse efeito, que a expressão inteligência artificial engloba sistemas e abordagens de (Floridi *et al.*, 2022, p. 9):

> 1. Machine-learning approaches, including supervised, unsupervised and reinforcement learning, a wide variety of methods including deep learning;
> 2. Logic or knowledge-bases approaches, including knowledge representation, inductive (logic) programming, knowledge bases, inference and deductive engines, (symbolic) reasoning and expert systems;
> 3. Statistical approaches, Bayesian estimation, search and optimization methods.

Obviamente que isso tem sofrido críticas dos técnicos da área. Enquanto alguns defendem que nem sequer temos uma verdadeira IA, mas apenas técnicas de *machine learning* e *deep learning* que proporcionam modelos probabilísticos a partir de cálculos matemáticos e estatísticos, outros têm alegado que essa inteligência de máquinas já existe, mas qualquer intervenção humana ou inserção de decisões determinísticas no processo impede que possam sequer ser chamados de IA.

Assim, a maioria dos casos atuais de uso de IA, seja de que nível for, está embedada em sistemas que têm camadas de automação ou de decisão humana, ou ainda a inserção de regras determinísticas. Desse modo, não comtemplar esse conceito mais amplo, mesmo que apenas para efeito da lei/regulação, para englobar as diversas tecnologias e técnicas capazes de gerar decisões automatizadas, criará uma insegurança jurídica muito grande e a exclusão de diversas soluções que podem impactar de forma negativa a vida das pessoas e sua esfera de direitos.

Até porque as técnicas de IA têm sido muito mais utilizadas para (a) classificar e organizar as informações, especialmente para permitir o uso de dados não estruturados (fotos, vídeos, textos etc.), e (b) para proporcionar o seu cruzamento para a busca por correlações ou *insights* em milhares de dados e apoiar a tomada de decisão, nos casos em que a capacidade humana não consegue atingir os mesmos resultados.

Desse modo, até mesmo pelas limitações da tecnologia atual já descritas, fica claro que devem acontecer os ajustes humanos (supervisão humana), ou seja, os *trade-offs*, para a conformidade das regras definidas com a legislação e os princípios éticos, por essa necessidade de um olhar sistêmico. Ou seja, ainda não se pode nem se deve confiar às máquinas essas decisões.

Assim, se não forem contemplados no conceito, para efeito de regulação, esses outros métodos ou técnicas que podem gerar decisões automatizadas, a simples comprovação de que o ambiente tem uma IA com qualquer interferência determinística ou de supervisão humana pode excluir um sistema da conformidade com essas regras, mesmo que tenha impactos negativos e sistemáticos para a sociedade.

Há um caso clássico no setor de seguros, de que as mulheres historicamente têm mais cuidado com os veículos, e por isso acabam recebendo mais benefícios e descontos na contratação. Essa lógica pode ter sido compreendida a partir de técnicas de IA, mas, a partir desses *insights*, se utilizar de uma simples regra para automatizar a variável do gênero (que nesse caso pode ser um dado estruturado, já lançado em um sistema) e, se no caso for do gênero feminino, aplicar por meio de automação simples o desconto.

Se formos limitar o conceito de IA a essa discussão, esse caso seria excluído de qualquer regulação focada apenas na visão técnica de IA.

Sem entrar no mérito ou fazer qualquer juízo de valor sobre essa situação fática, o ponto é que as expectativas e consequências sobre as pessoas são realizadas por conta das decisões automatizadas, independentemente da técnica ou tecnologia utilizada. E o exemplo acima descrito, baseado em árvores de decisão determinística, já pode gerar muitas discussões sobre diversidade, a equidade, entre outras.

No entanto, o objetivo aqui, mais uma vez, não é discutir conceitos, nem a regulação em si ou os casos concretos, mas constatar que esses *frameworks* de governança e a regulação em construção estão caminhando no sentido de englobar um conceito mais amplo de IA para a conformidade legal e ética, entendendo as decisões automatizadas como um todo e seus reflexos nas pessoas. Até porque as decisões não são nem devem ser das máquinas, mas baseadas na modelagem e nas estratégias de supervisão humana.

Por todo o exposto, as discussões mais gerais sobre opacidade e exclusão de vieses como temas intransponíveis ou soluções milagrosas tem avançado para a compreensão de que (a) a documentação do banco de dados (histórico de treinamento e *performance* do modelo nos dados reais), (b) da tecnologia utilizada e das decisões e recortes para sua utilização, (c) a realização de avaliações de impacto ao longo das diversas fases (*risk assessments*), assim como (d) a análise das saídas (*outputs*), para entender se há algum desvio ético indesejado ou desconhecido, podem ser um caminho para essa prestação de contas (*accountability*).

Ou seja, para demonstrar todos os cuidados e ajustes ao longo do processo, e proporcionar mais transparência, não pela compreensão da *black box*, mas pela capacidade de entender cada passo do projeto e endereçar os ajustes necessários, entender as variáveis mais importantes de cada modelo e conseguir promover a explicabilidade esperada, de forma adequada para cada público ou necessidade.

3.1. O capAI

Nesse sentido, um consórcio entre a Universidade de Bolonha (Itália) e a Universidade de Oxford (Inglaterra), liderado pelo Professor Luciano Floridi, lançou "capAI: a procedure for conducting conformity assessment of AI systems in line with de EU Artificial Intelligence Act" (Floridi *et al.*, 2022).

O capAI, além de trazer as premissas de conformidade e os componentes principais para um sistema de AI confiável (*trusthworthy*), aborda os conceitos da legislação *AI Act* e o sistema baseado em risco, com foco principal nas soluções de alto risco (crédito, educação, saúde, entre outros).

Mas o ponto mais relevante para esse ensaio é o seu "Protocolo", que o divide entre as fases de design, desenvolvimento, avaliação, operação e exclusão.

Ao longo das 40 perguntas a serem seguidas pelo modelo sugerido, o capAI leva os desenvolvedores e seus *stakeholders* a responder a perguntas e a compor a documentação e um procedimento próprio, desde a fase de *design*, pela organização dos valores da organização e sua definição/publicação, sobre a necessidade de adequação do projeto a esses valores organizacionais e aos princípios gerais, pela documentação dos objetivos da aplicação e seu propósito, até a realização de *assessments* de risco em relação aos valores éticos, seus impactos nas pessoas e no ambiente.

Na sequência, na fase de desenvolvimento, o Protocolo caminha para a documentação do banco de dados utilizado nas diferentes fases, a checagem em relação à representatividade, relevância, acurácia, rastreabilidade e completude, à análise de risco e ao impacto pelo uso dos dados, além do endereçamento dos problemas encontrados, verificando ainda se o uso dos dados pessoais está adequado às leis de proteção de dados. O mesmo acontece em relação aos recursos do próprio modelo, desde a documentação das técnicas e tecnologias utilizadas até os cuidados com a justiça, explicabilidade e robustez do sistema, além do endereçamento dos riscos envolvidos, além da validação do modelo e do monitoramento da *performance*.

Na fase de implantação, os pontos principais são a testagem e a documentação da *performance*, a avaliação dos padrões e de sua acurácia e da adequação para essa finalidade, dos ricos para as pessoas e os envolvidos sob esse prisma, inclusive em relação à preocupação com a documentação e os *assessments* de *performance* entre a base de treinamento e a base real, a qualidade dos dados, entre outros.

Um dos pontos principais do capAI é justamente o conceito de integração entre o técnico e o humano, dos times de desenvolvimento e dos demais *stakeholders* para uma visão sistêmica e holística da solução e de seus impactos na organização e nas pessoas.

3.2. A Business Software Alliance (BSA)

Outro *framework* bem difundido mundialmente é o da *Business Software Alliance* (BSA), que engloba as maiores empresas do mundo, denominada *Confronting bias*: BSA's framework to build trust in AI.

Esse é um documento mais técnico, que traz na primeira parte o conceito de *trade-offs* e a necessidade de proximidade entre os gestores, os times de tecnologia e demais áreas da companhia, além da demanda por um ambiente próprio para essas decisões, que respeite a diversidade e acompanhe todo o ciclo de vida dos projetos e soluções de IA.

Esse documento propõe um procedimento de gestão de risco para promover a justiça, a transparência e a prestação de contas (*accountability*) (BSA, 2021), e exemplifica alguns tipos de bias que podem ser inseridos nos sistemas em cada uma das fases, conforme descrito no Quadro 2, apresentando a visão de que vieses e justiça são contextuais. Por isso, os esforços para mitigar os riscos e as situações indesejadas envolvem trocas e decisões, tanto ao longo do *design* e do desenvolvimento como após a implantação.

O texto reforça a avaliação do impacto como uma das ferramentas mais importantes, a ser aplicada em diferentes fases, desde a formulação do problema, no impacto da solução na vida nas pessoas, na identificação do grau de automação/supervisão, inclusive na escolha e no tratamento da base de dados, da escolha da tecnologia e do uso, trazendo métricas e revisões periódicas.

Ao final, tem-se um *framework* bem completo, também dividido por fases, com muitos pontos comuns com o capAI, mas mostrando uma parte técnica mais completa e detalhada sobre como responder às questões e armazenar a documentação correspondente.

Um aspecto relevante é o de que as perguntas são divididas em colunas: o diagnóstico é apresentado de um lado, e o formato adequado de sua documentação de outro, com um terceiro campo destinado aos comentários para os endereçamentos realizados e demais ajustes.

Nesse sentido, fica em evidência que a supervisão humana ocorre principalmente na construção do modelo e nas regras definidas, assim como na decisão sobre esses *trade-offs*, especialmente nos casos que podem impactar nas pessoas, na reputação, na receita e no lucro das empresas e organizações, entre outros aspectos. Por tudo isso, demonstra-se também a necessidade de um ambiente próprio para essa gestão dos riscos, decisões e caminhos, de acordo com o contexto e os interesses de cada organização, em uma espécie de comitê de ética de algoritmos.

3.3. Outras iniciativas

O National Institute of Standards and Technology (NIST), dos Estados Unidos, publicou o *draft* de seu *framework*, o *Artificial Intelligence Risk Managemens Framework* (AI RMF), em um documento denominado "Towards a standard for identifying and managing bias in artificial intelligence". Segundo a publicação:

> It is intended to improve understanding of and to help organizations manage both enterprise and societal risks related to the development, deployment, and use of AI and systems. Adopting the AI RMF can assist organizations, industries, and society to understand and determine their acceptable levels of risk. [...] Likewise, using the AI RMF does not substitute for due diligence and judgment by organizations and individuals in deciding whether to design, develop, and deploy AI technologies – and if so, under what conditions.

A ISO, seguindo o mesmo caminho, lançou a ISO/IEC 38507 (INTERNATIONAL STANDARD, 2022), e um material para as implicações de governança de projetos de IA nas organizações. Em seu material, detalha bem a governança das decisões (gestão), do uso dos dados, da cultura e valores da companhia e os atos de *compliance* interno e externo.

Por fim, ressaltando que este é apenas um pequeno recorte entre os vários documentos e *frameworks* publicados por grandes instituições públicas, empresas privadas e instituições de ensino, há um documento muito interessante do TTC LABS, iniciativa do META para trazer diferentes atores do mercado, *policy makers* e representantes dos governos para discutir políticas públicas e *design* de soluções e de serviços.

Essa publicação, denominada *People-centric approaches to AI explainability* (TTC LABS, 2022), traz os diferentes caminhos desde a compreensão sobre o propósito e o entendimento sobre os sistemas e soluções, a importância da colaboração no *design* da explicação, a visão de que o texto e o tipo de informação não são únicos e devem se adequar a cada tipo de destinatário e finalidade, e as discussões e insights para políticas públicas que possam criar modelos ou *standards* para essa finalidade.

É também um *framework*, mas nesse caso a preocupação é com a parte visual e do texto da explicação, tendo como destinatários os criadores de produtos, usuários e demais *stakeholders*. Essa estrutura se desdobra em quatro dimensões:

a) AI awareness;
b) AI outcomes explainability;
c) AI product explainability;
d) Ai model explainability.

São muitas as iniciativas e projetos sendo desenvolvidos ao redor do mundo, como podemos ver no mapa produzido pelo Conselho da Europa para acompanhar esse desenvolvimento (COUNCIL OF EUROPE, [s. d.]).

Conclusões

Por todo o exposto, o objetivo foi demonstrar que esses *frameworks* trazem novos recortes e visões de uma mesma problemática, que inclui desde os princípios éticos para a criação de um ambiente confiável, que proporcionem o respeito aos direitos humanos, a não discriminação, a supervisão humana, as preocupações com a justiça e não geração de danos, até a criação de procedimentos e boas práticas para garantir a governança e a prestação de contas *(accountability)*, como formas de proporcionar a transparência e a explicabilidade.

De fato ainda são muitos os desafios, e nem sabemos se vamos desvendar a *black box* e eliminar os vieses, mas esse caminho nos mostra que, mesmo com essa complexidade, é possível documentar as bases de dados, a tecnologia utilizada, produzir as avaliações de risco, verificar a *performance* dos modelos, as tomadas de decisão ao longo do caminho e, ainda, as saídas (*outcomes*), como formas de compreender a solução e validar o seu propósito, bem como permitir o gerenciamento do risco e a tomada de decisão (*trade-offs*), para o endereçamento dos problemas encontrados desde as fases de projeto até a sua utilização, em um ciclo constante de evolução e ajustes.

Assim, estamos avançando dos princípios e diretrizes gerais para uma governança próxima da realidade das empresas e do mercado, adequada à sua cultura e à de sua região, e com os aspectos éticos e jurídicos correspondentes. E, de forma especial, ao que a sociedade espera dessas soluções, para que possam garantir o desenvolvimento e a utilização sustentável das inovações e o respeito às pessoas.

Em uma era digital que cada vez mais gera e usa dados para impulsionar novos modelos de negócios e estratégias para o desenvolvimento de produtos e serviços, esse passo será fundamental para o desenvolvimento da ciência e dessas soluções.

Ainda há muito a compreender e fazer, mas não há dúvida de que é preciso investir na criação de um ambiente com a governança adequada para os riscos apontados, um ambiente multidisciplinar de tomada de decisão e acompanhamento dos resultados e riscos do uso de técnicas de IA e de decisões automatizadas, que possam impactar negativamente na vida das pessoas, das organizações e de toda a nossa sociedade.

A criação de *frameworks* é um avanço importante, mas não será o bastante se não desenvolvermos uma cultura organizacional para essa implementação, com o envolvimento dos gestores e os investimentos necessários.

Referências

AZOULAY, Audrey. Towards an ethics of artificial intelligence. *United Nations, Dec. 2018. Disponível em:* https://www.un.org/en/chronicle/article/towards-ethics-artificial-intelligence. Acesso em: 28 jun. 2022.

BUSINESS SOFTWARE ALLIANCE (BSA). *Confronting bias*: BSA's framework to build trust in AI, 2021. Disponível em: https://www.bsa.org/reports/confronting-bias-bsas-framework-to-build-trust-in-ai. Acesso em 27 jun. 2022.

COECKELBERG, Mark. *AI ethics*. Cambridge: The MIT Press, 2020.

COUNCIL OF EUROPE. *AI initiatives,* [s. d.]. *Disponível em:* https://www.coe.int/en/web/artificial-intelligence/national-initiatives. Acesso em: 29 jun. 2022.

EUROPEAN COMISSION. *High-level expert group on artificial intelligence*: ethics guidelines for trusthworthy, [s. d.]. Disponível em: https://digital-strategy.ec.europa.edu/en/library/ethics-guidelines-trustworthy-ai. Acesso em: 28 jun. 2022.

FLORIDI, Luciano *et al. capAI*: a procedure for conducting conformity assessment of AI systems in line with de EU Artificial Intelligence Act. University of Bologna and University of Oxford, 2022.

INTERNATIONAL STANDARD. *ISO/IEC 38507.* Information technology – Governance of IT – Governance implications of the use of artificial intelligence by organizations. Apr. 2022. Disponível em: https://webstore.iec.ch/preview/info_isoiec38507%7Bed1.0%7Den.pdf. Acesso em: jul. 2022.

KAUFMAN, Dora. *Desmistificando a inteligência artificial. Belo Horizonte: Autêntica, 2022.*

KELLY, Kevin. *The inevitable*: understanding the 12 technological forces that will shape de future. New York: Penguin, 2017.

LEE, Kai-Fu; QIUFAN, Chen. *AI 2041*: ten visions for our future. New York: Random House, 2021.

SCHWARTZ, Reva *et al.* Towards a standard for identifying and managing bias in artificial intelligence. *National Institute of Standards and Technology* (NIST), Mar. 15, 2022. Disponível em: https://www.nist.gov/publications/towards-standard-identifying-and-managing-bias-artificial-intelligence. Acesso em: 15 dez. 2022.

TTC LABS. *People-centric approaches to algorithmic explainability*, Apr. 2022. Disponível em: https://www.ttclabs.net/report/people-centric-approaches-to-algorithmic-explainability#:~:text=Providing%20transparency%20and%20explainability%20of,their%20use%20of%20digital%20products. Acesso em: jul. 2022.

UNITED NATIONS. *193 countries adopt first-ever global agreement on the ethics of artificial intelligence*, Nov. 21, 2021. Disponível em: https://news.un.org/en/story/2021/11/1106612. Acesso em: 28 jun. 2022.

ZAVAGLIA COELHO, Alexandre. Revolução ESG passa por discussão sobre dados pessoais e inteligência artificial. *Jota,* 21 nov. 2020. Disponível em: https://www.jota.info/opiniao-e-analise/artigos/inteligencia-artificial-dados-pessoais-21112020. Acesso em: 27 jun. 2022.

2. DIREITO A INFERÊNCIAS RAZOÁVEIS COMO SUBSTRATO NORMATIVO NA CONSOLIDAÇÃO DE MECANISMOS DE GOVERNANÇA DE SISTEMAS AUTOMATIZADOS DE DECISÃO NO CONTEXTO DA LGPD

Eduardo Magrani
Paulo Rodrigo de Miranda

Introdução

Diante do avanço da covid-19, em agosto de 2020 o Reino Unido delegou para a Ofqual a tarefa de desenvolver um algoritmo que teria como insumo diversos dados, desde informações extraídas dos registros históricos dos alunos, como dados gerados de forma especulativa, tais como informações dos professores a respeito dos estudantes. Após diversos testes, foi anunciado o algoritmo denominado Approach-1, que externalizou alguns resultados anômalos que representaram menos de um quarto de 1%. Contudo, essa margem foi suficiente para reduzir de forma significativa a chance de alunos brilhantes obterem uma boa colocação na universidade, quando oriundos de escolas mais deficitárias (Lamont, 2021).

Esses resultados anômalos não preocuparam os responsáveis pela continuidade do projeto, deixando-se de lado qualquer debate prévio e transparente com a sociedade a respeito dos riscos encontrados. Por sua vez, as injustiças que advieram da implementação do sistema foram sentidas de forma imediata pela comunidade, alunos e professores. O desastre do algoritmo gerou protestos em cidades inglesas, e o governo, ao recuar, permitiu que os estudantes voltassem para o sistema anterior. Ao final, o responsável pela Ofqual alertou que o algoritmo apenas revelou e amplificou os preconceitos humanos que já existiam no sistema de ensino inglês, cujos dados serviram de base para o desenvolvimento da tecnologia (LAMONT, 2021).

Nesse contexto, evidencia-se um entusiasmo dos setores privado e público pela adoção de sistemas automatizados de decisão, muitas vezes sem a devida problematização quanto aos efeitos negativos das aplicações de aprendizado de máquina em circunstâncias de elevado risco. Diante disso, torna-se essencial o desenvolvimento de políticas públicas voltadas a demandar dos controladores de dados informações mínimas que viabilizem maior transparência, responsabilidade e prestação de contas.

Para desenvolver o tema deste capítulo foram traçados três objetivos. No primeiro, são abordadas questões envolvendo os sistemas automatizados de decisão dentro do contexto da governamentalidade algorítmica. O segundo objetivo apresenta o direito à explicação como vetor instrumental para a materialização da transparência em decisões automatizadas. Por último, é analisado o direito a inferências razoáveis como substrato normativo de mecanismos de governança dentro do contexto da Lei Geral de Proteção de Dados Pessoais (LGPD, Lei n. 13.079/2018). Ao final, o trabalho busca verificar a construção de estruturas normativas que fundamentem o estabelecimento de mecanismos *ex ante*, permeada por uma análise de fatores de risco que garantam maior transparência e responsabilidade por parte dos controladores de dados em sistemas automatizados de decisão.

1. Sistemas automatizados de decisão e governamentalidade algorítmica

A capacidade de autoaprendizagem dos algoritmos é um fator essencial, responsável pela expansão dessa tecnologia em atividades antes realizadas por humanos. O perfilamento (*profiling*) e a predição realizada pela aprendizagem automática são ameaças potenciais à autodeterminação informacional e estão nitidamente relacionadas ao processamento e à mineração de dados.

O "algoritmo é um conjunto de instruções matemáticas, uma sequência de tarefas para alcançar um resultado esperado e um tempo limitado" (KAUFMAN, 2019, p. 34). Por sua vez, o aprendizado de máquina (ou *machine learning*) é considerado uma ciência multidisciplinar, que tem como objetivo o desenvolvimento de técnicas computacionais que simulem o comportamento e a inteligência humana em diversas atividades (GOLDSCHMIDT, 2010).

A aprendizagem automática basicamente pode ser supervisionada ou não supervisionada. A aprendizagem de máquina supervisionada usa um conjunto de dados rotulados, cuja abordagem de aprendizado decorre de operação de coleta de dados e uso de diversas técnicas para identificar padrões e correlações entre esses dados (DELUA, 2021). Isso é aprimorado por previsões iterativas que permitem o ajustamento para uma resposta correta após a identificação de um modelo que fornece a relação preditiva mais forte entre entradas e saídas (YEUNG, 2017).

Por sua vez, no aprendizado não supervisionado ocorrem a análise e o agrupamento de conjuntos de dados não rotulados, porquanto os algoritmos investigam padrões ocultos nos dados sem a necessidade de "supervisão" humana, tendo como objetivo obter *insights* de grandes volumes de novos dados (DELUA, 2021). Este último modelo, embora possa lidar com um número maior de dados, revela-se menos transparente. Contudo, ambos os métodos, supervisionado ou não, envolvem a falta de previsibilidade e transparência necessárias para que sejam considerados sistemas confiáveis e auditáveis.

Com efeito, observa-se que a identificação do reconhecimento de padrões e a realização de correlações dos dados coletados é fundamental para a eficácia do aprendizado de máquina. Nesse viés, a "mineração" (expropriação) de dados (*datamining*) é uma técnica estatística que permite a extração de padrões que geram conhecimento, contudo esse conhecimento segue processos indutivos baseados em algoritmos que extraem padrões e regras de correlação entre elementos (BRUNO, 2013). Esse sistema de automatização da descoberta de padrões úteis e da criação de modelos permite a construção de uma arquitetura de dados que viabilizam a distinção de indivíduos e a etiqueta de qualidades que parecem estatisticamente semelhantes aos padrões encontrados, criando, dessa forma, o perfil (Hildebrandt, 2008).

Essa estrutura invisível de controle das ações dos indivíduos por diversos meios tecnológicos recebeu a denominação de "governamentalidade algorítmica" por Rouvroy e Berns (2015), que consistiria em uma prática estatística decomposta em três etapas: (i) coleta de dados e metadados em tempo real; (ii) tratamento automatizado dos dados (*datamining*), com a criação de perfis (*profiling*), e (iii) antecipação e predição dos comportamentos individuais associados aos perfis.

A grande preocupação da utilização do *profiling* é que há a construção de perfis e sua aplicação sem necessariamente estar relacionado especificamente aos destinatários dos sistemas, havendo um verdadeiro reducionismo das qualidades das pessoas submetidas ao perfilamento (Hildebrandt, 2008). Nesse ponto, Fernanda Bruno (2013) esclarece que os perfis são simulações de identidades, revelando-se como padrões estimativos com a finalidade de predizer condutas dentro de uma percepção de antecipação de potencialidades, seja de preferências dos usuários, de consumo, de inclinações comportamentais etc.

Assim, os sistemas automatizados de decisão acabam sendo alimentados por essa tecnologia de predição, especialmente por meio do uso de uma infinidade de dados disponíveis e fornecidos diariamente pelos usuários. Essas práticas estatísticas se contentam em analisar os cruzamentos de correlações com o *big data*, ao mesmo tempo que desconsideram a autonomia dos indivíduos e restringem a própria possibilidade de os destinatários desses sistemas contestarem as produções de "saber" fundadas na *dataming* e na elaboração de perfis (Rouvroy; Berns, 2015).

Com efeito, não é possível menosprezar o impacto dos sistemas automatizados de decisão na autodeterminação informacional dos destinatários desses sistemas, cujas caraterísticas essenciais se baseiam na opacidade e pouca transparência. A opacidade decorre da ausência de informações de como os "dados de entrada" (*inputs*) geraram os dados de saída (*output*), e de como o sistema correlacionou as variáveis contidas nos dados e os pesos atribuídos (Kaufman, 2021), especialmente porque, a depender do grau de inteligência artificial (IA) empregado, o código está em constante mutação, não sendo possível, muitas vezes, compreender a relação entre os dados de entrada e os dados de saída.

Em contrapartida, Kroll (2018) defende que qualquer opacidade é produto da dinâmica de poder entre os controladores de um sistema e os afetados por ele. A responsabilidade e a ética não se ligam às especificidades de uma ferramenta técnica, mas às maneiras pelas quais essa ferramenta é usada em um contexto sociotécnico (Kroll, 2018). Assim, impõe-se a criação de mecanismos de governança que viabilizem a mitigação de riscos, a prestação de contas e a responsabilização por parte dos controladores de dados.

2. Direito à explicação no RGPD como vetor instrumental para a materialização da transparência

As inquietudes supramencionadas tendem a ser mais relevantes quando envolvem o uso automatizado de decisão com emprego de IA de risco elevado. Segundo Haufman (2021), o viés e a opacidade não têm o mesmo grau de problematização nas aplicações de IA, porquanto os danos de uma decisão automatizada no contexto da saúde, vigilância e educação, por exemplo, são significativamente maiores que uma recomendação equivocada em uma plataforma de *streaming*.

Ademais, em que pese as inferências e generalizações sejam aceitas pela sociedade, como bem observa Mattiuzzo (2021), existem casos em que haverá um fator de risco significativo, especialmente porque a tecnologia atual não é capaz de desenvolver algoritmos que possam criticar padrões de acordo com uma ordem de valores, o que torna difícil o desenvolvimento de sistemas capazes de chegar de forma automatizada a uma decisão justa. Nesse sentido, Hildebrandt (2019) alerta que um novo tipo de pensamento mágico toma conta do imaginário do público quando envolve o tema da IA, e pondera que é falho supor que a vida real possa ser traduzida adequadamente em dados legíveis por máquina, ainda que tal tradução possa gerar maior eficácia e ampliar as maneiras produtivas.

Por sua vez, nos casos em que já existiam generalizações e cuja delegação para algoritmos não represente nenhuma novidade, a questão é garantir que os algoritmos apliquem corretamente os critérios adequados ao caso concreto (Mattiuzzo, 2021). Nessa percepção, emergem questões relacionadas à mecânica e ao funcionamento dos sistemas algorítmicos que apresentem risco elevado e estejam relacionados a sistemas automatizados de decisão. Um dos principais problemas é a falta de transparência, que dificulta a possibilidade de identificação e correção de erros que possam gerar externalidades negativas, tais como viés, e que dificulta ou inviabiliza a contestabilidade das decisões em razão de sua opacidade.

Essas preocupações constam no Regulamento Geral sobre a Proteção de Dados (RGPD), da União Europeia, estando previstas no Artigo 13, n. 2, alínea “f”, no Artigo 14, n. 2, alínea “g”, e no Artigo 15, n. 1, alínea “h”, que consagram o direito de acesso à informação. Os referidos dispositivos legais preveem que os responsáveis pelo tratamento de dados, sempre que empreguem decisões automatizadas, devem fornecer “informações úteis” relativas à lógica subjacente do sistema e explicar a importância e as consequências previstas no referido tratamento de dados.

Bayamlıoğlu (2021) entende que o RGPD presume um vínculo entre os objetivos pretendidos, os interesses perseguidos e os interesses legais, bases de processamento de dados que reforçariam a obrigação com a transparência por parte dos controladores de dados. Para o autor (2021), o Artigo 22 do GDPR obriga o controlador de dados a tornar contestáveis as decisões automatizadas, e para que isso ocorra é imprescindível o fornecimento de explicações de modo que o sujeito destinatário dos sistemas possa avaliar se as razões que levaram a um determinado resultado foram legítimas e legais. Ao afastar a interpretação restrita sobre o tema, Bayamlıoğlu (2021) salienta que o direito à contestação, previsto no Artigo 22 do RGPD, exige muito mais do que a mera explicação da decisão, até porque os direitos de acesso e informação relacionados às decisões automatizadas só podem ser efetivamente aplicados se contribuírem para as salvaguardas processuais previstas no Artigo 22, em especial o direito de contestar as decisões dos sistemas automatizados de decisão.

Nesse sentido, Selbst e Powles (2017) propõem uma inversão na abordagem do direito à explicação no contexto do regulamento de proteção de dados europeu, ao salientar que o Artigo 22 e o Considerando n. 71 do RGPD servem como apoio para a interpretação e a leitura dos Artigos 13 a 15 do mesmo diploma legal. Desse modo, o direito à explicação poderia ser extraído do direito de acesso a informações úteis (Selbst; Powles, 2017).

Com efeito, por meio do direito à informação, os controladores seriam obrigados a explicar de maneira clara e simples como se dá o processo de tomada de decisão automatizada (EUROPEAN COMMISSION, 2017), de modo a viabilizar eventuais contestações dos destinatários dos sistemas automatizados de decisão. A falta de transparência a respeito da identificação explícita dos critérios utilizados no tratamento dos dados pelos controladores inexoravelmente afeta o exercício do contraditório e da ampla defesa, mitigando a possibilidade de resistência quanto às externalidades negativas advindas dos sistemas automatizados que possam afetar ou colocar em risco a autodeterminação informacional.

Assim, as informações prestadas aos indivíduos sobre a tomada de decisão algorítmica devem ser fornecidas de forma suficiente para que um sujeito possa efetivamente agir, caso contrário estaria inviabilizado o direito de revisão ou contestação das imprecisões apresentadas nos dados de saída (*output*). Por essa razão, Kaminski (2019, p. 213) pondera que, "se alguém tem o direito de correção, precisa ver os erros", caso contrário "as assimetrias de informação tornam os direitos subjacentes efetivamente nulos" (tradução livre). Nesse viés, ao combinar transparência e compreensibilidade, Malgieri e Comandé (2017, p. 244) propõem o conceito de legibilidade, que deve garantir a "capacidade autônoma dos indivíduos para entender o funcionamento e o impacto de algoritmos que lhes digam respeito" (tradução livre).

Desse modo, considerando que a transparência é um elemento central do RGPD, é possível extrair a ideia de que o direito à explicação funciona como um verdadeiro pressuposto para outros direitos, pois o fornecimento de "informações significativas" reveste-se de valor instrumental para a a materialização da autodeterminação informacional (SELBST; POWLES, 2017).

Assim, a ausência de transparência a respeito da lógica subjacente ao desenvolvimento dessas tecnologias, especialmente no que diz respeito ao acesso e avaliação de como as inferências são processadas pelos sistemas automatizados de decisão, é um problema relevante a ser enfrentado. Com efeito, propõe-se uma abordagem do direito a inferências razoáveis como substrato normativo na construção de mecanismos de governança. A finalidade dessa proposta é justamente buscar o estabelecimento de ferramentas que viabilizem transparência, legibilidade, responsabilidade e prestação de contas (*accountability*) dos controladores de dados.

3. Direito a inferências razoáveis como substrato normativo de mecanismos de governança no contexto da LGPD

A falta de transparência e de responsabilidade dos controladores de dados na programação de sistemas automatizados com o uso de modelos preditivos e de perfilamento é uma questão que afeta o princípio da autodeterminação informacional tanto na sua vertente individual – pela inviabilidade dos destinatários em ter acesso ou avaliar como as inferências são feitas sobre eles – como na sua vertente coletiva. Dessa forma, coloca-se em risco a precondição para uma ordem comunicacional livre e democrática (SARLET, 2021).

Os sistemas automatizados de decisão que empregam algoritmos preditivos e o uso de perfilamento, quando utilizados de forma inadequada, colocam em risco a autodeterminação informacional e o livre desenvolvimento da personalidade dos destinatários desses sistemas. Por essa razão, Wachter e Mittelstadt (2019) apontam que o reconhecimento de um direito a inferências razoáveis é necessário para fechar a lacuna de responsabilidade atualmente presente nos sistemas automatizados de decisão, tendo em vista que os indivíduos têm pouco controle e supervisão sobre como seus dados são usados para fazer inferências pelos controladores de dados.

Em uma primeira análise da Lei Geral de Proteção de Dados Pessoais (LGPD), assim como no RGPD, aparentemente se observa uma lacuna quanto ao estabelecimento de limites e responsabilidades aos controladores de dados quanto a sua capacidade de fazer inferências e construir perfis voltados a alimentar sistemas automatizados de decisão. Contudo, diante de uma leitura sistemática da LGPD é possível extrair o direito a inferências razoáveis como substrato normativo de um devido processo legal dentro de uma perspectiva substancial.

Ademais, um sistema automatizado de decisão confiável deve ter como ponto de partida uma abordagem que busque mitigar o risco e garantir a responsabilidade dos controladores de dados. Nesse norte interpretativo, devem ser reduzidas as externalidades negativas oriundas dessas tecnologias, com a construção de mecanismos de governança baseados na gestão de risco, tal como têm sido as diretrizes da Comissão Europeia (KOENE *et al.*, 2019).

Assegurar que o fluxo informacional atenda às legítimas expectativas dos indivíduos é o principal vetor para alcançar o livre desenvolvimento da personalidade das pessoas que estão sujeitas a sistemas automatizados de decisão (Bioni, 2019). A LGPD apresenta-se como um feixe de entrada para aplicação do princípio da precaução, reforçando uma interpretação que leve em consideração a regulação de risco e o princípio da *accountability como linhas mestras do processo de regulação das tecnologias* (Bioni; Luciano, 2018).

Assim, da estrutura normativa atualmente presente na LGPD, é possível formular mecanismos de governança focados no fornecimento de uma justificativa *ex ante* que mitigue as externalidades negativas de aplicações de IA de alto risco. Essa estrutura normativa pode ser extraída da LGPD por meio de quatro pilares, relacionados à tutela da autodeterminação informacional envolvendo decisões automatizadas, a saber: (i) estruturação principiológica (art. 6º); (ii) regras de boa governança (art. 50); (iii) legítimo interesse (art. 7º, IX) e (iv) direito à explicação e à revisão (art. 20).

Em um primeiro momento, deve-se observar que existem guias deontológicos que buscam garantir a confiabilidade dos sistemas (Mulholland; Gomes, 2022) desenvolvidos sob uma robusta estrutura principiológica alicerçada em comandos responsáveis pela limitação dos riscos oriundos do processamento de dados, tais como os princípios da transparência (art. 6º, VI); da adequação (art. 6º, II); da prevenção (art. 6º, VIII); da não discriminação (art. 6º, IX) e da responsabilização e prestação de contas (art. 6º, X). Aliadas a essa estrutura principiológica, as regras de boas práticas e de governança (art. 50) servem como verdadeiros vetores interpretativos no desenvolvimento e na utilização de sistemas de IA confiáveis e auditáveis (Mulholland; Gomes, 2022).

O desenvolvimento de sistemas tecnológicos confiáveis tem sido a base de orientação firmada perante a Comissão Europeia. Nesse sentido, o estudo desenvolvido pelo Grupo de Especialistas de Alto Nível em Inteligência Artificial (*High-Level Expert Groupon Artificial Intelligence* – AI HLEG) aponta que a prevenção de danos e a explicabilidade são princípios éticos essenciais a serem observados no desenvolvimento, implementação e utilização de IA, no intuito de assegurar o seu emprego de forma confiável (Koene *et al.*, 2019). De igual modo, o referido estudo apresenta, dentre outros, a "prestação de contas", a "ação e supervisão humanas" e a "transparência" como requisitos mínimos e essenciais para a concretização de sistemas de IA de confiança.

Em um segundo momento, os arts. 50 e 51 da LGPD consagram a adoção de políticas de boas práticas e governança de dados, impondo aos controladores de dados a obrigação do fornecimento de informações claras sobre o uso de IA no tratamento dos dados pessoais dos titulares e destinatários dos sistemas, bem como sobre quais a finalidades e resultados esperados em tais aplicações (Mulholland; Gomes, 2022).

Dentre os princípios e boas práticas éticas difundidos e aceitos pela comunidade internacional e que devem servir de base para a elaboração de políticas de empresas e da discussão legislativa, destaca-se a explicabilidade, que se divide em dois conectores: inteligibilidade e *accountability* (Floridi; Cowls, 2019). Desse modo, programas de governança de dados devem primar pelo desenvolvimento de requisitos técnicos que incorporem conceitos de proteção da autodeterminação informacional, desde a concepção dos sistemas e projetos que envolvam a utilização de aprendizado de máquina.

A implementação de transparências em camadas mais complexas de tecnologias demanda a proteção de dados por projeto (*by design*) ou por padrão (*by default*), raciocínio que pode ser extraído dos parágrafos do art. 35 e do art. 46, ambos da LGPD. Nesse viés, Bayamlıoğlu (2021) defende a importância da regulamentação baseada em *design* com o objetivo de viabilizar que modelos de aprendizado de máquina sejam mais receptivos à explicabilidade e à contestabilidade. Portanto, os controladores de dados devem preferir modelos que podem ser mais facilmente analisados.

Ademais, as boas práticas e a governança de dados recomendam a análise de impacto e avaliação de risco pelas empresas que pretendem colocar em serviço, ou no mercado, uma IA de alto risco, realizando uma avaliação de conformidade prévia (Magrani *et al.*, 2021). Nesse contexto, o direito a inferências razoáveis não deixa de se tratar de uma legítima expectativa dos destinatários dos sistemas, o que demanda a criação de ferramentas de governança que permitam o desenvolvimento de uma justificativa *ex ante*, orientando-se pela necessidade de uma interpretação sistemática da LGPD que permita a criação de mecanismos de *compliance* e *accountability* algorítmica.

Em um terceiro momento, o art. 7º da LGPD aborda as hipóteses que autorizam o tratamento de dados pessoais, cujas bases legais são enquadradas conforme as circunstâncias concretas e a finalidade do tratamento de dados. Nesse contexto, o legítimo interesse previsto no inciso IX do referido dispositivo desponta-se como um elemento essencial para a mitigação dos riscos oriundos dos sistemas automatizados de decisão.

O legítimo interesse tem uma abordagem essencialmente preventiva, que, ao mesmo tempo que serve como fundamento para os controladores de dados projetarem seus sistemas, representa a assunção de obrigações e deveres jungidos às diretrizes principiológicas da LGPD. Nesse viés, a observância dos princípios e das boas práticas pelos controladores de tratamentos de dados, como forma de mitigar os riscos nas atividades de tratamento, além de ter a finalidade de dar transparência ao exercício de suas atividades, busca afastar eventual responsabilização por danos causados aos titulares dos dados (Mulholland; Gomes, 2022).

Por essas razões, Bioni (2019) defende que a operacionalização do legítimo interesse por parte dos controladores de dados é um ônus argumentativo, de modo a viabilizar que o tratamento de dados atenda às finalidades e adequações do sistema em consonância com as liberdades e direitos dos indivíduos, proporcionando transparência no tratamento de dados e a prestação de contas por meio do registro das operações realizadas. Nesse ponto, dentre os fatores de avaliação necessários para a materialização do legítimo interesse, o balanceamento do tratamento de dados com a legítima expectativa e os direitos e liberdades fundamentais (art. 7º, IX c/c art. 10, II, da LGPD) representam um eixo central no estabelecimento de diretrizes para o desenvolvimento de mecanismos que mitiguem os ricos e fortaleçam a transparência dos sistemas automatizados de decisão.

Ademais, como desdobramento do legítimo interesse, o direito de oposição (*opt-out* – art. 18, § 2º, da LGPD) revela-se como um verdadeiro mecanismo de salvaguarda (Bioni, 2019) que franqueia aos indivíduos a possibilidade de se opor às atividades de tratamento de dados, o que incluiria a exigência de justificativas *ex post* a respeito das inferências realizadas pelos sistemas automatizados de decisão. Nesse viés, o direito de oposição da LGPD guarda muita semelhança com o direito de contestação previsto no Artigo 22 do RGPD.

Por fim, os direitos à explicação e à revisão previstos no art. 20 da LGPD, analisados de forma isolada, demonstram-se incapazes de apresentar soluções compatíveis com as complexidades decorrentes das análises inferenciais e correlações que geram perfis e que subsidiam os sistemas automatizados de decisão. Contudo, uma interpretação sistemática do art. 20, em harmonia com as finalidades constantes nas diretrizes principiológicas da LGPD, permite extrair um rol de mecanismos focados na gestão de risco baseada em um coeso sistema de transparência que se expande em múltiplas dimensões (Souza *et al.*, 2021).

O § 1º do art. 20 da LGPD, ao prever o direito de revisão, demanda que seja viabilizado aos indivíduos, em determinado grau, esclarecimentos necessários a respeito dos fatores relevantes para a tomada de decisão automatizada, porquanto o direito à explicação é corolário lógico do direito de revisão dos sistemas automatizados de decisão (Frazão, 2021). Portanto, o direito à explicação tem valor instrumental na materialização da transparência, seja por meio da obrigação de informações significativas sobre a lógica envolvida, seja por meio da legibilidade, conferindo aos indivíduos o direito a justificativas prévias sobre a funcionalidade dos sistemas automatizados de decisão (Kaminski, 2019; Selbst; Powles, 2017).

Nesse sentido, Frajhof (2022) aponta que, para atender ao comando do art. 20 da LGPD, é imprescindível a adoção de uma série de medidas prévias e posteriores, ou seja, condutas preventivas e reativas que viabilizem uma verdadeira *accountability* algorítmica. Portanto, o direito à explicação desloca-se de um eixo central para servir como um dos mecanismos de implementação da *accountability*, de modo a reforçar a transparência e a responsabilização dos controladores de dados.

Além disso, a explicabilidade de decisões algorítmicas é fundamental para assegurar transparência e legibilidade aos sistemas automatizados de decisão, viabilizando um devido processo informacional. Com efeito, Frazão (2018) observa que do art. 20 da LGPD é possível extrair uma espécie de devido processo legal constituído por um bloco de direitos em relação a esses sistemas: (i) direito de acesso e informação; (ii) direito de oposição; (iii) direito de obtenção de revisão; e (iv) direito de petição à autoridade nacional para a realização de auditoria.

De igual modo, Bioni e Martins (2020) ponderam sobre a importância de uma releitura do devido processo legal sob uma perspectiva de salvaguarda em sistemas de tomada de decisão automatizada. Assim, seria possível afirmar a existência de um devido processo informacional cujo objetivo precípuo estaria centrado em assegurar a simetria e a proporcionalidade nas relações de poder envolvendo os sistemas automatizados de decisão, de modo a viabilizar a capacidade de defesa de ações arbitrárias e intrusivas que possam ser tomadas em desfavor dos indivíduos (Bioni; Martins, 2020).

Nesse viés, consoante o entendimento firmado pelo Ministro Gilmar Mendes na medida cautelar da ADI 6.387, o devido processo informacional pode ser extraído da dimensão subjetiva do direito à proteção de dados pessoais, enquanto a dimensão objetiva do direito fundamental de proteção de dados impõe a previsão de mecanismos institucionais de salvaguarda do direito à autodeterminação informacional (BRASIL, 2020). Dentro dessa percepção, o direito a inferências razoáveis apresenta-se como um substrato do devido processo legal na sua vertente substancial, espelhando-se inclusive na esfera privada diante da eficácia irradiante do aspecto valorativo que reveste os direitos fundamentais na sua dimensão objetiva (Sarmento, 2008).

Ao transpor esse princípio para a seara da proteção de dados, observa-se a importância da criação de mecanismos capazes de garantir justiça e transparência aos destinatários das decisões automatizadas. Desse modo, o direito a inferências razoáveis como substrato normativo na construção de mecanismos de governança baseados na gestão de risco representa a consolidação de ferramentas voltadas ao fornecimento de informações úteis relativas à lógica subjacente dos sistemas automatizados de decisão.

Conclusões

A implementação de mecanismos de transparência e legibilidade em sistemas automatizados de decisão é necessária para mitigar as externalidades negativas sobre os destinatários desses sistemas. Diante disso, impõe-se o desenvolvimento de processos de governança focados em contornar os problemas oriundos da opacidade da IA implementada. Para tanto, torna-se relevante extrair da LGPD elementos normativos que viabilizem a construção de ferramentas eficazes na busca da efetiva tutela dos direitos e liberdades fundamentais eventualmente impactados com a evolução tecnológica.

Para alcançar o livre desenvolvimento da personalidade dos indivíduos sujeitos aos sistemas automatizados de decisão é imprescindível garantir a confiabilidade e a auditabilidade dessas tecnologias em harmonia com a estrutura principiológica da LGPD. Portanto, o desenvolvimento de ferramentas de governança algorítmica busca reforçar a responsabilidade dos controladores de dados e a necessidade do desenvolvimento de sistemas automatizados de decisão que viabilizem tornar os dados de saída (*output*) mais inteligíveis à razão humana.

Assim, por meio de uma abordagem dedutiva e com base em referências bibliográficas, o objetivo deste capítulo foi propor um direito a inferências razoáveis como substrato normativo de um devido processo legal em sua vertente substancial. A ideia matriz é consolidar uma estrutura normativa extraída da LGPD que viabilize a implementação de diversas camadas de transparência durante o desenvolvimento, execução e fiscalização das tecnologias que usem sistemas automatizados de decisão baseadas em aprendizado de máquina de elevado risco.

Referências

BAYAMLIOĞLU, Emre. The right to contest automated decisions under the general data protection regulation: beyond the so-called "right to explanation". *Regulation & Governance*, Mar. 14, 2021. DOI https://doi.org/10.1111/rego.12391. Disponível em: https://onlinelibrary.wiley.com/toc/17485991/0/0. Acesso em: 12 jan. 2021.

BIONI, Bruno Ricardo. *Proteção de dados pessoais:* a função e os limites do consentimento. Rio de Janeiro: Forense, 2019.

BIONI, Bruno Ricardo; MARTINS, Pedro. Devido processo informacional: um salto teórico-dogmático necessário? *Jota*, 2020. Disponível em: https://www.jota.info/opiniao-e-analise/artigos/devido-processo-informacional-um-salto-teorico-dogmatico-necessario-15072020. Acesso em: 4 jan. 2022.

BRASIL. Presidência da República. *Lei n. 13.709, de 14 de agosto de 2018.* Lei Geral de Proteção de Dados Pessoais (LGPD). Disponível em: http://www.planalto.gov.br/ccivil_03/_Ato2015-2018/2018/Lei/L13709compilado.htm. Acesso em: 5 maio 2020.

BRASIL. Supremo Tribunal Federal. *Medida Cautelar na Ação Direta de Inconstitucionalidade 6.387 – Distrito Federal.* Relatora Min. Rosa Weber, 2020. Disponível em: https://redir.stf.jus.br/paginadorpub/paginador.jsp?docTP=TP&docID=754357629. Acesso em: 25 jan. 2022.

BRUNO, Fernanda. *Máquinas de ver, modos de ser:* vigilância, tecnologia e subjetividade. Porto Alegre: Sulina, 2013.

DELUA, Julianna. Supervised vs. unsupervised learning: what's the difference?. *IBM Analytics, Data Science/Machine Learning,* Mar. 12, 2021. Disponível em: https://www.ibm.com/cloud/blog/supervised-vs-unsupervised-learning. Acesso em: 17 jan. 2022.

EUROPEAN COMMISSION. Article 29 – Working Party. *Guidelines on Automated Individual Decision-Making and Profiling for the Purposes of Regulation 2016/679, 17/EN.* WP251rev.01, Oct. 2017. Disponível em: https://ec.europa.eu/newsroom/article29/items/612053. Acesso em: 20 mai 2021.

European Union. Regulation (EU) 2016/679 of the European Parliament and of the Council of 27 April 2016 on the protection of natural persons with regard to the processing of personal data and on the free movement of such data, and repealing Directive 95/46/EC (General Data Protection Regulation). *Official Journal of the European Union*, [*s. l.*], L 119/1, May 4, 2016. Disponível em: https://eur-lex.europa.eu/legal-content/EN/TXT/?uri=CELEX%3A02016R0679-20160504&qid=1532348683434. Acesso em: 5 jun. 2021.

FLORIDI, Luciano; COWLS, Josh. A unified framework of five principles for AI in society. *Harvard Data Science Review*, v. 1, n. 1, Jul. 1st, 2019. DOI https://doi.org/10.1162/99608f92.8cd550d1. Disponível em: https://papers.ssrn.com/sol3/papers.cfm?abstract_id=3831321. Acesso em: 15 jan. 2022.

FRAJHOF, Isabella Z. O papel dos mecanismos de *compliance* para a operacionalização do direito à explicação de decisões totalmente automatizadas. *In*: FRAZÃO, Ana; CUEVA, Ricardo Villas Bôas (coord.). Compliance *e políticas de proteção de dados*. São Paulo: Revista dos Tribunais, 2022.

FRAZÃO, Ana. Controvérsias sobre direito à explicação e à oposição diante de decisões automatizadas. *Jota*, 12 fev. 2018. Disponível em: https://www.jota.info/opiniao-e-analise/colunas/constituicao-empresa-e-mercado/controversias-sobre-direito-a-explicacao-e-a-oposicao-diante-de-decisoes-automatizadas-12122018. Acesso em: 10 jun. 2020.

FRAZÃO, Ana. Decisões algorítmicas e direito à explicação. *Jota*, 24 nov. 2021. Disponível em: https://www.jota.info/opiniao-e-analise/colunas/constituicao-empresa-e-mercado/decisoes-algoritmicas-e-direito-a-explicacao-24112021. Acesso em: 24 jan. 2022.

GOLDSCHMIDT, Ronaldo Ribeiro. *Uma introdução à inteligência computacional*: fundamentos, ferramentas e aplicações. Rio de Janeiro: IST-Rio, 2010.

HILDEBRANDT, Mireille. Defining profiling: a new type of knowledge. *In:* HILDEBRANDT, Mireille; GUTWIRTH, Serge. *Profiling the European citizen*: cross-disciplinary perspectives. London: Springer, 2008. p. 17-44. Disponível em: https://www.researchgate.net/publication/226744267_Defining_Profiling_A_New_Type_of_Knowledge. Acesso em: 5 abr. 2021.

HILDEBRANDT, Mireille. Privacy as protection of the incomputable self: from agnostic to agonistic machine learning. *Forthcoming in Theoretical Inquiries of Law*, 2019. DOI http://dx.doi.org/10.2139/ssrn.3081776. Disponível em: https://papers.ssrn.com/sol3/papers.cfm?abstract_id=3081776. Acesso em: 5 jan. 2021.

KAMINSKI, Margot E. The right to explanation, explained. *U of Colorado Law Legal Studies, Research Paper n. 18-24*, Jun. 19, 2018. Disponível em: https://papers.ssrn.com/sol3/papers.cfm?abstract_id=3196985. Acesso em: 5 jan. 2022.

KAUFMAN, Dora. *A inteligência artificial irá suplantar a inteligência humana?*. Barueri: Estação das Letras e Cores, 2019.

KAUFMAN, Dora. Inteligência artificial e os desafios éticos: a restrita aplicabilidade dos princípios gerais para nortear o ecossistema de IA. *Paulus*: Revista de Comunicação *da FAPCOM*, São Paulo, v. 5, n. 9, p. 73-84, jan./jul. 2021.

KOENE, Ansgar *et al.* A governance framework for algorithmic accountability and transparency. *European Parliamentary Research Service*, Apr. 2019. Disponível em: https://op.europa.eu/en/publication-detail/-/publication/8ed84cfe-8e62-11e9-9369-01aa75ed71a1/language-en/format-PDF/source-120507593. Acesso em: 15 jul. 2020.

KROLL, Joshua A. The fallacy of inscrutability. *Philosophical Transactions of the Royal Society*, 2018. Disponível em: https://royalsocietypublishing.org/doi/10.1098/rsta.2018.0084. Acesso em: 28 mai 2020.

LAMONT, Tom. The student and the algorithm: how the exam results fiasco threatened one pupil's future. *The Guardian*, Feb. 18, 2021. Disponível em: https://www.theguardian.com/education/2021/feb/18/the-student-and-the-algorithm-how-the-exam-results-fiasco-threatened-one-pupils-future. Acesso em: 2 jul. 2021.

MAGRANI, Eduardo *et al.* Guia de boas práticas em inteligência artificial. *Demarest*, nov. 2021. Disponível em: https://www.demarest.com.br/lancamento-guia-de-boas-praticas-em-inteligencia-artificial/. Acesso em: 20 jan. 2022.

MALGIERI, Gianclaudio; COMANDÉ, Giovanni. Why a right to legibility of automated decision-making exists in the general data protection regulation. *International Data Privacy Law*, v. 7, n. 4, 2017. Disponível em: https://papers.ssrn.com/sol3/papers.cfm?abstract_id=3088976. Acesso em: 10 jan. 2022.

MATTIUZZO, Marcela. "Let the algorithm decide": is human dignity at stake?. *Revista Brasileira de Políticas Públicas*, Brasília, v. 11, n. 1, p. 342-369, 2021. DOI https://doi.org/10.5102/rbpp.v11i1.6784. Disponível em: https://www.publicacoes.uniceub.br/RBPP/article/view/6784. Acesso em: 25 jun. 2021.

MULHOLLAND, Caitlin; GOMES, Rodrigo Dias de Pinho. Inteligência artificial e seus principais desafios para os programas de *compliance* e as políticas de proteção de dados. *In*: FRAZÃO, Ana; CUEVA, Ricardo Villas Bôas (coord.). *Compliance e políticas de proteção de dados.* São Paulo: Revista dos Tribunais, 2022.

ROUVROY, Antoinette; BERNS, Thomas. Governamentalidade algorítmica e perspectivas de emancipação: o díspar como condição de individuação pela relação?. *Revista Eco Pós – Tecnopolíticas e Vigilância*, v. 18, n. 2, 2015. DOI https://doi.org/10.29146/eco-pos.v18i2.2662. Disponível em: https://revistaecopos.eco.ufrj.br/eco_pos/article/view/2662. Acesso em: 22 maio 2021.

SARLET, Ingo Wolfgang. Fundamentos constitucionais: o direito fundamental à proteção de dados. *In*: DONEDA, Danilo *et al.* (coord.). *Tratado de proteção de dados pessoais*. Rio de Janeiro: Forense, 2021.

SARMENTO, Daniel. *Direitos fundamentais e relações privadas*. 2. ed. Rio de Janeiro: Lumen Juris, 2008.

SELBST, Andrew; POWLES, Julia. Meaningful information and the right to explanation. *International Data Privacy Law*, v. 7, issue 4, p. 233-242, Nov. 2017. Disponível em: https://academic.oup.com/idpl/article/7/4/233/4762325. DOI: https://doi.org/10.1093/idpl/ipx022. Acesso em: 20 jun. 2021.

SOUZA, Carlos Affonso *et al.* O direito à explicação entre a experiência europeia e a sua positivação na LGPD. *In*: DONEDA, Danilo *et al.* (coord.). *Tratado de proteção de dados pessoais*. Rio de Janeiro: Forense, 2021.

WACHTER, Sandra; MITTELSTADT, Brent. A right to reasonable inferences: re-thinking data protection law in the age of big data and IA. *Columbia Business Law Review*, 2019. Disponível em: https://papers.ssrn.com/sol3/papers.cfm?abstract_id=3248829. Acesso em: 5 jan. 2021.

YEUNG, Karen. Algorithmic regulation: a critical interrogation. *King's College London Dickson Poon School of Law Legal Studies Research Paper Series*: Paper n. 2017-27. Disponível em: https://papers.ssrn.com/sol3/papers.cfm?abstract_id=2972505. Acesso em: 4 abr. 2021.

3. CAMINHOS PARA A REGULAÇÃO DA INTELIGÊNCIA ARTIFICIAL NO BRASIL

Lucas Maldonado Diz Latini
Aline Fuke Fachinetti

Introdução

Em 1950, Isaac Asimov, em sua obra de ficção *Eu, robô,* mostrou ao mundo o que poderia ser considerada a primeira "proposta de regulação"[1] de comportamento de um agente inumano: as três leis da robótica. No mesmo ano, Alan Turing nos deu a primeira referência significativa sobre inteligência artificial (IA), no artigo "Computing machinery and intelligence" (Turing, 1950), no qual questionou se as máquinas poderiam pensar e propôs o que ficaria popularmente conhecido como "Teste de Turing". Cinco anos mais tarde ocorreria a célebre conferência de Dartmouth, na qual quatro estudiosos propuseram um "projeto de pesquisa de verão" sobre IA que duraria dois meses, durante

[1] O Parlamento Europeu, no âmbito das Disposições de Direito Civil sobre Robótica, publicadas em fevereiro de 2017, levou as três leis da robótica em consideração na elaboração do documento, com a seguinte redação: "Considerando que as Leis de Asimov têm de ser encaradas como dirigindo-se aos criadores, aos produtores e aos operadores de robôs, incluindo robôs com autonomia integrada e autoaprendizagem, uma vez que não podem ser convertidas em código de máquina".

o verão de 1956. A partir daí, os estudos e debates sobre o tema passaram por um crescimento exponencial, ainda que com alguns intervalos.

Atualmente, vivemos uma era de inovações sem precedentes e, notadamente, sem fronteiras. A cada dia surgem tecnologias disruptivas com potencial para impactar sociedades ao redor do mundo de diferentes maneiras. Todo e cada indivíduo, diariamente, vê seu espaço privado sendo "invadido" por novas ferramentas que, antes, seriam imaginadas somente em filmes de ficção científica. Tais impactos, justamente por trazerem efeitos (positivos e negativos) à vida de cada indivíduo, merecem um olhar atento e multilateral, incluindo de agentes estatais, setor privado, sociedade civil, academia e organismos internacionais. No campo da IA, não é diferente.

Decisões automatizadas a partir de sistemas de pontuação de crédito (*credit score*) e sistemas de reconhecimento facial, inclusive de uso por autoridades policiais, são apenas alguns dos inúmeros exemplos que podem ser trazidos à luz ao refletir sobre como a IA vem impactando o cotidiano há algum tempo.

Nesse contexto, não restam dúvidas de que há necessidade de endereçar e regular o tema de forma suficiente, visando impedir que sua utilização massiva potencialize ou cause riscos para a sociedade e os indivíduos. O Professor Luciano Floridi, um dos mais aclamados estudiosos da temática, esclarece: "IA não é outra utilidade que precisa ser regulada quando estiver madura. É uma força poderosa, uma nova forma de agência inteligente, que já está remodelando nossas vidas, nossas interações e nossos ambientes" (Floridi *et al.*, 2018, p. 1). Contudo, o alto grau de impacto social, a ausência de fronteiras físicas para a tecnologia e a urgência por regulação não devem ser vistos como um salvo-conduto para que países, isolada ou conjuntamente, passem a editar normas sem antes compreender, no mínimo, o que, verdadeiramente, é IA, quais são suas modalidades e como se dá o seu funcionamento; como essa tecnologia continua a se desenvolver com o tempo; e a forma como a IA impacta as sociedades ao redor do mundo em todas as suas nuances, seja social ou economicamente. Apesar do positivo ímpeto regulamentar, somente a partir dessas compreensões é que se deveria começar a endereçar o tema, mas não sem antes refletir se o modelo clássico de "regras rígidas" é, de fato, viável, funcional, adequado e suficiente para a regulação específica da IA, notadamente diante das inúmeras possibilidades de aplicação dessas tecnologias, de sua ausência de fronteiras, de sua interdisciplinaridade e, principalmente, de seu rápido avanço.

Diversos países e blocos de Estados estão em uma verdadeira corrida para instituir normas internas que regulem o desenvolvimento e o uso adequado de IA. Em estudo atualizado até o mês de março de 2023 (COUNCIL OF EUROPE, [s. d.]), o Conselho da Europa mapeou 172 iniciativas de autoridades nacionais sobre IA, entre projetos de lei, estratégias nacionais e outras.

Por sua vez, o Brasil também busca regulamentar o tema por meio de iniciativas legislativas em andamento. Em dezembro de 2022, a Comissão de Juristas instituída pela Presidência do Senado Federal para discussão do Marco Legal da Inteligência Artificial (CJSUBIA) entregou o seu relatório final (Cueva *et al*, 2022) com uma proposta legislativa para discussão no parlamento.

É de notar que o Brasil nutre o ideal de que tudo aquilo que impacta a sociedade deve ser, obrigatoriamente, regulado por meio de uma "regra rígida". Prova disso é o estudo divulgado pelo Instituto Brasileiro de Planejamento e Tributação (IBPT), em 2022, dando conta de que, desde a promulgação da Constituição Federal de 1988, foram editadas mais de 181 mil normas federais no Brasil.

Nesse contexto, este capítulo busca abordar os desafios da regulação da IA, discutir os três possíveis modelos de regulação (regulação estatal, autorregulação e corregulação) e esclarecer qual deles se mostra mais adequado à finalidade de regular sistemas de IA.

1. Os desafios da regulação da inteligência artificial

Quando tratamos da temática de IA, talvez um dos maiores desafios seja responder à pergunta "o que há para ser regulado?" (Clarke, 2019, p. 406), dada a gama de modalidades existentes. Nesse passo, é importante compreendermos, em primeiro lugar, que não se trata de uma única tecnologia que possua um uso determinado e um conceito fechado.

Quanto ao conceito, o termo inteligência artificial é comumente utilizado para designar ações tipicamente humanas que são, porém, emuladas por máquinas. Essas ações humanas podem ser desempenhadas por diversos tipos de IA, como algoritmos (e.g., recomendação de novos produtos) ou *chatbots*, que possibilitam, por exemplo, o atendimento automatizado aos clientes por meio de uma conversa escrita.

A esse respeito, embora haja muitas discussões sobre a sua definição, principalmente quanto a conceitos técnicos mais restritos, próprios da área tecnológica[2], verifica-se uma tendência jurídico-regulatória de adotar um conceito mais amplo do que se considera IA, a fim de incluir mais tipos de sistemas no escopo das propostas de legislação ao redor do mundo (e.g., decisões automatizadas), a exemplo do que ocorre na União Europeia (COMISSÃO EUROPEIA, 2021) e no Brasil (CUEVA *et al*, 2022), objetivando maior proteção aos destinatários da tecnologia.

Quanto ao seu uso, ferramentas baseadas em IA já são empregadas nas mais diversas áreas e campos do conhecimento, inclusive com usos considerados de alto risco, passando por processos seletivos de contratação de funcionários, previsão sobre chances de reincidência criminal e chegando ao ponto de selecionar quais pacientes devem ser atendidos com prioridade em prontos-socorros.

Justamente por conta da verdadeira gama de possibilidades, os desafios inerentes à regulação de IA não são poucos e muito menos simples de serem sanados. Arriscamos dizer que, para cada modalidade de IA e para cada área de aplicação, existem desafios específicos, inclusive setoriais, cujas possíveis soluções certamente demandariam longo debate entre todos os atores envolvidos.

Entretanto, claramente existem desafios comuns a todos os setores e que já vêm sendo levados em consideração nas diversas propostas de regulação ao redor do mundo, inclusive em iniciativas transnacionais, visto que o debate em questão tem dimensão internacional.

A primeira grande preocupação que permeia o tema é fazer com que o ser humano seja o ponto central da questão (*human-centered AI*), justamente para garantir que sistemas de IA, em especial: (i) respeitem direitos fundamentais dos seres humanos, como igualdade e privacidade; e (ii) não diminuam a autonomia humana, mas, ao contrário, a promovam, segundo se pode extrair de algumas das principais propostas globais sobre o tema, como a Declaração de Montreal para o Desenvolvimento

[2] A título de exemplo, o *framework* desenvolvido pela BSA – The Software Alliance define o termo inteligência artificial da seguinte forma: "(...) sistemas que usam algoritmos de aprendizado de máquina que podem analisar grandes volumes de dados de treinamento para identificar correlações, padrões e outros metadados que podem ser usados para desenvolver um modelo que possa fazer previsões ou recomendações baseadas em futuras entradas de dados" (BSA, 2021, tradução livre).

Responsável de IA. Não à toa, os princípios aplicáveis ao uso de IA elencados por Floridi e Cowls (2019)3 em seu *framework* unificado, que mantêm estreita relação com os princípios da bioética, têm como foco, justamente, a proteção do ser humano.

Caminhando ao lado da preocupação com a preservação dos direitos humanos, está o segundo ponto de atenção, onde encontram-se relevantes discussões sobre ética de IA, as quais promovem a noção de que as decisões tomadas por sistemas de IA devem refletir escolhas que seriam socialmente aceitáveis e, além disso, não reprováveis, o que talvez seja o maior dos desafios regulatórios, dada a pluralidade de pensamentos, ideias e crenças existentes.

Em uma analogia, Floridi *et al.* (2018, p. 694) propõem que uma abordagem ética de IA, que supere o mero cumprimento da lei, significa a "diferença entre jogar de acordo com as regras e jogar bem, para que a pessoa possa ganhar o jogo", demonstrando que um olhar que considere a ética desde a concepção do sistema de IA (*ethics by design*) e durante todo o seu ciclo de vida coloca os atores em grande vantagem competitiva, viabiliza melhor aceitação social das ferramentas e, inclusive, permite colher os melhores frutos que se poderiam obter.

A terceira preocupação diz respeito a questões de transparência e explicabilidade, assim compreendida a necessidade de que os atores envolvidos na criação e disponibilização de sistemas de IA garantam que as decisões tomadas a partir de tais ferramentas sejam compreensíveis pelas pessoas que foram afetadas por essas decisões, "como uma resposta à pergunta 'como isso funciona?'" (Floridi; Cowls, 2019, p. 8, tradução livre). Ainda, a conscientização é fundamental para garantir que os aspectos éticos e legais continuem a ser implementados mesmo após o desenvolvimento e a disponibilização do sistema de IA, de modo que a fiscalização adequada pelas partes interessadas continue a ocorrer.

Nesse contexto, segundo listado pela OCDE em seus princípios sobre o tema, os atores envolvidos no desenvolvimento e disponibilização de sistemas de IA devem:

> (...) fornecer informações significativas, apropriadas ao contexto e consistentes com o estado da arte: para promover uma compreensão geral

[3] Beneficência; não maleficência; autonomia; justiça; e explicabilidade.

> dos sistemas de IA, conscientizar as partes interessadas sobre suas interações com sistemas de IA, inclusive no local de trabalho, para permitir que os afetados por um sistema de IA entendam o resultado e, para permitir que aqueles afetados negativamente por um sistema de IA contestem seu resultado com base em informações claras e fáceis de entender sobre os fatores e a lógica que serviu de base para a previsão, recomendação ou decisão (OECD, 2019, tradução livre).

O desafio regulatório, neste ponto, talvez seja um dos mais espinhosos no campo empresarial: como garantir a necessária transparência e explicabilidade sem que isso viole questões relacionadas a segredos de negócio e direitos de propriedade intelectual de pessoas e empresas que desenvolvem e disponibilizam ferramentas baseadas em IA?

O Brasil já passou por um problema semelhante quando dos debates do projeto de lei que se tornaria a Lei Geral de Proteção de Dados Pessoais (LGPD - Lei n. 13.709/2018), em que representantes de grandes empresas de tecnologia expuseram ampla preocupação com possíveis violações de direitos de propriedade intelectual diante do exercício dos direitos dos titulares de dados pessoais, em particular o direito à portabilidade e de acesso aos dados, bem como diante das fiscalizações por parte da Autoridade Nacional de Proteção de Dados (ANPD).

O quarto grande desafio diz respeito à prestação de contas e à responsabilização dos agentes (*accountability*). Floridi e Cowls (2019) expressam que o sentido ético de *accountability*, no campo da IA, remete à ideia de conseguir responder à pergunta sobre quem é responsável pela forma como determinado sistema de IA funciona. Contudo, para além dessa definição, questões de *accountability* não devem prever apenas quem é o responsável, mas, também, de que forma é responsável, os limites dessa responsabilidade e, ainda, quando e como uma eventual prestação de contas deveria ocorrer (i.e., de maneira contínua e periódica ou apenas em determinadas situações já previstas na legislação).

Inúmeros são os debates sobre questões envolvendo a responsabilidade pelas decisões tomadas pelos sistemas de IA, tanto de pessoas físicas que trabalham no desenvolvimento das ferramentas quanto das próprias empresas. Além disso, também são incontáveis os debates sobre a definição do regime de responsabilidade dos agentes envolvidos (responsabilidade subjetiva *versus* responsabilidade objetiva).

Ainda nessa linha, propostas de regulações e *frameworks* ao redor do mundo têm demonstrado a ampla e crescente preocupação de que haja supervisão e controle humanos (*human oversight e human control*) ligados aos sistemas de IA, justamente para prevenir e mitigar riscos relacionados a potenciais violações de direitos fundamentais, bem como para garantir a compreensão sobre o funcionamento e limitações das ferramentas[4].

Sobre isso, há quem diga, de um lado, que a mera supervisão e controle humanos não seriam suficientes, havendo a necessidade de supervisão e controle "significativos" (*meaningful human oversight e meaningful human control*), embora ainda exista grande obscuridade quanto ao que o termo "significativo" poderia representar. De outro lado, há opiniões de que a supervisão humana, ainda que "significativa", não teria a efetividade pretendida, e, nesse sentido, Green e Kak (2021) bem explanam que: (i) a exigência de supervisão humana criaria uma proteção superficial e que seria facilmente evitável pelas empresas; (ii) um ser humano seria facilmente submetido a um "viés de automação", por meio do qual se submeteria à decisão da IA sem um questionamento efetivo; e (iii) os seres humanos que estão supervisionando os sistemas de IA poderiam ser responsabilizados por eventuais falhas da tecnologia sobre as quais eles tenham pouco ou nenhum controle.

Por derradeiro, o quinto grande desafio regulatório diz respeito à harmonização de uma regulação específica de IA com a legislação existente. O próprio texto aprovado em setembro de 2021 pela Câmara dos Deputados, no âmbito do Projeto de Lei n. 21-A/2020, em seu art. 4º, XV, previa a harmonização com diversas leis como um dos fundamentos do desenvolvimento e aplicação da IA no Brasil, e esse cuidado se manteve no texto da nova proposta apresentada pela Comissão de Juristas do Senado Federal.

A harmonização não é importante apenas para garantir proteção no campo regulatório, mas também e, principalmente, para conferir a necessária segurança jurídica e evitar futuros conflitos de normas. No Brasil há um exemplo claro nesse sentido e que envolve um conflito

[4] A proposta de regulação do Parlamento Europeu coloca a supervisão humana como uma das principais medidas de mitigação de riscos, dedicando diversos pontos do texto a esse tema, desde a Exposição de Motivos.

entre o consentimento previsto no art. 7º, I, da LGPD e o consentimento previsto na Lei n. 12.965/2014 (Marco Civil da Internet - MCI), ambos, em tese, podendo ser utilizados para embasar o tratamento de dados pessoais. Diversas discussões são levantadas a esse respeito. Alguns defendem que a LGPD revogou tacitamente determinadas disposições do MCI, ou que uma lei mais específica prevaleceria a depender do contexto, enquanto outros advogam pela manutenção de ambas as legislações.

Nesse contexto, admitindo a regulação da IA por meio de "regras rígidas", a harmonização legislativa deve ser priorizada para evitar conflitos de normas.

Logo, conforme se depreende do quanto exposto neste tópico, independentemente do modelo regulatório a ser adotado, os temas e desafios a serem enfrentados tanto por agentes públicos quanto privados são enormes e carecem de amplo debate, justamente a fim de atender aos interesses sociais e à pluralidade de *stakeholders* envolvidos, evitando a criação de uma regulação deficiente em qualquer sentido, em especial para a proteção dos direitos e liberdades dos indivíduos submetidos à IA.

2. Os diferentes modelos de regulação e sua possível aplicação no campo da inteligência artificial

Uma vez compreendidos os desafios relacionados à regulação de IA, serão analisados os principais modelos de regulação e sua possível aplicação no campo de estudo deste trabalho, bem como algumas vantagens e desvantagens de cada modelo. Trata-se de breve análise acerca dos principais modelos existentes, não trazendo respostas definitivas, mas apontando possíveis caminhos para a eficaz regulação do tema.

2.1. Regulação estatal

O mais "clássico" e conhecido modelo de regulação é aquele por meio do qual o Estado (ou um conjunto de Estados) formula regras sobre determinada matéria e que serão de cumprimento obrigatório após todo o processo de aprovação, fazendo nascer um instrumento vinculante. No campo do direito internacional, esses instrumentos multilaterais, como convenções e tratados, são amplamente conhecidos como *hard law*, no sentido de uma "regra rígida".

Esse é o modelo que, sendo a norma adequadamente formulada, traz maior segurança jurídica tanto aos agentes regulados quanto à sociedade em geral, uma vez que as regras, permissões, proibições e limites para o uso da tecnologia estão postos de maneira (teoricamente) clara. Da mesma forma, o modelo de regulação por meio de regras estatais também pode ser tido como aquele mais legítimo, já que as normas impostas emanam do próprio Estado, que, em regra, não deveria possuir interesses alheios ou que prejudiquem o bem-estar social e o interesse público em sentido amplo. Esses fatores auxiliam fortemente nas questões de *enforcement* das normas, tanto na implementação das regras internamente pelos agentes regulados quanto na fiscalização, pelas autoridades governamentais, do cumprimento de tais normas por aqueles agentes.

Contudo, se, de um lado, essas "regras rígidas" concedem maior segurança jurídica e são dotadas de maior legitimidade, de outro lado, esse modelo é o mais difícil de sofrer alterações, sendo, portanto, o mais "engessado" e com maior probabilidade de ficar obsoleto com rapidez diante do avanço tecnológico, caso as regras dele decorrentes não sejam adequadamente formuladas. Além disso, um instrumento normativo formulado sem um amplo processo de consulta, sem a devida maturidade e feito por agentes públicos que não compreendam suficientemente o funcionamento e os impactos da tecnologia, pode acarretar verdadeiro retrocesso e, inclusive, se mostrar como um impedimento para o desenvolvimento e a inovação no campo da IA.

Um exemplo muito claro dessa "rigidez normativa" pode ser extraído da proposta de regulação de IA da União Europeia (AI Act), que, em seu Artigo 5º, prevê expressamente proibições e restrições ao uso dessa tecnologia. Nesse caso, há segurança jurídica sobre o que pode ou não ser feito, bem como um organismo multilateral absolutamente legítimo para definir tais pontos. Porém, essas proibições e restrições *ex ante*, além de serem pouco comuns em outras propostas ao redor do mundo, claramente serão difíceis de ser modificadas caso necessário, já que terão de passar por todo o processo de aprovação do Parlamento Europeu, bem como poderão se apresentar como um impeditivo ao desenvolvimento de novas ferramentas baseadas em IA.

Dentre os defensores desse modelo de regulação, certamente um dos mais importantes e influentes é o já citado Professor Luciano Floridi, que explanou duramente que "é hora de reconhecer que a autorregulação não funcionou e que agora o alinhamento voluntário com princípios éticos precisa ser substituído pelo cumprimento da lei" (Floridi, 2021, p. 1). Esse artigo foi uma mudança brusca em seu posicionamento, que até então incentivava o modelo autorregulatório.

Em que pesem os sólidos argumentos trazidos pelo Professor, como a relutância ou incapacidade das empresas de tecnologia em resolver seus problemas éticos em termos de estratégia de alto nível e de melhorar comportamentos equivocados enraizados, bem como o fato de que a legislação já está alcançando (ou o fará em breve) a indústria digital – a exemplo do GDPR e do *AI Act* europeu –, entendemos que o avanço da tecnologia não pode ficar à mercê de um regramento engessado e que não acompanha a evolução de maneira dinâmica. Além disso, seria claramente inviável a criação de um novo instrumento normativo ou de emendas àqueles já existentes a cada nova tecnologia criada, tanto pelo volume de trabalho que isso demandaria quanto pela morosidade dos processos de discussão e aprovação (tanto nacionais quanto multilaterais) e, ainda, pela alta probabilidade de produção de regulações pouco técnicas.

Por todos esses motivos, adotar o modelo de regulação integralmente mediante instrumentos normativos estatais, por si só, seja em âmbito local ou transnacional, não se mostra o mais adequado para aplicação no campo da IA.

2.2. Autorregulação

Se, de um lado, há a possibilidade de regulação estatal por meio de regras rígidas, de outro há intenções de que a IA seja regulada pelos próprios atores que desenvolvem e disponibilizam tais ferramentas ao público.

No sistema de autorregulação, embora não exista uma atuação mais incisiva do Estado na elaboração das regras, o que garante maior liberdade na atuação das empresas, há, frequentemente, um estímulo por parte dos governos para que os agentes privados se organizem e elaborem normas próprias, como códigos de conduta, sobre determinado tema.

No campo da IA, uma grande vantagem do modelo autorregulatório é que, diferentemente do poder público, os atores privados que desenvolvem e disponibilizam sistemas de IA ao público já têm – espera-se – ampla visão acerca do funcionamento da tecnologia e dos problemas que ela pode resolver (ou propagar). Esse fator se torna atraente justamente porque, diante desse *know-how*, é possível evitar a elaboração de regras que dificultem a inovação da tecnologia ou que se tornem rapidamente obsoletas, como pode ocorrer ao se empregar meramente a regulação estatal, reduzindo, também, a assimetria de informação entre os envolvidos no processo regulatório.

Além disso, esse modelo de regulação permitiria a adoção de padrões globais, certificações e regimes de validação, o que é defendido por algumas das principais empresas do setor. A título de exemplo, a IBM, por meio do *IBM Policy Lab*, defendeu: "pode-se delegar ao mercado a responsabilidade de aprovar ou punir as práticas organizacionais que não estiverem de acordo com as melhores referências para o desenvolvimento e uso da IA" (IBM, 2020, p. 2, tradução livre).

Não obstante, cuidados específicos também devem ser adotados ao optar pelo sistema de autorregulação. Isso porque a criação, por exemplo, de uma associação envolvendo os principais *players* do mercado e que ficasse encarregada de elaborar códigos de conduta e padrões sobre o desenvolvimento e oferta de sistemas de IA, poderia ser uma barreira para a entrada de novos atores nesse ecossistema, trazendo potenciais impactos concorrenciais. Ainda, um modelo autorregulatório, justamente por não possuir, necessariamente, efeitos vinculantes, impediria (ou, quando menos, dificultaria) a atuação estatal quanto à fiscalização e à aplicação de penalidades nos casos de infrações e violações a direitos de terceiros.

A autorregulação encontra defensores não somente na iniciativa privada, mas no próprio poder público. É o caso da Relatora do Projeto de Lei n. 21/2020, Deputada Luisa Canziani (PTB-PR), que, quando da aprovação do texto substitutivo pela Câmara dos Deputados, destacou em seu parecer que não se poderia abordar a questão da IA "através de um conjunto de regras estático e que se adeque a todas as instâncias" (Canziani, 2021, p. 3) sob pena de se engessar a inovação e limitar o potencial da IA. A autorregulação, na visão da deputada, é o caminho mais adequado[5].

Todavia, apesar de o modelo autorregulatório ter um potencial positivo e, inclusive, a priori, nos parecer mais adequado do que o modelo

[5] No texto do Projeto de Lei n. 21/2020 aprovado pela Câmara dos Deputados, o estímulo à autorregulação foi inserido como um dos fundamentos do desenvolvimento e aplicação da IA no Brasil (art. 4º, VII).

exclusivamente estatal, deve se reconhecer que permitir que os atores privados emitam suas próprias regras pode trazer o potencial de atrair riscos maiores aos direitos e liberdades fundamentais dos cidadãos, que, a depender da forma como tal autorregulação seja concebida, poderiam ter demasiada dificuldade em responsabilizar e buscar a reparação de danos em face de empresas e desenvolvedores nos casos de violação de tais direitos e liberdades. E, como vimos acima, um dos pilares para o desenvolvimento de uma IA ética e responsável é que o ser humano esteja no centro da questão e seus direitos e liberdades sejam o principal objeto de proteção.

Ante todos os aspectos suscitados, o modelo de autorregulação também apresenta limitações e não parece ser o mais adequado para aplicação no campo da IA.

2.3. Corregulação

Como o próprio nome sugere, o modelo de corregulação resulta de uma junção de esforços do Estado e da iniciativa privada, sendo complementar às iniciativas de controle do Estado. Nesse caso, o poder público não apenas estimula a criação de regras pelos atores privados mas também presta apoio efetivo, inclusive participando da elaboração dessas regras.

O *framework* proposto por Clarke (2019) é bem-sucedido ao demonstrar como o modelo de corregulação funcionaria na prática. Assim como no modelo de autorregulação, os agentes privados, por meio de organizações e associações, ainda estariam livres para criar normas próprias sobre o desenvolvimento de sistemas de IA. Porém, essas normas privadas e suas respectivas atualizações (i) precisariam observar determinados requisitos e princípios preestabelecidos pelo Estado, por meio de uma "regra rígida"; e (ii) seriam submetidas à validação de uma autoridade pública[6], passando a ser aceitas como uma espécie de padrão que deverá ser seguido pelos demais atores que desenvolvem e disponibilizam sistemas de IA.

[6] O ideal é que essa autoridade pública se traduza em uma agência reguladora independente, com autonomia e corpo técnico qualificado, cuja composição seja formada por membros pertencentes aos diversos *stakeholders* impactados pelas normas que seriam validadas, notadamente representantes do poder público, iniciativa privada, sociedade civil e academia.

Relevante notar que as normas a serem desenvolvidas pelos consórcios de empresas da iniciativa privada não poderiam deixar de ter um amplo processo de consulta aos demais agentes que também seriam impactados pelos sistemas de IA e pela própria regulação, o que, inclusive, garantiria maior legitimidade às regras. Ou seja, ainda que se tratasse de regras oriundas da iniciativa privada, o consórcio responsável por essa elaboração deveria, sob pena de não ter a norma validada pela autoridade pública, abrir espaço para o debate de ideias que, inclusive, divirjam dos interesses das empresas pertencentes ao grupo, notadamente quando a discussão envolver a proteção de direitos e liberdades fundamentais, documentando todo o processo de negociação.

No que diz respeito aos mecanismos de *enforcement* dessas regras, a atuação conjunta do Estado e da iniciativa privada também se mostra possível e benéfica, havendo duas possíveis soluções. A primeira delas é que, além de validar as normas criadas pela iniciativa privada, à autoridade pública seria concedido um poder fiscalizatório de todo o processo de elaboração das regras, inclusive com possibilidade de interferência em determinados casos. Mesmo após a sua validação, essa mesma autoridade poderia exercer seu poder de polícia acerca do cumprimento das normas pelos agentes privados, podendo enviar questionamentos, solicitações de esclarecimentos e, em casos de comprovada violação, impor sanções[7], de forma muito semelhante ao que já ocorre com as agências reguladoras no Brasil.

Já a segunda solução envolve a delegação de poderes, pelo poder público, a entidades privadas que teriam como função certificar que empresas que desenvolvem e disponibilizam sistemas de IA ao público estão de acordo com as regras aprovadas pela autoridade pública, de maneira parecida com o que acontece em certificações envolvendo o Inmetro, no Brasil, nas quais laboratórios privados são autorizados pelo Instituto a atestar a conformidade das regras por empresas que necessitem passar por esse processo. Essas certificações seriam válidas por

[7] Tomando o Brasil como base, importante destacar que a autoridade pública apenas poderia exercer os atos aqui mencionados após a elaboração de ato normativo próprio emanado pelo poder público, sob pena de ofensa ao princípio da legalidade. Isso reforça que, embora as regras especificamente relacionadas ao desenvolvimento de sistemas de IA venham a ser elaboradas pelos agentes privados, o poder público também desempenha um papel ímpar na elaboração de "regras rígidas" que se relacionem e harmonizem com as "normas privadas".

determinado período, sendo necessária uma espécie de revalidação após a sua expiração ou quando houvesse alterações relevantes nas normas privadas aprovadas pelo poder público. Nessa hipótese, há quem proponha a criação de selos e marcas de certificação que poderiam ser concedidos às empresas que tivessem atestada a conformidade com as regras (Maranhão *et al.*, 2021), o que se mostra bastante adequado e salutar, principalmente para os indivíduos que serão impactados pela tecnologia disponibilizada pela empresa então certificada.

É importante ressaltar que as duas soluções sobre *enforcement* aqui expostas são complementares, ou seja, mesmo que houvesse a delegação de poderes para certificação de conformidade, a autoridade reguladora ainda teria poderes fiscalizatórios e sancionatórios, notadamente em casos de denúncias de descumprimento das regras ou violação de direitos fundamentais.

Assim, o modelo de corregulação parece ser o mais apropriado dentre os modelos analisados para fins de regulação de sistemas de IA, justamente por reunir o melhor dos dois mundos: a segurança jurídica e a legitimidade que se espera de normas emanadas do poder público, com o conhecimento de mercado e o dinamismo esperado pelas políticas de governança do setor privado, comportando as inovações intrínsecas ao tema, sem perder de vista a importância das questões envolvendo a conformidade e a fiscalização constantes dos agentes que desenvolvem e disponibilizam sistemas de IA ao público.

Conclusões

Como verificamos neste capítulo, as implicações da utilização massiva de IA na sociedade são inúmeras e atuais, trazendo urgência aos debates sobre sua adequada regulação. Contudo, é necessário cautela e maturidade, justamente a fim de que se compreenda sobre o que, de fato, estamos falando ao tratar de IA, como essa tecnologia se desenvolve e evolui no tempo e como ela impacta a sociedade em suas diversas nuances, sob pena de se optar por um modelo regulatório que, ao invés de fomentar a inovação e proteger direitos e liberdades fundamentais, funcione como um verdadeiro retrocesso tecnológico e gere ainda mais insegurança jurídica e social.

Percebeu-se, ainda, que, independentemente do modelo regulatório a ser adotado, existem preocupações comuns que devem ser observadas pelos *policymakers* envolvidos no processo, notadamente envolvendo foco no ser humano, ética de IA, transparência e explicabilidade, *accountability*, supervisão e controle humanos e harmonização legislativa. Neste ponto, constatamos que o Brasil já passou por discussões parecidas em outros processos legislativos envolvendo Direito e Tecnologia, notadamente aqueles que originaram o Marco Civil da Internet e a Lei Geral de Proteção de Dados Pessoais.

Ao analisar os modelos regulatórios potencialmente aplicáveis ao campo da IA, expusemos que a regulação estatal, embora traga segurança jurídica, possua ampla legitimidade e auxilie nas questões de *enforcement*, não se mostra o modelo regulatório mais adequado ao caso, diante de seu alto grau de engessamento, rápida obsolescência e, ainda, pela possibilidade de atuar como uma barreira ao avanço tecnológico caso não seja adequadamente empregada.

Quanto ao modelo autorregulatório, concluímos que, diante do *know-how* dos agentes privados, as regras por eles elaboradas podem funcionar como um incentivo ao avanço tecnológico, ser rapidamente atualizadas à medida que a tecnologia evolui e permitem a adoção de padrões globais. Contudo, um modelo integralmente baseado na autorregulação poderia impedir a entrada de novos agentes no mercado e dificultaria a atuação estatal e dos próprios indivíduos quanto a potenciais infrações e violações de direitos fundamentais.

Por fim, concluiu-se que, no campo da IA, o modelo de corregulação pode ser frutífero e o mais adequado – quando comparado aos demais modelos –, uma vez que, pela atuação conjunta do Estado, da iniciativa privada e demais partes interessadas, há a possibilidade de englobar a segurança jurídica e a legitimidade que se espera de normas emanadas do poder público, com o conhecimento de mercado e o dinamismo intrinsecamente necessário ao tema sob análise, sem perder de vista a importância das questões de *enforcement* das regras emitidas pelos consórcios de empresas e aprovadas pelo poder público.

De toda forma, não restam dúvidas de que, seja qual for o modelo adotado para regulação da IA, a atuação multissetorial e multilateral é essencial, sendo indispensável evitar o engessamento das normas a serem propostas, garantir seu *enforcement* e permitir que sejam adequadas aos avanços e inovações emergentes, ao mesmo tempo que os direitos e liberdades individuais sejam apropriadamente salvaguardados.

Referências

ASIMOV, Isaac. *Eu, robô.* Tradução Aline Storto Pereira. São Paulo: Aleph, 2015. E-book.

BRASIL. Câmara dos Deputados. *Projeto de Lei n. 21-A/2020.* Estabelece fundamentos, princípios e diretrizes para o desenvolvimento e aplicação da IA no Brasil, e dá outras providências. Disponível em: https://www.camara.leg.br/propostas-legiAslativas/2236340. Acesso em: 10 jan. 2022.

BRASIL. Presidência da República. *Lei n. 12.965, de 23 de abril de 2014.* Estabelece princípios, garantias, direitos e deveres para o uso da Internet no Brasil. [Marco Civil da Internet]. Disponível em: http://www.planalto.gov.br/ccivil_03/_ato2011-2014/2014/lei/l12965.htm. Acesso em: 10 jan. 2022.

BRASIL. Ministério da Economia. Secretaria Especial de Produtividade, Emprego e Competitividade. *Guia de Advocacia da Concorrência,* 2020. Disponível em: https://www.gov.br/economia/pt-br/centrais-de-conteudo/publicacoes/guias-e-manuais/guiaadvocaciaconcorrencia_ascom.pdf/view. Acesso em: 10 fev. 2022.

BSA – THE SOFTWARE ALLIANCE. *Confronting Bias: BSA's Framework to Build Trust in AI,* 2021. Disponível em https://ai.bsa.org/wp-content/uploads/2021/06/2021bsaaibias.pdf. Acesso em: 20 mar. 2023.

CANZIANI, L. *Parecer de Plenário pelas Comissões de Ciência e Tecnologia, Comunicação e Informática, Trabalho, de Administração e Serviço Público e Constituição e Justiça e de Cidadania ao Projeto de Lei n. 21, de 2020.* Brasília, DF, 2021. Disponível em: https://www.camara.leg.br/proposicoesWeb/prop_mostrarintegra?codteor=2082141. Acesso em: 10 fev. 2022.

CHAVES, L. F. P.; VIDIGAL, P. A LGPD revogou tacitamente dispositivos do Marco Civil da Internet. *Conjur,* 29 mar. 2021. Disponível em: https://www.conjur.com.br/2021-mar-29/chaves-vidigal-lgpd-revogou-tacitamente-dispositivos-mci. Acesso em: 10 jan. 2022.

CLARKE, R. Regulatory alternatives for AI. *Computer Law & Security Review,* ano 35, n. 4, p. 398-409, Aug. 2019. Disponível em: https://doi.org/10.1016/j.clsr.2019.04.008. Acesso em: 11 fev. 2022.

COMISSÃO EUROPEIA. *Proposta de Regulamento do Parlamento Europeu e do Conselho que estabelece regras harmonizadas em matéria de IA (regulamento IA) e altera determinados atos legislativos da união.* Bruxelas: Comissão Europeia, 2021. Disponível em: https://eur-lex.europa.eu/legal-content/PT/TXT/?uri=CELEX:52021PC0206. Acesso em: 10 jan. 2022.

COUNCIL OF EUROPE. *AI initiatives,* [s. d.]. Disponível em: https://www.coe.int/en/web/artificial-intelligence/national-initiatives. Acesso em: 4 jan. 2022.

CUEVA, Ricardo Villas Bôas et al. *Relatório Final da Comissão de Juristas instituída pelo Ato do Presidente do Senado nº 4, de 2022, destinada a subsidiar a elaboração de minuta de substitutivo para instruir a apreciação dos Projetos de Lei nºs 5.051, de 2019, 21, de 2020, e 872, de 2021, que têm como objetivo estabelecer princípios, regras, diretrizes e fundamentos para regular o desenvolvimento e a aplicação da inteligência artificial no Brasil*. Brasília, 06 dez. 2022. Disponível em https://legis.senado.leg.br/sdleg-getter/documento/download/bdaad0dc-5c0a-4217-a6d0-aefb0d8ec8d4. Acesso em: 20 mar. 2023.

Floridi, L. *The end of an era*: from self-regulation to hard law for the digital industry. 2021 Disponível em: http://dx.doi.org/10.2139/ssrn.3959766. Acesso em: 17 jan. 2022.

Floridi, L.; Cowls, J. A unified framework of five principles for AI in society. *Harvard Data Science Review*, Jul 1st, 2019. Disponível em: https://doi.org/10.1162/99608f92.8cd550d1. Acesso em: 10 jan. 2022.

Floridi, L. *et al.* AI4People: an ethical framework for a good AI society: opportunities, risks, principles, and recommendations. *Minds & Machines*, v. 28, p. 689-707, Nov. 26, 2018. Disponível em: https://doi.org/10.1007/s11023-018-9482-5. Acesso em: 4 jan. 2022.

Green, B; Kak, A. The false comfort of human oversight as an antidote to A.I. harm. *Slate*, Jun. 15, 2021. Disponível em: https://slate.com/technology/2021/06/human-oversight-artificial-intelligence-laws.html. Acesso em: 12 jan. 2022.

IBM. *IA: equilíbrio entre a regulação e a autorregulação*, 2020. Disponível em: https://www.ibm.com/blogs/policy/latin-america/2020/01/22/inteligencia-artificial-equilibrio-entre-regulacao-e-autorregulacao/. Acesso em: 10 fev. 2022.

INSTITUTO BRASILEIRO DE PLANEJAMENTO E TRIBUTAÇÃO (IBPT). *Quantidade de normas editadas no Brasil*: 34 anos da Constituição Federal de 1988, 2022. Disponível em: https://ibpt.com.br/quantidade-de-normas-editadas-no-brasil-34-anos-da-constituicao-federal-de-1988/. Acesso em: 20 mar. 2023.

Maranhão, J. *et al.* Diretrizes para o aperfeiçoamento do marco legal da IA no Brasil. Conjur, 2 set. 2021. Disponível em: https://www.conjur.com.br/2021-set-02/opiniao-diretrizes-aperfeicoamento-marco-ia-brasil. Acesso em: 10 fev. 2022.

McCarthy, J. *et al. A proposal for the Dartmouth Summer Research Project on Artificial Intelligence.* Aug 31, 1955. Disponível em: http://jmc.stanford.edu/articles/dartmouth/dartmouth.pdf. Acesso em: 5 jan. 2022.

OECD. *OECD AI Principles overview*, 2019. Disponível em: https://oecd.ai/en/ai-principles. Acesso em: 10 jan. 2022.

Polido, Fabrício B. P. Novas perspectivas para regulação da IA: diálogos entre as políticas domésticas e os processos legais transnacionais. *In:* Frazão, Ana; Mulholland, Caitlin (org.). *IA e direito*: ética, regulação e responsabilidade. 2. ed. São Paulo: Thomson Reuters Brasil, 2020. p. 175-204.

Silva, R. F. S. Isso é muito "Black Mirror": o uso do *soft law* na regulação de discriminações algorítmicas. *Conpendi*, 2021. Disponível em: http://site.conpedi.org.br/publicacoes/276gsltp/91o4s6o2/GtYcLgurl4aK5DdL.pdf. Acesso em: 14 jan. 2022.

Turing, A. M. I. – Computing machinery and intelligence. *Mind*, ano 59, n. 236, p. 433-460, Oct. 1st 1950. Disponível em: https://doi.org/10.1093/mind/LIX.236.433. Acesso em: 9 jan. 2022.

UNITED STATES OF AMERICA. *House of Representatives. H.R.6216 – National Artificial Intelligence Initiative Act of 2020.* Washington: House of Representatives, 2020. Disponível em: https://www.congress.gov/bill/116th-congress/house-bill/6216/text. Acesso em: 10 jan. 2022.

UNIVERSITÉ DE MONTRÉAL. *Montreal Declaration for a Responsible Development of Artificial Intelligence*, 2017. Disponível em: https://www.montrealdeclaration-responsibleai.com/the-declaration. Acesso em: 10 jan. 2022.

4. INTELIGÊNCIA ARTIFICIAL E JURISDIÇÃO: ESCOPO DAS PROPOSTAS REGULATÓRIAS DO BRASIL E DA UNIÃO EUROPEIA

Luíza Couto Chaves Brandão

Introdução

A inteligência artificial (IA) está entre os temas que, como apontado pelo Relatório de Status Global Internet e Jurisdição, transcendem e até convergem nas principais temáticas de discussão sobre expressão, economia e segurança pelo mundo (I&JPN, 2019). Do ponto de vista regulatório, as discussões aparecem na sequência das normativas gerais sobre proteção de dados pessoais, tanto na União Europeia quanto no Brasil. Nesse sentido, ainda que marcos legais específicos sejam discutidos para a IA e suas aplicações, também é nítido que o tratamento de dados pessoais faz parte de eventuais quadros mais abrangentes para a utilização ou desenvolvimento da mesma.

A relação com a proteção de dados pessoais e instrumentos normativos a eles aplicáveis segue a lógica do funcionamento de aplicações de IA, a partir de expressivos volumes de dados pessoais coletados, compartilhados, transferidos, enfim, tratados em velocidade e com potencialidades nunca antes atingidas. O *habitat* das tecnologias baseadas em inteligência artificial é o contemporâneo *Big Data* ou, como também pode ser compreendido, a apreensão dos dados e informações pessoais pelos modos de produção, capitalismo de vigilância (ZUBOFF, 2019). Não apenas é natural que a sequência do debate regulatório seguisse da proteção de dados à inteligência artificial, mas também é esta a relação que engendra as mais importantes fontes legislativas para o direito em vigor, tanto na UE quanto no Brasil. As primeiras fontes normativas já abordam, no título, a proteção contra decisões automatizadas que, por sua vez, são viabilizadas por sistemas de inteligência artificial.

> A partir do desenvolvimento de tecnologias cada vez mais sofisticadas para o tratamento de dados, da maior aplicação da inteligência artificial em sistemas e processos e da ampliação da capacidade de armazenamento de informações, mostrou-se urgente a edição e a atualização de normas para tratar de maneira mais específica as questões enfrentadas no que concerne à proteção da privacidade e dos dados pessoais (FRAZÃO, 2019, p. 329).

Desse modo, não causa espanto que a regulação da proteção dos dados pessoais já envolva, até certo ponto, as tecnologias de IA e que o próximo passo seja o regramento específico sobre o tema. Esse movimento pode ser observado tanto na União Europeia quanto no Brasil, a partir, respectivamente, da proposta de regulamento 2021/0106 (CONSELHO DA EUROPA, 2021) e dos projetos de lei 21/20 (CÂMARA DOS DEPUTADOS, 2020), 5051/19 (SENADO FEDERAL, 2019) e 872/21 (SENADO FEDERAL, 2021). Observada essa sequência regulatória nos dois sistemas jurídicos, naturalmente muitas das discussões realizadas sob o aspecto da proteção dos dados pessoais podem ser herdadas pelos padrões normativos para IA. O exercício aqui proposto é o de investigar se as discussões jurisdicionais engendradas pelos atuais modelos de aplicação do regulamento europeu e da lei brasileira, gerais para proteção de dados pessoais também serão tratados no contexto da regulação da inteligência artificial.

A análise do escopo de aplicação justifica-se pela tendência observada, ao longo das últimas décadas, do que DE LA CHAPELLE e FELINGHER (2016) chamam de "corrida armamentista legal." Através dela, os países buscam estabelecer alcances cada vez maiores para seus ordenamentos jurídicos, na tentativa de abarcar os fenômenos cada vez mais transnacionais impulsionados pela Internet, suas aplicações e serviços. Nesse sentido, espera-se compreender o regime já definido para regulação de dados pessoais nas duas jurisdições investigadas, suas características e similitudes. Em seguida, a análise das versões atualmente disponíveis para regulação da inteligência artificial nos dois contextos será concentrada na busca por elementos definidores de seu escopo de aplicação, ao longo dos textos disponíveis para o público, nos sites oficiais dos legislativos europeu e brasileiro. Os elementos serão comparados com o objetivo de traçar as possíveis abordagens para o alcance das propostas para regulação da IA no Brasil e na União Europeia.

1. Proteção de dados pessoais e novos contornos de aplicação da lei

A proteção de dados, em primeiro momento, lançou mão das bases de proteção à privacidade, embora com ela não se confunda. No entanto, no contexto europeu que se seguiu à Segunda Guerra Mundial, esses foram os primeiros fundamentos para garantir tutela aos dados relacionados especialmente aos direitos humanos, ligados à personalidade. As fontes normativas então utilizadas faziam parte de um escopo mais amplo, o da proteção aos direitos humanos. Assentados na Declaração Universal dos Direitos Humanos e na Declaração Europeia dos Direitos do Homem, esses direitos estavam associados à não interferência na vida privada dos indivíduos (Leonardi, 2012). A expansão da tecnologia e os novos modelos de mercado acarretam uma "mutação no ambiente em que circulam os dados e nos quais se manifestam os interesses da privacidade" (Doneda, 2006, p. 15). Essa transformação conduz a um regime mais complexo e específico para a proteção de dados especiais, independente da privacidade, ainda que interligadas ou nesse valor baseado.

Na então Comunidade Econômica Europeia, que assumiu com o Tratado de Roma (COMUNIDADE ECONÔMICA EUROPEIA, 1957) os primeiros contornos do que hoje conhecemos como União Europeia (Dinann, 1999), já aparece um instrumento normativo que se refere especificamente à proteção de dados pessoais. De 1981, a Convenção n.108 para a Proteção de Indivíduos no que diz respeito ao Processamento Automático de Dados Pessoais (COMUNIDADE ECONÔMICA EUROPEIA, 1981) é oficialmente definida como "o primeiro instrumento internacional vinculativo que protege o indivíduo contra os abusos que podem acompanhar a coleta e o processamento de dados pessoais e que procura regular ao mesmo tempo o fluxo transfronteiriço de dados pessoais" (CEE, 1981). Ainda em vigor e reformada recentemente, em razão do novo regulamento geral na matéria, ela conta com a adesão de países membros e não-membros[1] da União Europeia e representa a primeira fonte legislativa em nível transnacional sobre garantias a dados pessoais, especialmente aos dados compreendidos como sensíveis, por envolverem elementos como "raça, política, saúde, religião, vida sexual, antecedentes criminais etc, na ausência de salvaguardas legais adequadas." (UNIÃO EUROPEIA, 2018)

Na década seguinte, em 1995, já estabelecidos os contornos atuais da União Europeia pelo Tratado de Maastricht (CEE, 1992), foi promulgada a Diretiva nº 46/95/CE, com o intuito de recepcionar e aperfeiçoar a Convenção n. 108. Além disso, a Diretiva se insere nos primeiros anos da construção de um direito comunitário e, portanto, tem também como objetivo, harmonizar as leis internas dos Estados-Membros, de modo a estabelecer padrões mínimos de proteção a dados pessoais, além de assentar conceitos fundamentais comuns. A Diretiva reuniu conceitos, em seu artigo 2º, como o de dados pessoais, coleta, tratamento e responsável pelo tratamento e armazenamento, que foram centrais para a disciplina da proteção de dados pessoais. Além disso, definiu os princípios a serem observados no que tange à qualidade dos dados e legitimidade de seu tratamento (arts. 6º e 8º), bem como as categorias específicas de seu tratamento (artigo 8º).

Ainda que a classificação dos tratados em "tratado-lei" ou "tratado-contrato" seja questionada na literatura e considerada ultrapassada (Araújo, 2016), pode ser útil para esclarecer os efeitos da Diretiva na União Europeia. Enquanto tratado-contrato, sua redação não incluía normas materiais válidas e aplicáveis a todos os membros da comunidade, como seria previsto, caso constituísse tratado-lei. Na verdade, ao definir padrões a serem implementados pelos Estados, a critério de cada um deles, visava a uma forma de correspondência entre as leis internas que os Membros poderiam ou não observar. A Diretiva também não uniformizou os critérios de aplicação das normas de proteção de dados nem o alcance das possíveis sanções. A dependência e diversidade das

[1] Sendo eles: Argentina, Burquina Faso, Cabo Verde, Maurício, México, Marrocos, Senegal, Tunísia e Uruguai. Informação disponível em: https://www.coe.int/en/web/conventions/full-list/-/conventions/treaty/108/signatures?p_auth=cLD3Aw1z. Acesso em: 25 jan. 2022.

normas internas de cada membro levantava críticas quanto à efetividade da Diretiva. Isso abriu caminho para o Regulamento n. 2016/679, a **GDPR**[2].

Com o tempo, os ciclos de inovação cada vez mais acelerados somam-se aos desafios que as instituições encontram para a efetivação das normas legais (I&JPN, 2019). As características da Internet, sobre as quais se traçam novas possibilidades tecnológicas, envolvem, por definição, ubiquidade, virtualidade e portabilidade. Estes traços conferem às operações de coleta, tratamento e armazenamento de dados, caráter não raramente transnacionais (Svantesson, 2016). Cria-se, então, uma contradição inerente ao sistema de exercício de poder dos Estados que, baseada na territorialidade, define o alcance dos atos normativos de modo restrito às suas fronteiras politicamente definidas (Solum; Chung, 2004). Esse modelo, fundante da atual organização da ordem internacional, refere-se aos conceitos de soberania, igualdade entre os Estados e não-interferência. Os princípios tradicionais, portanto, estabelecem limites jurisdicionais de determinado país ou comunidade de países, em regra, seu território, com situações excepcionalmente transnacionais. No entanto, o contexto contemporâneo revela "a transnacionalidade como o novo normal" (I&JPN, 2019, p. 20).

O Regulamento 2016/679 foi gestado pelo Conselho e Parlamento europeus no contexto de aumento de demandas sobre a efetivação das normas, de intensificação da digitalização e de tratamento de dados pessoais, em escala transnacional. A busca por modelos legislativos que alcancem as tecnologias digitais levou diferentes países ou grupos de países, a resultados diversos pelo mundo, com reflexos geopolíticos (Brandão, 2020). No caso da União Europeia, o Regulamento 2016/679 inaugura pela matéria de proteção de dados pessoais um modelo de ampla aplicação (na prática, global). Também incorpora mecanismos de responsabilização e execução de sanções que cobrem a cadeia de tratamento de dados pessoais, para além do território dos Estados-Membros. O art. 3º prevê a aplicação do regulamento a "um responsável pelo tratamento ou de um subcontratante situado no território da União, independentemente de o tratamento ocorrer dentro ou fora da União"

[2] GDPR, sigla do termo em inglês *General Data Protection Regulation*, como de forma mais ampla ficou conhecido o regulamento europeu em matéria de proteção de dados.

(UNIÃO EUROPEIA, 2018). Ainda que não seja realizado na União Europeia, o regulamento também se aplica ao tratamento de dados pessoais de titulares residentes em seu território, quando existe oferta do serviço ou controle do comportamento do usuário na União.

As hipóteses de aplicação revelam a aspiração de um alcance eminentemente extraterritorial e praticamente global. Esse quadro levanta preocupações quanto à efetividade, na medida em que as sanções determinadas a entes em outros estados precisam dialogar com mecanismos internacionais específicos (De La Chapelle; Porciuncula, 2021). Do ponto de vista da não interferência e da legitimidade de aplicação em outros Estados de forma unilateral, o Regulamento também precisa encarar desafios logo em seus primeiros anos de vigência. Além do escopo de aplicação do Regulamento 2016/679 ter movimentado atores em todo mundo em busca de conformidade, também influenciou, ou acelerou, como no Brasil, discussões legislativas em outros países (Machado *et al.*, 2018).

A Lei n. 13.790/2018 (LGPD) inaugurou no Brasil um sistema geral de proteção de dados pessoais, embora o país já contasse com normativa esparsa sobre o tema. Com reconhecida influência, inclusive temporal, no Regulamento Europeu, a LGPD consolida princípios, garantias, obrigações e regimes específicos em matéria de proteção de dados pessoais. Além de compilar as diretivas gerais para o tratamento de dados pessoais, também inaugura direitos aos titulares (Gomes, 2019) e inovações aos modelos de negócio no Brasil (Bioni, 2019). A estratégia de alcance extraterritorial também pode ser encontrada na legislação brasileira. Aliás, ela precede a LGPD, no regime de aplicação da Lei n. 12.965/2014, o Marco Civil da Internet (Brandão, 2019). O MCI já configurava o alcance do direito brasileiro às operações (coleta, armazenamento, guarda e tratamento), envolvendo dados pessoais e registros que ocorram no território nacional. Também sujeitas à legislação nacional as operações que contem com terminais no Brasil e incluam bens e serviços direcionados ao Brasil, mesmo de empresas com sede no exterior (art. 11 e parágrafos).

Em linha com a tendência de estabelecer legislações cada vez mais abrangentes e bebendo da mesma fonte do regulamento geral de proteção de dados pessoais europeus, a LGPD aplica o escopo extraterritorial a suas disposições. Conforme o artigo 3º, a lei se aplica "[...]

independentemente do meio, do país de sua sede ou do país onde estejam localizados os dados" (BRASIL, 2018), uma vez que exista oferta de bens e serviços ao país, coleta ou operações de tratamento de dados pessoais no território nacional. Ainda que o território seja marcadamente o elemento de conexão da aplicação da lei, a tentativa de superá-lo e alcançar as operações a nível global está evidente também no cenário brasileiro (BRANDÃO, 2020).

2. A inteligência artificial como próximo passo regulatório

2.1. A corrida europeia para regulação

Ainda que o tratamento automatizado de dados pessoais já apareça nas fontes normativas sobre o assunto, como evidencia a Convenção n. 108, a partir do avanço das tecnologias de inteligência artificial, da sofisticação das operações de *machine learning* (aprendizado de máquina) e do volume crescente do tratamento de dados pessoais em todo o mundo, observam-se discussões sobre a regulação específica da IA. Além disso, as evidências cada vez mais consistentes sobre os impactos da inteligência artificial e ferramentas que delas lançam mão sobre a sociedade, direitos fundamentais e processos democráticos justificam um esforço específico de regulação da IA, ainda que se disponha de um sistema geral de proteção aos dados pessoais sobre o qual esta tecnologia pode se basear (DONEDA *et al.*, 2018).

Nesse contexto de crescente preocupação sobre os efeitos da inteligência artificial sobre a sociedade, especialmente para intensificação de processos históricos de discriminação, injustiça e aumento da vigilância (SOUZA, 2021) acontecem, mais uma vez, discussões nos legislativos europeu e brasileiro. Diante delas, diferentes temas emergem, especialmente no que diz respeito ao diálogo com outras matérias já positivadas, como proteção do consumidor, direito concorrencial, propriedade intelectual e a proteção de dados pessoais, como aqui já se tratou. Entre regras específicas, princípios mais ou menos abrangentes, deveres, obrigações e direitos específicos, a análise das propostas se concentram na definição de seu escopo de aplicação. Considera-se que, uma vez adotado o modelo extraterritorial de proteção de dados pelo Regulamento 2016/679 e a Lei 13.709/2018, abordagem semelhante seria utilizada para a regulação da inteligência artificial, em um próximo passo, na já referida "corrida legal armamentista" (BERTRAND; FELHINGER, 2016).

"Inteligência Artificial na Era Digital" é o tema da comissão no Parlamento Europeu (AIDA)[3]. O grupo endereça aspectos concorrenciais e de registro de patentes em inteligência artificial, que sinalizam para cenários em que a União Europeia encontra-se em desvantagem, comparada aos contextos asiáticos e norte-americanos (PARLAMENTO EUROPEU, 2022). De acordo com a Comissão, buscam-se três objetivos:

> – Encontrar o equilíbrio entre a proteção dos cidadãos e a promoção do desenvolvimento tecnológico;
> – Um regime de responsabilidade civil orientado para o futuro, com o objetivo de proteger as pessoas e as empresas;
> – Um sistema de propriedade intelectual eficaz e salvaguardas para os criadores (PARLAMENTO EUROPEU, 2020).

Para além de um sistema de proteção em relação à IA, assim como a temática de dados pessoais, observam-se, portanto, questões geopolíticas e de disputas de poder, inclusive no que se refere ao alcance das propostas regulatórias. Elas, por sua vez, podem ter o condão de afetar a forma e a realização das operações transnacionais (Brandão, 2020), necessárias para os modelos de negócio e aplicações da inteligência artificial, entre outras tecnologias baseadas em *big data*. Por isso, aqui se propõe analisar como o escopo de aplicação de possíveis futuras regulações de IA é delineado.

A proposta 2021/0106 (COD) apresentada em 21 de abril de 2021 ao Parlamento Europeu trata de um "Regulamento do Parlamento Europeu e do Conselho que estabelece regras harmonizadas em matéria de inteligência artificial (regulamento inteligência artificial e altera determinados atos legislativos da União" (COMISSÃO EUROPEIA, 2021). O texto, que resulta não apenas do trabalho da comissão, mas de contribuições multissetoriais que acentuam a importância da inteligência artificial em diferentes atividades, com impactos cada vez mais robustos sobre a sociedade.

Com 89 memorandos e 85 artigos, a proposta de regulamento segue uma série de estudos e recomendações éticas (Floridi, 2019) de

[3] Sobre AIDA, Comissão Europeia para Inteligência Artificial na Era Digital, ver: PARLAMENTO EUROPEU. *Comissão Especial sobre Inteligência Digital na Era Digital,* [s. d.]. https://www.europarl.europa.eu/committees/pt/aida/home/highlights. Acesso em: 14 fev. 2022.

especialistas, como o resumo de "Diretrizes Deontológicas para uma IA Digna de Confiança"4 (COMISSÃO EUROPEIA, 2018), *"Policy and Investment Recommendations for Trustworthy AI"* (COMISSÃO EUROPEIA, 2019), – que precederam o *"White Paper on Artificial Intelligence: a European approach to excellence and trust"* (COMISSÃO EUROPEIA, 2020a).

Para além do objetivo de promover padrões éticos, de responsabilidade e impacto que deveriam servir a usos corretos, ou bons, da inteligência artificial (Floridi, 2021), a regulação da IA na Europa também se encontra no contexto de promoção do mercado digital regional. Isso se revela nas respectivas e não meramente coincidentes propostas de mercado e serviços digitais (COMISSÃO EUROPEIA, 2020b) únicos entre os membros da União, proteção da competitividade das aplicações de IA na Europa (COMISSÃO EUROPEIA, 2020c) também se reflete na atual proposta de aplicação de sua futura regulação. Nesse sentido, o artigo 2 determina a aplicação da proposta a:

> a) Fornecedores que coloquem no mercado ou coloquem em serviço, sistemas de IA no território da União, independentemente de estarem estabelecidos na União ou num país terceiro;
> b) Utilizadores de sistemas de IA localizados na União;
> c) Fornecedores e utilizadores de sistemas de IA localizados num país terceiro, se o resultado produzido pelo sistema for utilizado na União (COMISSÃO EUROPEIA, 2021).

Com a mesma racionalidade identificada no regulamento geral de proteção de dados pessoais, a Comissão Europeia segue uma abordagem que busca superar a territorialidade das aplicações de IA, ao definir seu escopo independente do local da sede ou da constituição societária do ator que oferece IA para a União. Na segunda hipótese, o critério de uso em território europeu serve como critério de conexão ao sistema proposto. Por fim, para além dos critérios de sede/constituição ou utilização, aparece o de resultados produzidos por sistemas na União, de forma que, independente de onde estiver a aplicação ou se localize a sede de quem a opera, quando um resultado dirige-se à União, para aprendizado de máquinas, por exemplo, deverá ser observado o proposto regulamento.

4 Título da versão oficial do resumo em português (Portugal).

Mais uma vez, a União Europeia avança a passos largos na aplicação extraterritorial de seus padrões normativos que, na prática, se projetam globalmente sobre matérias estratégicas da economia digital. Se a estratégia é protetiva ou "protetivista", a nível geopolítico, o que se observa é o aprofundamento da tendência de corrida para legislar, cada vez mais específica e detalhadamente, de forma unilateral, tecnologias digitais de caráter global (IJPN, 2019).

2.2. As tímidas propostas brasileiras

Apesar de ter bebido da mesma fonte em termos de proteção de dados pessoais, ao dar o que seria, como mencionado, o próximo passo regulatório em torno da inteligência artificial, as propostas brasileiras não são tão elaboradas para definição de sua aplicação. No Congresso brasileiro, até o fechamento deste capítulo, tramitam os projetos de lei: 21/20 (CÂMARA DOS DEPUTADOS, 2020), 5051/19 (SENADO FEDERAL, 2019) e 872/21 (SENADO FEDERAL, 2021). O PL 21/20, aprovado na Câmara dos Deputados em setembro de 2021, passou ao Senado Federal. Neste, a presidência determinou em 03 de fevereiro de 2022 que, por coincidência de matéria, os três projetos tramitem em conjunto.

Assim como na União Europeia, a regulação de IA localiza-se em contexto de discussão e definição das estratégias do país sobre esta tecnologia. Em 2021, a Estratégia Brasileira para Inteligência Artificial (EBIA) foi lançada com o objetivo de especificar a importância desses sistemas para o país, sua economia e inovação, além de traçar aspectos relevantes sobre direitos, impactos e responsabilidades (MCTI, 2021). A Estratégia reconhece que "a corrida global por liderança em IA evidencia que o desenvolvimento e a crescente adoção de IA geram impactos que transcendem as fronteiras nacionais" (MCTI, 2021, p. 27). Além disso, estimula que o Brasil se engaje em espaços de discussão multilaterais e de tomadas conjuntas de decisão sobre o uso da inteligência artificial de forma ética, que respeite os direitos humanos, estimule a economia e a inovação, a pesquisa, o desenvolvimento e a cooperação internacional.

A estratégia brasileira elaborada pelo Ministério da Ciência, Tecnologia e Inovações seguiu processos de consulta a especialistas e públicas bem como buscou elaborar estratégias de ação concretas e integradas a outras áreas de inovação e ecossistemas internacionais, como a OCDE

(2020). Por outro lado, as propostas atualmente disponíveis no Legislativo não consideram o nível de complexidade global que a regulação da IA exige de uma regulação. Além de processos açodados, com pouca ou nenhuma participação multissetorial ou de especialistas, os projetos de lei 21/20, 5150 e 872 parecem ignorar a realidade contemporânea: globalmente conectada, transnacionalizada e em busca de critérios que efetivem a aplicação de instrumentos normativos.

O projeto de lei 5051, conforme proposto em 2019, apenas trata de princípios para inteligência artificial, sem nenhuma complexificação sobre obrigações ou mecanismos para sua efetivação (SENADO FEDERAL, 2019). A proposta carece de amadurecimento e sequer cogita a inserção global do Brasil no que se refere à inteligência artificial, seus usos e ferramentas. Na mesma linha, segue o projeto de lei 872 que, embora estabeleça deveres para o uso de inteligência artificial, trata também do seu uso "no Brasil" (artigo 1º). Ainda que seja possível assumir que a competência do legislador federal compreende seu país, o estágio das discussões jurisdicionais e os passos já empreendidos pelo Brasil no cenário digital global, conforme demonstrado em matéria de proteção de dados pessoais, denotam pouca atualidade das propostas. Isso se reflete especialmente na busca por mecanismos efetivos, que correspondam aos avanços tecnológicos.

Já aprovado na Câmara dos Deputados, o projeto 21/20 representa a iniciativa mais elaborada em pauta no Congresso Brasileiro. No entanto, não chega a lançar as bases de qualquer sistema mais robusto. Apesar de instituir algumas definições, princípios e orientações básicas relativas ao tratamento regulatório da inteligência artificial, o texto é tímido em escopo. A proposta não chega a promover esforços para um sistema robusto e inserido na dinâmica econômica global. Ao limitar-se a "fundamentos e princípios para o desenvolvimento e a aplicação da inteligência artificial no Brasil" (artigo 1º) perde a oportunidade de inserir o Brasil como ator importante na arena tecnológica internacional. Não se trata necessariamente da definição de escopos extraterritoriais, mas, pelo menos, da busca por coordenação ou o empreendimento na direção da segurança jurídica para os atores envolvidos nas cadeias internacionais e locais, quanto ao escopo de aplicação da lei.

De forma comparada, nenhum dos três projetos que atualmente tramitam em conjunto compreendem o cenário transnacional, nem propõem definições de escopo para sua própria aplicação. Nitidamente, não encaram propostas ou avaliações, sequer tentativas, de situar o Brasil em posição de liderança para a regulação de inteligência artificial. Em um contexto de intensa disputa e busca por intersecções entre diferentes partes do mundo para a realidade transnacional, as propostas perdem a oportunidade de promover modelos mais profícuos e capazes de levar influência brasileira para as decisões sobre o presente e o futuro da inteligência artificial.

Conclusões

Os desafios transnacionais intensificados pela digitalização da sociedade e da economia movimentam diferentes espaços de tomada de decisão sobre a regulação das tecnologias digitais. A busca por critérios que correspondam às características globais ubíquas da Internet e de suas aplicações está entre as grandes questões para os Estados, desde o final do último século. No entanto, mais recentemente, é possível perceber movimentos de definição extraterritorial de normas, em busca de sua efetivação, a partir de critérios diferentes da tradicional territorialidade. É o caso das mais recentes gerações de legislações sobre dados pessoais. Tanto na União Europeia quanto no Brasil, o Regulamento 2016/679 e a LGPD lançam tendências de escopos mais amplos para seus regimes, a partir de critérios distintos para conexão, como a oferta de serviço ou o local da coleta ou outra fase de tratamento de dados pessoais.

A partir do exercício jurisdicional proposto em matéria de proteção de dados pessoais, o que se poderia assumir como "próximo passo" na agenda regulatória é a definição do alcance da normativa sobre inteligência artificial. Para tanto, foram analisadas as atuais propostas apresentadas no Parlamento Europeu e no Congresso Brasileiro sobre o tema. Procurou-se identificar se algum tipo de iniciativa de definição do escopo da regulação está sendo empreendido para IA e quais seriam os critérios atualmente considerados. As duas jurisdições apresentam trabalhos mais abrangentes do que os textos legais propostos em suas casas legislativas, seja na Estratégia Brasileira para IA ou no trabalho da Comissão Europeia sobre a temática.

A proposta europeia segue a racionalidade de inovar em critérios de conexão apresentados para o regulamento de proteção de dados e elege outros elementos, para além do território da União. Eles se concentram no uso, oferta de bens e serviços ou resultados de aplicação da inteligência artificial para a União Europeia, independente dos locais de operação ou constituição societária de quem a opera. Mais uma vez, e no contexto do fomento de um mercado digital interno único, a União Europeia estrutura o escopo de aplicação de forma extraterritorial que a coloca no centro das abordagens regulatórias, dada a possível projeção global que desenha. De forma oposta, os projetos em trâmite no Congresso Nacional ignoram a oportunidade de amadurecer o escopo jurisdicional de eventual regulação para IA e posicionar o Brasil no contexto global de normas a serem observadas no desenvolvimento e aplicação de tecnologias digitais.

Enquanto novas opções são apresentadas aos legisladores europeus, os brasileiros se limitam ao território nacional como escopo da normativa, sem considerar a dinâmica transnacional que, já há décadas, desafia a efetividade dos desenhos institucionais. Nesse sentido, apesar de contemporâneas, as propostas parecem estar apartadas por décadas de discussão (ou falta dela) sobre os arranjos jurisdicionais na era digital. O exercício aqui proposto também demonstra que as propostas brasileiras não partem, do ponto de vista do escopo, do acúmulo em matéria de proteção de dados pessoais para o contexto da regulação da inteligência artificial. Já na proposta europeia, observa-se a continuidade das tentativas de definição de aplicação do quadro normativo, para sua efetivação e influência sobre outros regimes. Nesse sentido, as propostas brasileiras, como se apresentam agora, perdem a oportunidade de influenciar futuros contornos para IA em um cenário global cada vez mais complexo, interligado e transnacional.

Referências

ARAUJO, Nadia de. *Direito internacional privado:* teoria e prática brasileira. Porto Alegre: Revolução e Book, 2016. *E-book.*

BIONI, Bruno Ricardo. Inovar pela lei. *GV-Executivo*, v. 18, n. 4, p. 30-33, 2019.

BRANDÃO, L. *Fluxo transnacional de dados*: estruturas, políticas e o direito nas vertentes da governança. 2020. Dissertação (Mestrado) – Curso de Pós-Graduação em Direito, Universidade Federal de Minas Gerais, Belo Horizonte, 2020. Disponível em: https://repositorio.ufmg.br/handle/1843/33716. Acesso em: 15 fev. 2022.

BRANDÃO, L. O Marco Civil da Internet e a proteção de dados: diálogos com a LGPD. *Cadernos Adenauer XX*, Konrad Adenauer Stiftung, 2019.

BRASIL. Câmara dos Deputados. *PL 21, de 2020.* Estabelece fundamentos, princípios e diretrizes para o desenvolvimento e a aplicação da inteligência artificial no Brasil e dá outras providências. Disponível em: https://www.camara.leg.br/propostas-legislativas/2236340. Acesso em: 15 fev. 2022.

BRASIL. Ministério da Ciência, Tecnologia e Inovação. *Estratégia Brasileira para Inteligência Artificial.* 2021 Disponível em: https://www.gov.br/mcti/pt-br/acompanhe-o-mcti/transformacaodigital/arquivosinteligenciaartificial/ia_estrategia_diagramacao_4-979_2021.pdf. Acesso em: 15 fev. 2022.

BRASIL. Senado Federal. *PL 872, de 2021.* Dispõe sobre o uso da Inteligência Artificial. Disponível em: https://www25.senado.leg.br/web/atividade/materias/-/materia/147434. Acesso em: 15 fev. 2022.

BRASIL. Senado Federal. *PL 5.051, de 2019.* Estabelece os princípios para o uso da Inteligência Artificial no Brasil. Disponível em: https://www25.senado.leg.br/web/atividade/materias/-/materia/138790. Acesso em: 15 fev. 2022.

COMISSÃO EUROPEIA. *Proposta de Regulamento do Parlamento Europeu e do Conselho que estabelece regras harmonizadas em matéria de inteligência artificial (Regulamento Inteligência Artificial) e altera determinados atos legislativos da União.* Bruxelas, 21 de abril de 2021. Disponível em: https://eur-lex.europa.eu/legal-content/PT/TXT/HTML/?uri=CELEX:52021PC0206&from=EN. Acesso em: 15 fev. 2022.

COMISSÃO EUROPEIA. *Proposta de Regulamento do Parlamento e do Conselho Europeu relativa a um mercado único de serviços digitais (Regulamento Serviços Digitais) e que altera a Diretiva 2000/31/CE.* Bruxelas, 15 de dezembro de 2020. Disponível em: https://eur-lex.europa.eu/legal-content/PT/TXT/PDF/?uri=CELEX:52020PC0825&from=EN. Acesso em: 15 fev. 2022.

COMISSÃO EUROPEIA. *Proposta de Regulamento do Parlamento e do Conselho relativo à disputabilidade e equidade dos mercados no setor digital (Regulamento Mercados Digitais).* Bruxelas, 15 de dezembro de 2020. Disponível em: https://eur-lex.europa.eu/legal-content/PT/TXT/HTML/?uri=CELEX:52020PC0842&from=en. Acesso em: 15 fev. 2022.

COMUNIDADE ECONÔMICA EUROPEIA. *Tratado de Roma.* 1957. Disponível em: https://eur-lex.europa.eu/legal-content/PT/TXT/?uri=CELEX:11957E/TXT. Acesso em: 20 jun. 2018.

COUNCIL OF EUROPE. *Convention for the Protection of Individuals with regard to Automatic Processing of Personal Data.* Strasbourg, 1981. Disponível em: https://www.coe.int/en/web/conventions/full-list/-/conventions/treaty/108. Acesso em: 15 dez. 2022.

DE LA CHAPELLE, B.; PORCIUNCULA, L. *We need to talk about data*: framing the debate around free flow of data and data sovereignty. *Internet and Jurisdiction Policy Network.* 2021. Disponível em: https://www.Internetjurisdiction.net/uploads/pdfs/We-Need-to-Talk-About-Data-Framing-the-Debate-Around-the-Free-Flow-of-Data-and-Data-Sovereignty-Report-2021.pdf. Acesso em: 15 fev. 2021.

De La Chapelle, Bertrand; Fehlinger, Paul. Jurisdiction on the Internet: how to move beyond the legal arms race. *Digital Debates CyFy Journal*, v. 3, n. 7, p. 8-14, 2016.

Dinan, Desmond. *Ever closer union:* an introduction to European integration. Bolder: Lynne Rienner Publishers, 1999.

Doneda, Danilo. *Da privacidade à proteção de dados pessoais.* Rio de Janeiro: Renovar, 2006.

Doneda, Danilo *et al.* Considerações iniciais sobre inteligência artificial, ética e autonomia pessoal. *Pensar – Revista de Ciências Jurídicas*, v. 23, n. 4, p. 1-17, 2018.

EUROPEAN COMMISSION. *White Paper on AI*: a European approach to excellence and trust. Feb. 19, 2020. Disponível em: https://ec.europa.eu/info/sites/default/files/commission-white-paper-artificial-intelligence-feb2020_en.pdf. Acesso em: 15 fev. 2022.

EUROPEAN UNION. *Directiva 95/46/CE do Parlamento Europeu e do Conselho, de 24 de Outubro de 1995, relativa à protecção das pessoas singulares no que diz respeito ao tratamento de dados pessoais e à livre circulação desses dados.* Estrasburgo, 24 de outubro de 1995. Disponível em: https://eur-lex.europa.eu/legal-content/PT/ALL/?uri=celex:31995L0046. Acesso em: 15 fev. 2022.

EUROPEAN UNION. *Orientações éticas para uma IA de confiança,* Bruxelas, 2019. Disponível em: https://op.europa.eu/en/publication-detail/-/publication/d3988569-0434-11ea-8c1f-01aa75ed71a1/language-pt/format-PDF. Acesso em: 15 fev. 2022.

Floridi, Luciano. Establishing the rules for building trustworthy AI. *Nature Machine Intelligence*, v. 1, n. 6, p. 261-262, 2019.

Floridi, Luciano. The European legislation on AI: a brief analysis of its philosophical approach. *Philosophy & Technology*, v. 34, n. 2, p. 215-222, 2021.

Frazão, A. *et al. Lei Geral de Proteção de Dados Pessoais e suas repercussões no direito brasileiro.* São Paulo: Thomson Reuters Brasil, 2019.

Gomes, Maria Cecília Oliveira. Novos direitos. *GV-Executivo*, v. 18, n. 4, p. 34-37, 2019.

INTERNET & JURISDICTION POLICY NETWORK. *Internet & Jurisdiction Global Status Report 2019*: key findings. Disponível em: https://www.Internetjurisdiction.net/uploads/pdfs/Internet-Jurisdiction-Global-Status-Report-2019-Key-Findings_web.pdf. Acesso em: 15 fev. 2022.

Leonardi, Marcel. *Tutela e privacidade na Internet.* São Paulo: Saraiva, 2012.

Machado, Diego Carvalho *et al. GDPR e suas repercussões no direito brasileiro:* primeiras impressões de análise comparativa. Belo Horizonte: Instituto de Referência em Internet e Sociedade, 2018. Disponível em: http://bit.ly/2smFX6D. Acesso em: 15 fev. 2022.

OECD. *OECD Principles on Artificial Intelligence*, [s. d.]. Disponível em: https://www.oecd.org/digital/artificial-intelligence/. Acesso em: 15 fev. 2022.

PARLAMENTO EUROPEU. *Comissão Especial sobre Inteligência Digital na Era Digital*, [s. d.]. https://www.europarl.europa.eu/committees/pt/aida/home/highlights. Acesso em: 14 fev. 2022.

SOLUM, Lawrence B.; CHUNG, Minn. The layers principle: Internet architecture and the law. *Notre Dame Law Review*, Notre Dame: University of Notre Dame Law School, v. 79, n. 3, p. 815-948, Jan. 2004.

SOUZA, B. C. de Mello. Inteligência artificial e a não neutralidade dos algoritmos sobre os "corpos dóceis". *Revista Vianna Sapiens*, v. 12, n. 2, 24, 2021.

UNIÃO EUROPEIA. *Regulamento (UE) n. 2016/679 do Parlamento Europeu e do Conselho, de 23 de abril de 2016, relativo à proteção das pessoas singulares no que diz respeito ao tratamento de dados pessoais e à livre circulação desses dados e que revoga a Diretiva 95/46/CE (Regulamento Geral sobre a Proteção de Dados)*. Estrasburgo, 4 de maio de 2016. Disponível em: https://eur-lex.europa.eu/legal-content/PT/TXT/HTML/?uri=CELEX:32016R0679&from=PT. Acesso em: 15 dez. 2022.

ZUBOFF, Shoshana. *The age of surveillance capitalism*: the fight for a human future at the new frontier of power: New York: Profile Books, 2019.

5. REGULAÇÃO E REPONSABILIDADE CIVIL SOBRE INTELIGÊNCIA ARTIFICIAL

PATRICIA PECK PINHEIRO
MILENA MENDES GRADO

Introdução

Hoje, não apenas no Brasil mas ao redor do mundo existem questionamentos sobre a regulação da inteligência artificial (IA). Alguns entendem que deva ser feita, exclusivamente, por *soft law*, outros, que há necessidade da lei em sentido estrito, *hard law*. Há vantagens e desvantagens em ambos. Se por um lado o *soft law* permite melhor acompanhamento da velocidade da inovação, o *hard law* tem maior força coercitiva.

No entanto, é difícil prever como melhor regular a IA. Lawrence Lessig, por exemplo, fala sobre a utilização do código para regulação da Internet, o que poderia ser aplicado a essa temática.

Para Felipe Medon, a justificativa de uma regulamentação da IA envolve justamente a discussão em torno de sua pretensa neutralidade e comprovada eficiência. Ou seja, o quanto o desenvolvimento dos algoritmos pode ser aferido e o quanto a máquina estaria livre de vieses cognitivos característicos dos seres humanos (MEDON, 2020, p. 51).

Em boa medida, esse impasse na regulação ocorre muito pelo receio de cerceamento da inovação tecnológica, pelos aspectos transnacionais envolvidos e pelo desconhecimento de possíveis resultados.

Já para Max Tegmark há um grande debate em torno da necessidade de que o tema da IA seja levado em sede de um tratado internacional, ou seja, deve haver um grande esforço internacional para negociar alguma forma de proibição de robôs assassinos, apesar de não se saber quando vai acontecer, mas que isso deveria acontecer (Tegmark, 2020, p. 127).

No entanto, para entender o futuro, nada melhor que estudar o passado. Por óbvio, a tecnologia hoje disponível não se compara a qualquer outra antes existente. O fato de aprender por si só, de adotar padrões de explicação complexa, não nos permite adequar totalmente o passado ao futuro, mas é possível pinçar conceitos.

Dessa forma, à luz de uma das primeiras decisões judiciais proferidas nos Estados Unidos sobre responsabilidade de robôs, resolveu-se destacar pontos de atenção que podem ajudar neste momento de incerteza sobre a regulação da IA.

Este capítulo se propõe a destrinchar a decisão do caso *United States vs. Anthlone Industries, Inc.*, proferida em 1984, pelo Terceiro Circuito. A demanda trata de uma penalização civil sobre uma máquina de disparos automáticos de arremessos de beisebol, popular esporte praticado naquele país. A decisão traz diversos aspectos jurídicos que não mantêm relação com o presente trabalho, mas há algumas questões bastante importantes sobre regulação e responsabilidade civil de robôs.

Para tanto, o capítulo será dividido em três seções. A primeira trará um relato sobre o caso e a respectiva decisão.

Na segunda seção, faremos um estudo da regulação da IA a partir da decisão judicial do caso.

Na terceira seção, apresentaremos um ponto importante da decisão que reflete na responsabilidade civil quando há utilização de IA.

1. O caso *United States vs. Anthlone Industries, Inc.*

A empresa Advance Machine e sua subsidiária Commercial Mechanisms, Inc. produziam uma máquina de arremessos de beisebol, comprada pela Anthlone Industries, Inc. e distribuída por Dudley Sports Company. Em 1977, a Comissão da Segurança de Produtos ao Consumidor entrou com uma ação contra as mencionadas empresas no Distrito de Columbia buscando uma declaração de que a máquina tinha potencial para causar sérias contusões, mesmo quando desligada. Em maio de 1978, as partes negociaram um acordo com um plano corretivo.

Porém, as empresas aparentemente falharam no cumprimento do plano corretivo, e assim a Comissão optou por penalizar as empresas administrativamente. A partir de então surgiu uma guerra judicial discutindo a competência para esse tipo de sanção.

Uma vez posta a discussão sobre a competência da Comissão, esta propôs uma ação buscando uma penalidade civil, que foi julgada improcedente tendo em vista a coisa julgada quando da declaração de que o produto poderia causar danos.

O processo é, portanto, de direito consumerista. Contudo, várias ideias transmitidas na razão de decidir são muito importantes para o que estamos vivendo agora.

Robôs não podem responsabilizados, razão pela qual se buscou a responsabilidade das empresas: "*Since robots cannot be sued, but they can cause devastating damage, the defendant Athlone Industries, was twice sued as the ultimate responsible distributor for various violations of the Consumer Product Safety Act*".

As empresas não adotaram quaisquer medidas em face de possíveis riscos de danos:

> *The risk of death or severe personal injury posed by the sudden and unexpected movement of the pitching arm could be eliminated through the installation of safety devices. 24. All of defendants' unguarded or unshielded pitching machines present a continuing, imminent risk of death or severe personal injury to consumers.*

Os riscos não eram razoáveis: "*The risk of death or severe personal injury created by the pitching machines is unreasonable*".

2. A regulação e o caso *United States vs. Anthlone Industries, Inc.*

Em termos regulatórios, o caso *United States vs. Anthlone Industries, Inc.* não poderia simplesmente ser aplicado a um dano causado por IA, mesmo porque para o caso do arremessador semirrobótico havia todo um arcabouço jurídico que permitia estabelecer responsabilidades e buscar coerção, ainda que os danos fossem causados por um robô. Mesmo assim, muito se discutiu sobre a possibilidade de a Comissão aplicar penalidades administrativas.

Sob essa perspectiva e quando se volta para o mundo atual com a IA, parece ser essencial que exista um *framework* que permita essa coerção para que as regras estabelecidas sejam cumpridas e os comportamentos sejam alterados, se necessário. Isso não significa, por si só, a adoção de *soft law* ou *hard law*. Significa a adoção de um sistema regulatório completo, seja ele privado ou público. Porém, é mais comum que o *hard law* atenda de forma mais completa a esse requisito, uma vez que, em geral, é um processo mais democrático e transparente e o Estado tem poder de polícia para coagir o cumprimento.

Outro ponto bastante importante tratado na decisão é que esta considera riscos, tanto a previsão como a razoabilidade desses riscos. É inegável que o ato de regular é inerente à existência do risco; no entanto, desde 1984, quando a decisão foi proferida, até hoje a forma como riscos e regulação foram sendo enxergados se modificaram.

Se antes os riscos eram causados por fatores externos e ao acaso da natureza, hoje eles são muito mais fabricados pelos seres humanos, tal qual ocorreu no fato relativo à decisão de 1984. E, uma vez que esses riscos passam a ser fabricados, passa a ser necessária transparência e razoabilidade para que o sujeito que se submete ao risco decida o que quer fazer, requisitos postos também na decisão.

Nesse sentido, a transparência e a razoabilidade são, a princípio, totalmente aplicáveis à IA, uma vez que há um risco fabricado pelo ser humano. A grande questão que normalmente permanece é o que fazer com o risco gerado a partir do aprendizado da máquina. E aqui também é possível trazer a razoabilidade apresentada na decisão como uma das soluções. Atualmente, as legislações têm essa forma de enxergar riscos e mitigar consequências. A legislação de proteção de dados traz, por exemplo, o relatório de impacto, que é uma ferramenta bastante útil quando se trata de atender à razoabilidade e que pode ser aplicada quando se fala de IA.

3. A responsabilidade civil e o caso *United States vs. Anthlone Industries, Inc.*

A decisão é paradigmática quando trata da responsabilidade civil de robôs, deixando bastante claro que tanto aquele que cria como aquele que comercializa, especialmente quando se trata de direito do consumidor, são responsáveis pelos danos por eles causados. Mas a responsabilidade seria igual para os casos envolvendo IA?

Para tanto é necessário entender as diferenças de máquinas e do processo de *machine learning*, que é o mais comum quando falamos de IA.

As máquinas funcionam com o comando "liga" e imediatamente executam o comando, por exemplo, lançar as bolas. É, portanto, um processo bastante transparente. Por outro lado, no *machine learning* há um comando a partir de onde dados são processados para coleta de *insights* e a apresentação de um resultado; é mais complexo que um código "se isso então aquilo", o que pode resultar em falta de transparência.

Há que considerar, contudo, para fins de direito do consumidor, essa diferença na responsabilidade, haja vista que toda a cadeia seria responsável pelo risco fabricado. Não obstante, há uma série de outras questões que precisam ser definidas. Se a base pertence a um terceiro, esse terceiro deveria ser responsabilizado, entre outros diversos problemas advindos das diferenças.

Conclusões

A partir da análise realizada neste capítulo, identificamos que a regulação da IA depende de um sistema regulatório completo e complexo, que precisa tomar proveito tanto de um eixo horizontal (mais principiológico de recomendações éticas) como de um eixo vertical (com regras específicas setorizadas que podem ser elaboradas por autorregulamentação para estar mais próximas das particularidades de cada indústria de aplicação da IA). No caso *United States vs. Athole Industries, Inc.*, que trata da responsabilidade de uma máquina que lança bolas de beisebol, ainda que houvesse um arcabouço jurídico robusto, muitas questões precisariam ser debatidas em várias cortes.

Ademais, esse é um caso que enxerga o risco criado pelo robô como um risco fabricado e, portanto, que depende de transparência e razoabilidade.

Por fim, o caso determina a responsabilidade das empresas que criaram e comercializam o robô. Ou seja, identifica primeiramente a responsabilidade do fabricante, mas sabemos que há muitos agentes envolvidos e podemos identificar mais possibilidades de aplicação de responsabilidade: (a) fabricante; (b) proprietário; (c) usuário; (d) terceiro.

Todas essas questões podem ser perfeitamente aplicáveis hoje à IA, com algumas pequenas ressalvas, dada a natureza do aprendizado de máquina. Mas por certo teremos muito ainda a discutir e evoluir, e o debate não deve se limitar ao olhar nacionalizado, demandando uma abordagem internacional.

Figura 1 – A Regulação Horizontal e Vertical das Aplicações de IA como instrumento para o gerenciamento de Riscos

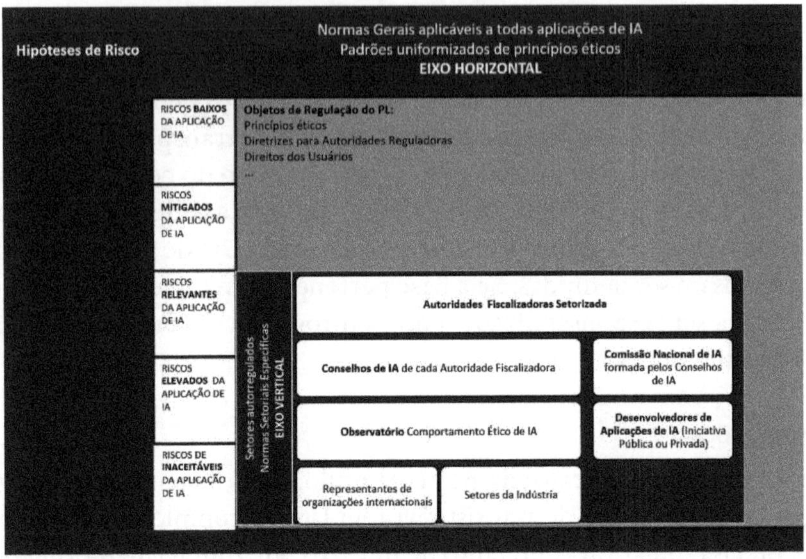

Fonte: elaborada pelas autoras.

Referências

BALDWIN, Robert *et al.* *Understanding regulation:* theory, strategy and practice. Oxford: Oxford University Press, 2011.

BLACK, Julia; MURRAY, Andrew. Regulating AI and machine learning: setting the regulatory agenda. *European Journal of Law And Technology*, 2019.

MEDON, Felipe. *Inteligência artificial e responsabilidade civil.* Salvador: Juspodivm, 2020.

TEGMARK, Max. *Vida 3.0*: o ser humano na era da inteligência artificial. São Paulo: Benvirá, 2020.

6. GERENCIAMENTO ALGORÍTMICO EM PLATAFORMAS DIGITAIS: UM PANORAMA DAS OPÇÕES REGULATÓRIAS NO CONGRESSO BRASILEIRO

Ana Carolina Rodrigues Dias Silveira
Guilherme Forma Klafke

Introdução

A plataformização da sociedade transformou as relações sociais e, com elas, as relações de trabalho (DIJCK *et al.*, 2018). A mediação do trabalho por meio de plataformas digitais conectadas à Internet possibilitou, de um lado, a contratação de serviços digitais feitos por pessoas em qualquer parte do mundo, e, de outro, a redução dos custos para que contratantes encontrassem prestadores de serviços, e vice-versa. Chama-se de *crowdwork* essa oferta de serviço para uma multidão indeterminada de pessoas no ambiente virtual, enquanto *gig work* ou *work on-demand* é o termo normalmente utilizado para a oferta de serviços geograficamente localizados, mas facilitados por meio de uma conexão virtual entre pessoas (De Stefano, 2016; Schmidt, 2017).

No Brasil, os aplicativos de trabalho se popularizaram nos mais variados setores da economia (Camelo *et al.*, 2022a, p. 35-46). Há um conjunto de plataformas digitais que se propõem a aproximar contratantes e motoristas particulares (Uber, 99, InDriver, Lady Driver, Letz, BlaBlaCar), restaurantes e mercados (iFood, Rappi, Cornershop, James,

Zé Delivery), cuidadores de animais (Dog Hero), autônomos para serviços variados (Freelancer, UpWork, Fiverr) e até mesmo advogados e correspondentes jurídicos (Diligeiro, Freelaw, Jurídico Certo). Também há plataformas internacionais que permitem a brasileiros trabalharem para contratantes estrangeiros, como Amazon Mechanical Turk, 99designs, Task Rabbit, dentre outras.

Embora elas tenham suas particularidades, é possível identificar aspectos em comum. Seguindo a lógica da plataformização, esses negócios se caracterizam por "uma plataforma [que] é alimentada por dados, automatizada e organizada por algoritmos e interfaces, formalizada por meio de relações de propriedade direcionadas por modelos de negócios, e governada por termos de uso" (Dijck *et al.*, 2018, p. 9). No âmbito do trabalho, elas são alimentadas por dados sobre o perfil do trabalhador, sua *performance*, sua avaliação; são organizadas por algoritmos e interfaces que orientam as tarefas a serem realizadas, os produtos a serem entregues e os locais onde os serviços devem ser prestados; e são governadas por termos que definem remuneração, jornada de trabalho, forma de alocação de serviços, dentre outros.

A preocupação das autoridades brasileiras com um desses elementos, os algoritmos, segue um movimento internacional de tentar regular a relação entre empresas de plataformas digitais e trabalhadores. Por aqui, a discussão ganhou corpo principalmente em torno de duas temáticas: o debate sobre subordinação algorítmica e sobre remuneração dos trabalhadores. A primeira questão está relacionada com a tentativa de enquadrar essas relações de trabalho mediadas em uma categoria jurídica específica – o vínculo empregatício –, com os direitos dela decorrentes. A segunda está relacionada principalmente com debates sobre as condições de trabalho de entregadores e motoristas de aplicativos, os grupos mais visíveis de prestadores de serviço em plataformas.

Neste capítulo, apresentamos as alternativas de regulação propostas pelo Congresso brasileiro para regular as decisões automatizadas em plataformas digitais de trabalho. O mapeamento resulta da análise e codificação de 128 projetos de lei apresentados entre 2015 e 2022 para disciplinar o fenômeno. Na próxima seção apresentamos os principais desafios trazidos por sistemas automatizados nessa economia digital. Em seguida, sistematizamos as propostas legislativas. Ao final, mostramos um panorama das opções regulatórias a partir das alternativas.

A pesquisa é um desdobramento da pesquisa *Futuro do Trabalho & Gig Economy*, realizada pelos autores no Centro de Ensino e Pesquisa em Inovação (CEPI) da FGV Direito SP e financiada pela empresa iFood, cujas conclusões podem ser encontradas nas publicações resultantes (Camelo *et al.*, 2022a; Camelo *et al.*, 2022b).

1. O gerenciamento algorítmico e a inteligência artificial nas plataformas de trabalho

A compreensão do uso de sistemas automatizados e inteligência artificial (IA) para gerenciar o trabalho passa antes por uma visão mais ampla do fenômeno das plataformas digitais de economia compartilhada. Curtis (2021) detalha um vasto conjunto de opções de configuração que podem ser adotadas por modelos de negócios de plataformas digitais. Na parte de mecanismos de preço, por exemplo, a determinação pode ser estática (fixa) ou dinâmica (variável). A fixação do valor pode ser feita pela plataforma, pelos usuários (tomador ou prestador de serviço), por negociação, por leilão, dentre outras opções. E a revisão e a avaliação podem ser feitas pela plataforma, pelos usuários ou inexistir.

Essa visão mais ampla é importante para afastar, em primeiro lugar, a ideia de que todas as plataformas envolverão a mesma noção de gerenciamento algorítmico, que, segundo Möhlmann e Zalmanson (2017, p. 4), compreende o conjunto de "práticas de supervisão, governança e controle conduzidas por algoritmos de *software* sobre muitos trabalhadores remotos [...], caracterizado pelo rastreamento e avaliação contínua do comportamento e desempenho do trabalhador, bem como pela implementação automática de decisões algorítmicas". Ainda que os autores indiquem que o volume e o ritmo de processamento das decisões não permitem uma revisão em tempo real pelos agentes humanos nessas plataformas, nem sempre fatores como alocação de serviços e fixação de preços serão automatizados.

Os aplicativos de transporte individual de passageiros exemplificam a diferença no grau de automatização das decisões nessas plataformas. A Uber se destacou ao empregar um sistema de "tarifa dinâmica", que estabelece o preço da corrida segundo variáveis como quantidade de carros disponíveis, clientes solicitando carros, categoria do carro, distância da corrida, dentre outras. A 99, na modalidade táxi, projeta o preço da corrida segundo as regras de valor do taxímetro na cidade do serviço.

A InDriver, por sua vez, não estabelece um preço *a priori*, permitindo a motoristas e passageiros negociarem o valor da corrida. Dentre os três, fica evidente que a solução da Uber exige o cruzamento de mais variáveis para a determinação do preço do serviço.

Uma visão mais ampla também ajuda a situar o tipo de automação que caracteriza cada uma dessas plataformas. Se se entende que sistema de "inteligência artificial" (IA) é qualquer sistema que simula operações de cognição (sentido mais amplo), dando um conjunto de resultados (*outputs*) a partir de objetivos humanos, então a maior parte das plataformas emprega inteligência artificial em suas operações (INTERNATIONAL ELECTROTECHNICAL COMISSION, 2019; ISO, 2022). Porém, se a concepção for mais restrita e se aplicar apenas a sistemas que se apoiam em processos que reagem autonomamente a informações externas ou que usam tecnologias como processamento de linguagem natural, aprendizagem de máquina e redes neurais, uma parte mais restrita de atividades será considerada (EIT HEALTH; MCKINSEY & COMPANY, 2020, p. 32). Poucas plataformas se enquadrariam na segunda definição.

A diferenciação tem repercussões regulatórias. A proposta europeia de regulação da IA adota a primeira acepção, considerando como sistemas baseados em IA todos aqueles que simulam uma operação humana – como decidir, monitorar, avaliar, dentre outras –, o que leva a críticas pela amplitude do conceito (MAHLER, 2021). Já a proposta atualmente em discussão no Congresso brasileiro (PL n. 21-A/2020) exclui da definição de IA sistemas especialistas (*expert systems*) e outros sistemas determinísticos, que, ao contrário da IA em sentido mais estrito, são organizados por meio de decisões predeterminadas elaboradas por especialistas, o que leva a críticas pelo caráter restritivo do conceito (BRASIL, 2022). Uma plataforma que baseasse o seu sistema de avaliação dos prestadores de serviço apenas na média das avaliações dadas por usuários dificilmente seria um exemplo da última acepção.

Como menciona Kalil (2020, p. 92), somente por meio de recursos tecnológicos as empresas conseguem gerir as contratações de serviços em escala e com custos baixos. Com base na literatura sobre o tema, nos exemplos de aplicativos e em uma concepção ampla de IA, é possível apontar uma série de operações que dependem em maior ou menor grau de algoritmos nas plataformas digitais de trabalho. São elas: cadastramento e descadastramento, alocação de serviços, monitoramento e execução do serviço, remuneração, avaliação e reputação, disciplina e punição, e *marketing*, comunicação e publicidade.

O cadastramento e o descadastramento de usuários da plataforma normalmente dependem de sistemas automatizados. Na parte do cadastramento, vale ressaltar a preocupação com que cada usuário da plataforma seja a pessoa que afirma ser. Assim, a coleta de dados e o cruzamento de variáveis procuram garantir que as contas sejam verdadeiras – por exemplo, por meio da negação de duas inscrições com o mesmo CPF. No descadastramento, a maior preocupação é com o desligamento de prestadores de serviço por conta de baixo desempenho ou avaliação ruim. A coleta de dados e o nível de qualidade servem para eliminar da plataforma as pessoas que não atingem números de satisfação e boa avaliação aceitos pela plataforma.

A alocação de serviços em escala e com rapidez depende de sistemas automatizados. É característico do modelo de negócio dessas plataformas que as definições sobre quem prestará os serviços e para quem prestará sejam feitas com o auxílio de algoritmos com base em critérios como proximidade geográfica, avaliação ou perfil das partes. Na Uber, o sistema aloca o motorista para a corrida solicitada com base em critérios como tipo do veículo, rota solicitada pelo motorista, proximidade do cliente, avaliação de ambas as partes, dentre outros. Nessa hipótese, prestador e cliente pouco influenciam a alocação do contrato, confiando na escolha feita pelo algoritmo.

O monitoramento e a execução dos serviços podem ser feitos pela e na plataforma digital. O acompanhamento é feito pelo sistema quando ele define as características de como será realizada a tarefa, por quanto tempo, em qual local (se localizado geograficamente) e quando será concluída. Em aplicativos de entrega, por exemplo, o cliente pode verificar em tempo real o andamento de seu pedido, a rota do entregador e o tempo até a conclusão. Essas variáveis podem servir para a avaliação do desempenho do prestador, especialmente quando o serviço solicitado é digital, como nas plataformas de microtarefas *online*.

Um dos elementos da execução, a remuneração, também pode ser definido automaticamente. Nessa hipótese, o sistema normalmente decide o valor a ser pago com base em variáveis predefinidas, como tipo do serviço, local da realização, nível de oferta e demanda na plataforma, dentre outras. Mesmo quando a plataforma não adota a definição dinâmica ou diferenciada de preços, o meio de pagamento normalmente será automatizado, o que facilita que a empresa obtenha sua parte do valor por meio de comissões, inscrições ou tarifas, ou que o prestador receba gorjetas do cliente.

A avaliação e reputação dos prestadores e, em algumas hipóteses, dos clientes é um dos pilares das plataformas digitais, uma vez que elas procuram conectar pessoas que não se conhecem, mas firmarão uma relação contratual. Ela exemplifica uma funcionalidade criada para capturar dados, como mencionado por Van Djick, Powell e Waal (2018, p. 33-35). Na interface pode aparecer como um pedido de nota, atribuição de estrelas, escolha entre "gostei" ou "não gostei", dentre outras possibilidades. O algoritmo, então, agregará esses dados e atribuirá para as pessoas uma avaliação, que poderá servir para outras decisões na plataforma e poderá ou não ser publicamente apresentada.

A disciplina e a punição dos usuários da plataforma estão proximamente ligadas ao item anterior. Conforme as relações são mediadas pela empresa detentora da plataforma, e tendo em vista que a alocação de serviços em escala depende da confiança que os usuários depositam na correta realização do trabalho, o exercício em escala de poder disciplinar é um componente fundamental dos negócios. Os sistemas levam em consideração variáveis como o desempenho e a avaliação do trabalhador para aplicar suspensões, bloqueios ou remoção de usuários.

Por fim, o uso de algoritmos também pode ser verificado em atividades de *marketing*, comunicação e publicidade dentro da plataforma. Eles podem apresentar sugestões específicas para os usuários de acordo com o perfil deles ou liberar promoções ou descontos especiais para um grupo de pessoas. Também podem servir para padronizar a comunicação entre usuários na plataforma ou deles com a empresa, por exemplo, por meio de perguntas e respostas predeterminadas no canal de atendimento.

Cada um dos elementos citados apresenta seus próprios desafios, mas há alguns problemas comuns ao uso de IA nas plataformas digitais de trabalho. O primeiro é a opacidade ou o desconhecimento de como o sistema funciona pelos usuários que o utilizam. Essa assimetria de informações sobre os dados e como eles são usados é característica da economia das plataformas, já que todo o fluxo de dados, o agregado de informações e a sequência de operações automatizadas são visíveis apenas para a empresa que desenvolveu a plataforma e costumam ser protegidos por segredo empresarial (Dijck *et al.*, 2018, p. 10; Pistor, 2020). O segundo é a adequação jurídica de variáveis consideradas pelo sistema para a tomada de decisão ou dos resultados da decisão automatizada. A falta de conhecimento sobre o funcionamento permite que escolhas ilícitas ou juridicamente questionáveis possam ser feitas. O terceiro são os problemas próprios de sistemas especialistas ou de aprendizagem de máquinas, como não previsão de situações, respostas inadequadas, falta de acurácia, falsos positivos ou falsos negativos.

2. Panorama das propostas no Congresso e perspectivas de regulação

A questão, então, é saber o que queremos para o trabalho nas plataformas digitais. Tomando por base a distinção de Floridi (2018) entre ética, governança e regulação, pode-se construir a resposta em diferentes perspectivas. Do lado ético, entendido como as regras sobre o que é certo ou errado a fazer, há uma discussão profunda sobre o próprio modelo da *gig economy* e como essas plataformas contribuem ou não para a construção da autonomia das pessoas, uma vez que a celebração de microcontratos não dá aos trabalhadores a segurança de planejamento de vida ou carreira (Bieber; Moggia, 2021). Do lado da governança, entendida como o conjunto de padrões e boas práticas seguidas pelas organizações em sua atividade, destacam-se iniciativas como o projeto *Fairwork*, que procura estimular que as empresas adotem os princípios do trabalho justo em seus modelos de negócio (remuneração justa, condições justas, contratos justos, gestão justa e representação justa) por meio de uma avaliação das plataformas (Fairwork, 2020, p. 4). Interessa-nos, porém, o lado da regulação das plataformas, entendida como o conjunto de regras previstas pelos atores estatais para disciplinar a atividade.

No Brasil, a regulação do trabalho em plataformas digitais é esparsa, fragmentada e baseada em regras pensadas para outros contextos. Ela é esparsa porque, apesar de haver uma lei que disciplina as relações de trabalho (CLT), o modelo de negócio das plataformas congrega elementos disciplinados em diferentes diplomas. Marco Civil da Internet, Lei Geral de Proteção de Dados, Código de Defesa do Consumidor são apenas algumas das leis que podem ser consideradas. Ela é fragmentada porque a configuração das plataformas é tão específica que situações semelhantes podem se enquadrar em regimes bastante diferentes. Comparem-se, por exemplo, os termos de serviço do aplicativo Rappi, que prevê um contrato de mandato para quem faz as compras pela outra pessoa, e do iFood (mercado), que prevê uma prestação de serviço. Finalmente, as regras aplicadas pelos tribunais dependem de interpretação ou analogia, porque não foram pensadas para o contexto das plataformas, especialmente para a controvérsia sobre o papel de mera intermediação entre partes das empresas que as mantêm.

Nesse contexto, optamos por analisar as propostas de regulação que surgiram no Congresso brasileiro, especialmente em uma onda de projetos apresentados nos primeiros anos de pandemia (Camelo *et al.*, 2022b, p. 121-132). Dentre outros temas, os projetos de lei analisados apresentam um conjunto de perspectivas regulatórias para o uso de IA por plataformas digitais de trabalho. Ainda que não tenham enfocado a gestão algorítmica do trabalho, eles sinalizam para como os legisladores pretendem solucionar os desafios. As propostas estão sistematizadas no Quadro 1, de acordo com o tipo de resposta que dão para os usos da IA em plataformas mencionados na seção anterior.

Essas respostas foram agrupadas em quatro abordagens. Obrigações de informação envolvem deveres de fornecimento de informações sobre os algoritmos, suas variáveis, a forma como os dados são coletados ou analisados, dentre outros. Restrições a variáveis agrupam todas as soluções que explicitamente indicam para as empresas fatos ou elementos que elas devem inserir no funcionamento de seu sistema, seja na base de dados, seja no algoritmo. Proibições compreendem normas que explicitamente proíbem determinados tipos de tratamento dos dados, análises ou condutas por parte das empresas ou trabalhadores. Finalmente, mecanismos de reação englobam previsões de instrumentos ou institutos que empoderam os atores a reagirem contra desvios ou violações de direitos causados pelas plataformas.

Quadro 1 – Projetos de lei por tipo de resposta para usos de inteligência artificial em plataformas de trabalho digital

	Obrigações de informação	Restrições a variáveis	Proibições	Mecanismos de reação
(A) Cadastramento e descadastramento, (B) poder disciplinar	PLs 3.748/20, 3.754/20, 4.172/20, 7.579/17	-	PLs 3.748/2020, 3.754/2020, 4.172/2020, 4.768/2020, 6.015/2019	PLs 3.570/2020, 3.748/2020, 3.754/2020, 4.172/2020
(C) Alocação de serviços	PLs 3.748/2020, 3.754/2020	-	PLs 4.172/2020, 5.756/2019	-
(D) Remuneração	PLs 3.748/2020, 3.754/2020, 3.570/2020, 4.172/2020, 6.015/2019, 7.579/2017	PLs 3.748/2020, 3.754/2020, 4.033/2020, 665/2020, 5.794/2016, 6.015/2019	-	PLs 3.570/2020, 4.172/2020
(E) Avaliação e reputação	PLs 3.748/2020, 3.754/2020, 3.570/2020, 7.579/2017	-	-	PLs 3.748/20, 3.754/20

Fonte: elaborado pelos autores com base nos projetos de lei analisados.

Em relação a (A) cadastramento e descadastramento e (B) poder disciplinar, os projetos propõem: (i) obrigações de informação, (ii) proibições e (iii) mecanismos de reação. Em relação ao primeiro item, os critérios e procedimentos devem ser disponibilizados para trabalhadores (PLs n. 3.748, 3.754), entidades de trabalhadores (PLs n. 3.748, 3.754), órgãos de fiscalização (PLs n. 3.748, 3.754) ou qualquer interessado (PL n. 7.579). O trabalhador deve saber o motivo pelo qual foi punido ou descadastrado (PLs n. 3.748, 3.754, 4.172). Em relação ao segundo, as regras não podem ter efeito discriminatório (PLs n. 3.748, 3.754), os sistemas não podem excluir pessoas unilateralmente ou com base em taxa de aceitação (PLs n. 3.570, 4.768, 4.172), e não pode haver um mau funcionamento seletivo para impedir a configuração do vínculo com a plataforma (PL n. 6.015)[1]. Em relação ao terceiro, as plataformas devem possibilitar pedido de revisão das decisões ou garantir direito de defesa (PLs nº 4.172, 3.570). Há propostas que preveem que esse recurso deve

[1] O projeto de lei menciona "política s e regra s". Interpretamos "re gra s" de ma neira a a bra nger também a quelas que determinam a tomada de decisão pelo sistema.

ser analisado por seres humanos (PLs n. 3.570, 3.748, 3.754). Prevê-se garantia de canal de comunicação (PL n. 4.172), inclusive com protocolo de atendimento baseado em boas práticas (PL n. 3.570).

Em relação à (C) alocação de serviços, os projetos propõem: (i) obrigações de informação e (ii) proibições. Em relação ao primeiro item, o aumento ou diminuição na alocação de serviços com base na avaliação do trabalhador deve ser justificado (PLs n. 3.748, 3.754). Em relação ao segundo, proíbem-se os sistemas de reduzir a alocação de serviços com base em taxa de aceitação de serviços (PL n. 4.172) ou de incentivar jornadas para além do recomendável para a saúde dos prestadores de serviços (PL n. 5.756).

Em relação a (D) remuneração e pagamento, os projetos propõem: (i) restrições a variáveis, (ii) obrigações de informação e (iii) mecanismos de reação. Em relação ao primeiro item, a previsão de limites mínimos para a remuneração e de critérios para o cálculo influenciam quais variáveis devem ser levadas em consideração pelos sistemas e como elas devem ser ponderadas (PLs n. 3.748, 3.754, 4.033, 665, 5.794, 6.015). Um exemplo é a fixação de valor mínimo para a hora trabalhada (PLs n. 3.748, 3.754, 4.033). Em relação ao segundo, as plataformas devem demonstrar aos trabalhadores, entidades de trabalhadores e órgãos de fiscalização como a remuneração foi calculada (PLs n. 3.748, 3.754, 3.570, 4.172, 6.015, 7.579). Essa obrigação pode estar atrelada à primeira, quando as empresas devem mostrar que o sistema atende às restrições (PLs n. 3.748, 3.754, 6.015). O dever de apresentar uma projeção do valor a ser recebido antes do serviço é uma alternativa para garantir ao trabalhador que ele saiba quanto poderá receber (PLs n. 3.570, 4.172). Em relação ao terceiro, prevê-se que os trabalhadores podem recorrer de decisões automatizadas sobre remuneração, inclusive com direito à revisão humana (PLs n. 3.570, 4.172). Para isso, propostas garantem canais de comunicação com a empresa e protocolos de atendimento baseados em boas práticas (PL n. 3.570).

Em relação a (E) avaliação pela prestação dos serviços e construção da reputação na plataforma, os projetos propõem: (i) obrigações de informação e (ii) mecanismos de reação. Em relação ao primeiro item, determina-se que as plataformas devem esclarecer a forma como os prestadores serão avaliados (PL n. 7.579) ou como a sua nota foi calculada (PLs n. 3.748, 3.754, 3.570). Em relação ao segundo, assim como na situação de cadastramento ou punição, prevê-se que o trabalhador pode recorrer contra a avaliação realizada (PLs n. 3.748, 3.754).

Os projetos também procuram reforçar o poder de órgãos fiscalizatórios. Vale notar que, por se tratar de plataformas de trabalho, o poder de fiscalização não é atribuído apenas a órgãos estatais, mas também a sindicatos, associações de classe e entidades de trabalhadores. As obrigações consistem principalmente em deveres de informação e auditabilidade dos sistemas. As empresas devem apresentar relatórios auditáveis sobre remuneração para as entidades coletivas (PLs n. 3.570, 4.172) ou submeter os cálculos, códigos e algoritmos a auditoria periódica pelo Poder Público (PLs n. 4.172, 6.015). A força de requisitar informações é dada a autoridades estatais, como Municípios (PLs n. 3.570, 4.033), órgãos de fiscalização do trabalho (PL n. 4.172), Justiça do Trabalho (PL n. 6.015), e às entidades de trabalhadores, como sindicatos e associações (PLs n. 3.748, 3.754).

Por fim, há previsões que procuram fortalecer a posição do trabalhador em face das decisões automatizadas pelas plataformas. Duas estratégias se somam às obrigações de informação, transparência, explicação e fornecimento de meios de questionamento. A primeira delas é o fortalecimento da interoperabilidade e do direito de portabilidade como mecanismos de reação que possibilitam à pessoa adotar a plataforma que julgar melhor (PLs n. 3.748, 3.754, 5.756). A segunda é a possibilidade de inversão do ônus da prova e outras medidas favoráveis ao trabalhador na defesa de seus direitos (PL n. 3.570).

Em conjunto, os projetos de lei mostram três perspectivas de regulação das plataformas digitais de trabalho: uma que reforça o papel das empresas na proteção dos trabalhadores; uma que reforça o papel dos trabalhadores; e uma que reforça o papel de entidades de controle e fiscalização.

A primeira perspectiva reforça o papel das empresas, regulando o que elas podem ou não fazer, devem ou não fazer. As estratégias que convergem para esse fortalecimento se baseiam em restrições aos critérios (variáveis) para a tomada de decisão, proibições e criação de mecanismos de reação. Quando um projeto prevê que a remuneração deve respeitar um valor mínimo ou um teto para a jornada de trabalho, ele determina que as empresas incluam essas variáveis em seus algoritmos. Quando se prevê a possibilidade de recurso da decisão automatizada para a própria empresa, espera-se que ela possa rever decisões injustas ou ilegais. Em ambos os casos, existe uma crença nos instrumentos de governança empresarial que servirão para implementar as regras nas plataformas digitais.

A segunda perspectiva reforça o papel dos trabalhadores para a fiscalização das decisões tomadas pelos sistemas. As estratégias que convergem para esse fortalecimento se baseiam em obrigações de transparência e informação, explicação e justificação, mecanismos processuais de revisão e direito de portabilidade. Elas pressupõem que, se a pessoa afetada tem as informações necessárias, é capaz de reagir, seja recorrendo da decisão para a própria empresa, seja acionando os órgãos de fiscalização, seja transferindo sua conta para outra plataforma que tome decisões mais justas ou adequadas à lei.

A terceira perspectiva reforça o papel de órgãos de fiscalização e entidades que representam trabalhadores. As estratégias que convergem para esse fortalecimento se baseiam em obrigações de transparência, informação e auditoria, proibições e restrições a variáveis. Os deveres de informação e auditoria procuram fornecer às autoridades uma descrição sobre como os sistemas tomam as decisões, principalmente sobre cálculo de remuneração e exercício do poder disciplinar. Eles são associados normalmente a proibições ou restrições de variáveis, de modo que a empresa que mantém a plataforma digital deve demonstrar que o algoritmo considera essas limitações na tomada de decisão. Um projeto de lei até mesmo prevê expressamente poderes de negociação coletiva para que entidades de trabalhadores e empresas fixem os parâmetros de remuneração e condições de trabalho (PL n. 3.570).

Vale ressaltar, por fim, que algumas propostas inovam ou desdobram previsões já existentes na Lei Geral de Proteção de Dados. Em seu art. 20, a LGPD prevê o direito de revisão das decisões tomadas unicamente com base em tratamento automatizado. Esse direito é reproduzido nos PLs n. 3.748/20, 3.754/2020, 3.570/2020 e 4.172/2020, com o resgate, nestes últimos dois, da previsão de revisão humana das decisões[2]. Em relação ao § 1º do art. 20, que prevê o fornecimento, "sempre que

[2] A previsão de revisão humana das decisões automatizadas foi retirada da redação original da LGPD pela Medida Provisória n. 869/2018, posteriormente convertida na Lei federal n. 13.853/2019.

solicitadas", das informações sobre critérios e procedimentos, há projetos que criam uma obrigação de transparência ativa pelas plataformas, que devem disponibilizar essas informações independentemente de solicitação ou periodicamente. Também há o detalhamento de critérios e procedimentos que devem ser apresentados, como as variáveis e a fórmula de cálculo da remuneração ou da avaliação do prestador.

Conclusões

O panorama legislativo apresenta preocupações específicas dos legisladores em relação ao uso de IA em plataformas digitais de trabalho. Observa-se que há muita atenção ao exercício do poder disciplinar automatizado, principalmente quando ele implica bloqueio, suspensão ou descadastramento do prestador de serviço, ou impacta no cálculo da remuneração, na avaliação e na construção da reputação na plataforma, principalmente quando ela é utilizada para alocação de serviços ou autorização do uso do poder disciplinar. Em todos os casos, os projetos enfatizam deveres relacionados ao fornecimento de informações, transparência e auditabilidade dos sistemas. Eles procuram empoderar os trabalhadores ou os órgãos de fiscalização, ou enfatizar deveres das empresas que devem ser implementados por meio de estruturas de governança.

Percebe-se, porém, que ainda há um caminho a percorrer nessa discussão, não só porque nenhum dos projetos analisados chegou a ser aprovado, como também porque as soluções colocadas à mesa devem ser amadurecidas. Para ilustrar, é duvidoso que a ênfase em obrigações de informação e transparência, apesar de estar em linha com a Lei Geral de Proteção de Dados, seja o melhor caminho ou mereça o peso que a análise demonstrou ter no âmbito das relações de trabalho. A literatura aponta desafios para a implementação desses deveres (Monteiro, 2018; Canut; Medeiros, 2020). O público-alvo da informação também é diverso, com diferentes níveis de letramento técnico, e mesmo a Justiça do Trabalho ainda está começando a lidar com a ideia de perícia algorítmica (Camelo *et al.*, 2022c). Ainda que o trabalhador tenha as informações necessárias, não se pode garantir que questionará as decisões tomadas ou mudará de plataforma, seja por desconhecimento, seja por resignação, seja por receio de perder futuros serviços.

Outras estratégias analisadas parecem interessantes. Aquelas que procuram restringir variáveis ou proibir procedimentos, quando associadas com obrigações de auditoria periódica ou apresentação de simulações de resultado, podem ser um caminho promissor, tendo em vista que grande parte das plataformas digitais de trabalho parece usar sistemas especialistas ou IA com variáveis e procedimentos bem definidos. O fortalecimento do papel de sindicatos e entidades de classe pode suprir os problemas apontados anteriormente sobre o fornecimento de informação aos trabalhadores, criando uma estrutura de assessoria e acompanhamento especializada ao lado dos órgãos estatais de fiscalização.

De qualquer maneira, parece-nos que somente o conjunto dessas várias estratégias tem condições de criar uma rede de amparo aos trabalhadores das plataformas digitais. A combinação de obrigações de informação com meios de reação empodera o trabalhador a questionar as decisões. Quando conjugadas com proibições e restrições, essas obrigações de informação dirigidas aos trabalhadores e, principalmente, a órgãos e entidades de fiscalização podem facilitar o controle sobre variáveis ou procedimentos, garantindo que as decisões automatizadas estejam em conformidade com a regulação. O fortalecimento de mecanismos que facilitem a mudança de plataforma (como o direito de portabilidade do histórico do trabalhador) se mantém como um recurso adicional para aumentar a autonomia dos prestadores de serviço.

Referências

BIEBER, Friedemann; MOGGIA, Jakob. Risk shifts in the gig economy: the normative case for an insurance scheme against the effects of precarious work. *Journal of Political Philosophy*, v. 29, n. 3, p. 281-304, 2021. Disponível em: https://bit.ly/3yqyjHG. Acesso em: 10 out. 2022.

BRASIL. Senado Federal. Comissão de Juristas Responsável por Subsidiar Elaboração de Substitutivo sobre Inteligência Artificial no Brasil (CJSUBIA). Painel 1 – Inteligência artificial e regulação: objeto a ser regulado e aspectos sociotécnicos. *Audiência Pública*, Brasília, 28 abr. 2022. Disponível em: https://bit.ly/3yy3a59. Acesso em: 10 out. 2022.

CAMELO, Ana Paula *et al.* Dados, algoritmos e trabalhos em plataformas. *In:* CAMELO, Ana Paula *et al. Futuro do trabalho e* gig economy: questões regulatórias sobre tecnologia e proteção social. Regulação do trabalho em plataformas digitais no Brasil e no mundo. São Paulo: FGV Direito SP, 2022c. Disponível em: https://bit.ly/3CLOMsF. Acesso em: 10 out. 2022

CAMELO, Ana Paula *et al. Futuro do trabalho e* gig economy: questões regulatórias sobre tecnologia e proteção social. Debates conceituais e regulatórios sobre o futuro do trabalho em plataformas digitais. São Paulo: FGV Direito SP, 2022a. Disponível em: https://bit.ly/3ytEjPZ. Acesso em: 10 out. 2022.

CAMELO, Ana Paula *et al. Futuro do trabalho e* gig economy: questões regulatórias sobre tecnologia e proteção social. Regulação do trabalho em plataformas digitais no Brasil e no mundo. São Paulo: FGV Direito SP, 2022b. Disponível em: https://bit.ly/3RJQAqp. Acesso em: 10 out. 2022.

CANUT, Letícia; MEDEIROS, Heloísa Gomes. O direito de explicação das decisões totalmente automatizadas no RGPD europeu e na LGPD brasileira. *In:* WACHOWICZ, Marcos (org.). *Proteção de dados pessoais em perspectiva:* LGPD e RGPD na ótica do direito comparado. Curitiba: Gedai, 2020. p. 411-450. Disponível em: https://bit.ly/3EDNiSm. Acesso em: 10 out. 2022.

CURTIS, Steven Kane. Business model patterns in the sharing economy. *Sustainable Production and Consumption*, v. 27, p. 1650-1671, 2021. Disponível em: https://bit.ly/3Evtl0g. Acesso em: 10 out. 2022.

DE STEFANO, Valerio. The rise of the "just-in-time workforce": on-demand work, crowdwork and labour protection in the "gig-economy". *Conditions of Work and Employment Series n. 71*, Geneva: International Labour Organization, 2016. Disponível em: https://bit.ly/3SQKLZz. Acesso em: 10 out. 2022.

DIJCK, José van *et al. The Platform Society*: public values in a connective world. Oxford: Oxford University Press, 2018.

EIT HEALTH; MCKINSEY & COMPANY. *Transforming healthcare with AI*: the impact on workforce and organisations, Mar. 2020. Disponível em: https://bit.ly/3MhEpQt. Acesso em: 10 out. 2022.

FAIRWORK. *Relatório Anual Fairwork 2020*. Tradução para o português Prestige Network. Revisão Claudia Nociolini Rebechi e Rafael Grohmann. Reino Unido: Oxford, 2020. Disponível em: https://fair.work/wp-content/uploads/sites/17/2021/02/Fairwork-2020-Annual-Report_Brazilian-Portuguese.pdf. Acesso em: 10 out. 2022.

FLORIDI, Luciano. Soft ethics and the governance of the digital. *Philos. Technol.*, v. 31, p. 1-8, 2018. Disponível em: https://bit.ly/3ExS448. Acesso em: 10 out. 2022.

INTERNATIONAL ELECTROTECHNICAL COMISSION. Artificial intelligence. *Electropedia: The World's Online Electrotechnical Vocabulary*, 2019. Disponível em: https://bit.ly/3VgahZO. Acesso em: 10 out. 2022.

INTERNATIONAL STANDARD ORGANIZATION (ISO). *ISO/IEC 23053:2022* – Framework for Artificial Intelligence (AI) Systems Using the Machine Learning (ML). ISO/IEC JTC 1/SC 42 Artificial Intelligence, Jun. 2022. Disponível em: https://bit.ly/3fYiAJH. Acesso em: 10 out. 2022.

KALIL, Renan Bernardi. *A regulação do trabalho via plataformas digitais*. São Paulo: Blucher, 2020.

MAHLER, Tobias. Between risk management and proportionality: the risk-based approach in the EU's Artificial Intelligence Act Proposal. *Nordic Yearkbook of Law and Informatics*, 2021. Disponível em: https://bit.ly/3CVlQi5. Acesso em: 10 out. 2022.

MÖHLMANN, Mareike; ZALMANSON, Lior. *Hands on the wheel:* navigating algorithmic management and Uber drivers' autonomy. *In:* INTERNATIONAL CONFERENCE ON INFORMATION SYSTEMS. Seoul: December 2017, 10-13. Disponível em: https://bit.ly/2tkbeo0. Acesso em: 10 out. 2022.

MONTEIRO, Renato Leite. Existe um direito à explicação na Lei Geral de Proteção de Dados do Brasil? *Artigo Estratégico*, Rio de Janeiro: Instituto Igarapé, v. 39, dez. 2018. Disponível em: https://bit.ly/2K0TcS5. Acesso em: 10 out. 2022.

PISTOR, Katharina. Rule by data: the end of markets? *Law and Contemporary Problems*, v. 83, p. 101-124, 2020. Disponível em: https://bit.ly/3yy3P6D. Acesso em: 10 out. 2022.

SCHMIDT, Florian A. Digital labour markets in the platform economy. *Mapping the Political Challenges of Crowd Work and Gig Work*, v. 7, 2017. Disponível em: https://bit.ly/3fWoL0M. Acesso em: 10 out. 2022.

Parte 3
DESAFIOS ÉTICOS E MECANISMOS DE ENFRENTAMENTO

1. INTELIGÊNCIA ARTIFICIAL: O DESAFIO DA INCLUSÃO E DA GOVERNANÇA

Celina Bottino
Christian Perrone

Introdução

Máquinas podem discriminar ou excluir pessoas? Parece ser contraintuitivo; ferramentas tecnológicas não possuem – pelo menos até agora – sentimentos e nem têm preconceitos assim como os humanos[1]; portanto, como entender essas discriminações? E, melhor, como evitar ou preveni-las?

De fato, parte do que torna o uso da inteligência artificial (IA) tão atraente é uma percepção de "neutralidade" da tecnologia. Imagina-se que é possível suplantar os vieses das decisões humanas por meio de algoritmos baseados em modelos matemáticos **aparentemente** neutros. Essa noção, contudo, deve ser entendida com uma série de ressalvas. Se não houver cuidado, não só podem essas ferramentas (re)produzir efeitos discriminatórios como também ser ainda mais excludentes ou mesmo impactar a diversidade do tecido social.

[1] É importante entender que há uma diferença entre uma ação autônoma de uma máquina e a autonomia como valor ético. A primeira é resultado de um processo em que a máquina encontra padrões e atua de acordo. Já a segunda pressupõe uma autorreferenciação e uma análise ético-valorativa que até o momento é uma característica tipicamente humana.

Desde algoritmos que auxiliam na tradução de textos, assistentes virtuais ou mesmo instrumentos autônomos, nos últimos anos a IA está presente em uma multiplicidade de produtos e serviços que são utilizados no dia a dia, dos mais inócuos aos mais importantes. IA é, efetivamente, um algoritmo complexo com capacidade de "aprender", de encontrar padrões e de tomar decisões a partir deles[2]. Está na lista de produtos que *e-commerces* nos mostram; nos filmes, séries, livros e músicas que sistemas de assinatura de *livestreaming* nos sugerem; nos exames médicos de diagnósticos por imagem; nas análises de crédito; no cálculo de pena; entre diversos outros momentos.

Como se pode rapidamente perceber, muitas dessas aplicações têm um impacto significativo na vida das pessoas. Se, por um lado, a tecnologia pode trazer maior rapidez e eficiência, permitindo a realização de inúmeras funções e liberando tempo e pessoas, por outro, se não houver cuidado pode-se estar "automatizando discriminação e exclusão".

Este capítulo procura apresentar um mapa sobre os riscos da discriminação e exclusão da IA; debater os elementos que já sabemos que devem ser tomados em consideração para não aprofundar o contexto histórico de preconceitos socioculturais e desigualdade; e explorar as soluções de governança tanto do ponto de vista da iniciativa privada quanto da pública.

1. Os desafios

Não é incomum que pessoas digam que uma determinada tecnologia não é boa nem má, que tudo depende dos usos que lhe são dados. Isso faz parte de uma compreensão sobre os desafios socioculturais tecnológicos como sendo exógenos à própria tecnologia e que somente a ação humana é que deve ser valorada de maneira ética. Essa visão ignora que, além do uso, mesmo a concepção e o desenvolvimento de uma tecnologia envolvem escolhas que muitas vezes têm implicação direta na possibilidade de desfrute ou não de bens da vida pela população. Em outras palavras, as eleições de *design* também podem ter um impacto ético: discriminando, dificultando o acesso ou mesmo excluindo pessoas.

[2] As definições mais clássicas de inteligência artificial se referem a um campo de estudos: "For the present purpose the artificial intelligence problem is taken to be that of making a machine behave in ways that would be called intelligent if a human were so behaving" (McCarthy *et al.*, 1995).

Uma ilustração pode ser encontrada no uso de escadas para entrar em prédios; elas em si não são discriminatórias, mas podem ter um impacto negativo em parcela da população sempre e quando não houver uma opção para cadeirantes.

Nesse sentido, não é somente uma questão de escolha estética; o uso dado advém de um elemento de *design* que atrai determinados "valores" ou conduz para modos de uso mais éticos ou menos éticos[3]. Quanto à IA, os desafios éticos e jurídicos que se relacionam a potenciais discriminações e exclusões advêm tanto do ***design*** responsável quanto do **uso** responsável da tecnologia. Exploram-se os desafios e limites que aí existem.

1.1. *Design* responsável

A IA se refere a um amplo número de técnicas que buscam artificialmente criar "máquinas" capazes de tomar decisões. Nas últimas décadas, o avanço se deu particularmente pelo uso da técnica chamada "aprendizado de máquina" (*machine learning*): algoritmos complexos são utilizados para analisar vastos bancos de dados buscando identificar padrões que permitam chegar a conclusões e tomar decisões baseadas neles. Esses mesmos sistemas inclusive podem agir **automaticamente** com base nos seus resultados, tomando uma decisão[4].

Em linhas gerais, essas técnicas de IA dependem de dois elementos: (i) um vasto banco de dados eleito para o treinamento da ferramenta[5]; e (ii) um objetivo a ser alcançado, ou uma pergunta a ser respondida.

[3] Houkes e Vermaas (2010), a título de ilustração, trazem uma série de exemplos, desde saquinhos de chá até formato de pontes em que explicam que não só o uso que se dá a "artefatos", mas também o seu *design,* são relevantes para uma análise ética e moral. Veja também: Verbeek (2011). Essa análise se beneficia de uma discussão anterior em que se tratava de falar de como objetos e mesmo a arquitetura poderiam refletir estruturas de poder. Nesse sentido, veja Winner (1980).

[4] A Organização para Cooperação e Desenvolvimento Econômico define sistemas de inteligência artificial da seguinte forma: "An AI system is a machine-based system that can, for a given set of human-defined objectives, make predictions, recommendations, or decisions influencing real or virtual environments. AI systems are designed to operate with varying levels of autonomy" (OECD, 2019).

[5] Há ferramentas que não dependem de bancos de dados de treinamento, mas igual dependem de parâmetros que muitas vezes são estabelecidos com base na análise de dados históricos.

Parafraseando Cathy O'Neil, o que se necessita é saber o que aconteceu no passado e uma definição de sucesso[6].

O processo em si de desenvolvimento de uma nova IA, então, tende a se iniciar com a estruturação de bancos de dados que permitam encontrar de maneira analítica os padrões que levem ao objetivo buscado ou ao resultado esperado. Depende, pois, tanto da compreensão analítica do "passado" (dados anteriores) quanto do que se quer que se repita (padrões de sucesso) e do que **não** se quer que se repita (padrões de fracassos).

Imagine-se que uma empresa – como a Amazon – queira desenvolver um mecanismo para otimizar a contratação de funcionários(as). A ideia era tornar mais rápido o processo e eliminar vieses que ocorriam com a seleção realizada mediante decisões humanas. Dentro de pouco tempo, notou-se, porém, que o sistema na realidade discriminava as mulheres[7]. Ao analisar a questão, percebeu-se que o banco de dados utilizado tinha por base o histórico da empresa dos últimos dez anos, que continha uma significativa maioria de homens. Mesmo ao tentar remover identificadores de gênero, a IA continuava a buscar o padrão que gerava preferência por homens (Dastin, 2018).

Resta claro que há um desafio quanto ao processo de *design* de ferramentas. Se não houver um cuidado quanto à estruturação da base de dados utilizada para "treinar" o sistema, a IA pode carregar consigo os mesmos preconceitos e a mesma discriminação – muitas vezes estruturais – que existem na sociedade.

Essa é uma parte da questão. As dificuldades no *design* apareceram em falhas na escolha e estruturação da IA que acabam, em vez de facilitar a inclusão, por gerar ainda mais discriminação. Outros limites muitas vezes advêm de as escolhas serem feitas por um grupo muito restrito de pessoas cujas características usualmente homogêneas dificultam visualizar o universo diverso em que as ferramentas serão aplicadas.

Falhas devidas ao fato de uma ferramenta não incorporar diversidade o suficiente existem em muitos campos e impactam o resultado final. IAs para compreensão de linguagem podem ilustrar a questão, visto que

[6] O'Neil (2016) se refere a algoritmos, mas o conceito se aplica também a IA baseada em aprendizado de máquina.

[7] A Reuters foi a primeira a levantar essa questão (Dastin, 2018).

palavras têm conotações diferentes dependendo do contexto cultural em que estão inseridas e dos grupos sociais que as exprimem[8].

Existem, então, limites conhecidos que precisam ser endereçados tanto do ponto de vista da inclusão (igualdade e não discriminação) como da diversidade (não tomar em consideração o ponto de vista de diferentes grupos). Nesse sentido, há uma série de questões relacionadas ao *design* de sistemas de IA. Serão exploradas em mais detalhes a seguir.

a) Os limites conhecidos de *design* e inclusão

A revolução da IA de hoje adveio em muito de uma mudança de abordagem neste campo de estudo. Em vez de focar a modelagem de fenômenos como audição, visão ou mesmo linguagem, o que se realiza é a busca de padrões estatísticos (correlações) utilizando *big data* (grandes volumes de dados) que permitem "emular" essas habilidades (inteligentes)[9]. Há, pois, uma dependência dos dados relevantes e da maneira como estes são organizados.

Inicialmente, a necessidade de **existência de dados** anteriores pode ser um limitante tanto para o desenvolvimento de ferramentas de IA quanto para a sua implementação de maneira satisfatória. Não é em todos os lugares e momentos que existem os dados necessários. Em diversas regiões e para diversos grupos, a coleta de dados é bastante díspar[10], levando os desenvolvedores a se utilizar muitas vezes de aproximações (*proxies*) que ficam no lugar dos dados específicos.

O outro lado dessa moeda resta no fato de que a necessidade de maior quantidade de dados e precisão pode ter um efeito negativo também, pois tende a gerar a busca por um constante monitoramento. Zuboff (2021) adverte que essa situação (de vigilância) é característica do modo como o capitalismo atual se desenvolve. Nesse sentido, é preciso questionar em que circunstâncias e com relação a que dados se deve

[8] *Vide*, por exemplo, Oliva *et al.* (2021).

[9] Muito interessante a colocação de Cristianini (2021) de que os vieses que se descobrem em IA advêm de um déficit ético por se utilizar desse "atalho" em que a máquina não necessariamente pode ser treinada para reconhecer os impactos morais das decisões tomadas.

[10] Não se está referindo somente à existência em si de dados, mas sim de dados com a qualidade necessária. A ONG Derechos Digitales do Chile chama a atenção para o fato de, na América Latina, muitos dos dados disponíveis refletirem a discriminação preexistente na sociedade, impactando na qualidade dos dados aportados (Canales, 2020).

desenvolver aplicações de IA que necessitem de vastas quantidades de dados (particularmente pessoais), mais ainda se for de maneira permanente ou constante[11].

Tão importante quanto a existência é a **estruturação da base de dados**. Escolhas sobre quais fatores são relevantes e quais dados devem ser incluídos e escolhidos são fundamentais. Nas diferentes técnicas utilizadas para aprendizado de máquina, a forma como são organizados os dados em conjunto com quais dados constituem a base é significativa para a determinação do resultado a ser alcançado[12]. Não só o banco de dados tem de ser pensado de maneira inclusiva, mas também a sua estrutura e organização.

b) Os limites conhecidos de *design* e diversidade

IAs desenvolvidas sem o devido cuidado de obter uma diversidade de pontos de vista tendem a não ser adequadas e, potencialmente, a ter efeitos indesejados. Um dos limites mais claros quanto à diversidade e ao *design* não advém do *design* em si, mas sim do modo como este é concebido, ou melhor, do grupo que desenvolve a solução em IA. Não é incomum que exista uma homogeneidade composta de homens brancos de classe média do norte global que desenham essas ferramentas. Como consequência, uma série de dificuldades quanto à adequação dos *designs* aparece.

Para a **concepção** da solução, uma técnica comum é o uso do que se convencionou chamar de *personas*, representações hipotéticas das pessoas que são a audiência desejada. Quando as *personas* são entendidas como um grupo homogêneo (não diverso), a tendência é que cada uma destas seja estereotipada, guardando pouco ou nada a ver com a representação do público-alvo que deveriam ser[13]. Isso resulta usualmente em

[11] Com relação a dados pessoais de crianças, já se entendeu que se deve ter um questionamento antes do uso desses dados.

[12] Hildebrandt (2021) explicita que ocorre um tipo de viés que ela chama de viés de máquina (*machine bias*), que ela estrutura como sendo derivado do modo como cada uma das três técnicas de aprendizado de máquina opera.

[13] Note-se que há duas dinâmicas envolvidas aqui: uma que se refere a um teste de audiência para entender suas dinâmicas e facilitar seu projeto e outra que se refere à segmentação de mercado ou à personalização e individualização dos serviços e produtos ofertados a cada pessoa.

uma "alienação da audiência" e em um impacto negativo na precisão da ferramenta[14].

Similarmente, a **escolha dos dados** que devam servir de base da IA (para seu treinamento) deve ter em consideração a diversidade da população e ainda mais a diversidade de sua aplicação. A seguir o tema será visto em mais detalhes, mas é claro que a estruturação de bancos de dados quanto a sua composição é significativa para o seu sucesso com diferentes grupos populacionais com características específicas.

Efetivamente, a falta de diversidade acaba por impactar todo o processo de desenvolvimento de qualquer ferramenta de IA, desde a concepção, escolha e classificação dos dados até a sua implementação. O sistema pressupõe uma "visão de mundo" a ser aplicada pela IA. De não ser diversa, há uma tendência a não ser inclusiva[15].

Percebe-se que existem limites e desafios para o *design* de ferramentas de IA. Em situações em que a participação seja assimétrica em sua concepção ou desenvolvimento, em que não for pensada com base em diversidade, o resultado final pode ser discriminatório e excludente. Poderá haver não só imprecisão e ineficiência como um adverso na população.

1.2. Uso responsável

Além do próprio *design*, também o **uso** da IA deve ser inclusivo e representativo da diversidade individual e de grupos populacionais. Na prática isso ocorre de duas formas. A ferramenta pode ser desenvolvida ou implementada em somente uma parcela da população, ou então sua implementação causa uma distribuição desigual de recursos. Ainda que o seu *design* seja pensado para ser inclusivo, e que a sua implementação não seja *per se* discriminatória, pode ser que o simples fato de haver o uso por uns e não por outros cause um efeito de exclusão.

a) Usos discriminatórios e não inclusivos

Há circunstâncias em que não é o resultado em si (*output*) da ferramenta que é discriminatório ou não inclusivo, mas sim o impacto da sua imple-

[14] Essa é uma referência bastante recorrente, mas extremamente relevante. Para uma visão mais aprofundada da questão, veja Wachter-Boettcher (2017, p. 39-41).

[15] Kate Crawford (*apud* FRIEDMAN, 2021) explicita esse efeito da IA: "Every classification system in machine learning contains a worldview. Every single one".

mentação. A IA pode não ter vieses e ainda assim o seu uso ter um efeito mais agudo em parcelas da população.

Um exemplo pode ser encontrado no uso de dispositivos conectados (*wearables*). Estes podem monitorar uma série de dados de saúde das pessoas, e, se houver o seu compartilhamento com empresas de seguros, o resultado é que algumas pessoas podem não mais ter seguro ou o seu custo ser exorbitante[16]. As possíveis consequências negativas advindas do compartilhamento desses dados não se vinculam diretamente à tecnologia ou ao seu *design*. A questão aqui está mais no fato de que algumas pessoas terão pouca escolha em ceder sua privacidade em troca desses serviços (de graça ou mais baratos) (What If, 2017).

Essa situação é ainda mais complexa quando a troca se dá em termos de serviços públicos, particularmente serviços básicos, podendo gerar um grau alto de iniquidade[17]. Grupos mais vulneráveis da população tendem a necessitar desses serviços, tendo pouca escolha quanto à aceitação dos termos estabelecidos pelo Estado para a sua prestação (APC, 2019). Em muitas situações a iniciativa privada é quem implementa e administra a ferramenta de IA, adicionando mais um fator de risco (Peña; Varon, 2019; Sternik, 2018).

Por fim, o modo como se estrutura o funcionamento da IA também pode ser relevante para torná-la mais inclusiva e permitir que uma diversidade de grupos a utilize. Um sistema de IA que funcione em somente alguns dispositivos, ou que necessite de conexão de Internet de alta velocidade (5G, para ilustrar), certamente restringe a sua usabilidade, excluindo partes da população.

b) Impactos (externalidades)

Existem casos nos quais nem o *design* nem o uso estão na gênese de um quadro de exclusão ou discriminação. Circunstâncias contextuais podem levar a distribuição desigual da ferramenta a ter um efeito deletério. Se não houver possibilidade de participação no processo de concepção, desenvolvimento e implementação de IA, pode haver distinção

[16] Algo muito similar ao que ocorre hoje em dia com seguros de carros. As pessoas aceitam que se instalem mecanismos de geolocalização nos veículos em troca da diminuição do custo do seguro. Veja Olson (2014).

[17] Sob uma visão de impactos a direitos econômicos e sociais, *vide* Mann e Matzner (2019).

entre os que têm acesso às ferramentas e aqueles que meramente sofrem as consequências delas.

Igualmente relevante são as "externalidades"[18] negativas do uso de sistemas de IA. A distinção entre os que têm acesso a essas ferramentas e os que não têm pode gerar um impacto significativo em dinâmicas de mercado. A inserção de uma ferramenta que aumente significativamente a eficiência de alguns atores pode criar uma vantagem tão marcante que os que não a utilizam acabam por ser excluídos. Esse é o caso de uma ferramenta de AI de análise de solo e que só está disponível para alguns, por exemplo.

Ferramentas nas quais haja uma limitação de acesso (somente acessíveis mediante licenças ou produtos caros) podem gerar desequilíbrio entre os que têm e os que não têm. Nesse sentido, as políticas de acesso e distribuição são importantes para gerar inclusão.

2. Elementos da discussão que já conhecemos

2.1. Vieses

Existe uma série de vieses que estão embutidos em elementos tecnológicos, seja por falta de diversidade no seu desenvolvimento, seja porque reproduzem traços socioculturais subjacentes.

Esses vieses se manifestam, como visto anteriormente, tanto na formulação da hipótese que orienta a IA como na coleta dos dados e na estruturação dos seus bancos, e também no uso da ferramenta. Há que ter claro que os vieses não são todos derivados de escolhas **conscientes** discriminatórias. Muito pelo contrário, muitas vezes pessoas com as melhores intenções podem construir ou mesmo aplicar ferramentas tecnológicas de maneira a no resultado se perceber um viés.

É justamente por isso que é importante ter claro quais são os elementos mais comuns e de onde eles vêm para pôr em xeque a tecnologia que está sendo utilizada. É somente com a percepção aguçada e uma compreensão do funcionamento que se pode entender como melhor lidar e mitigar potenciais efeitos negativos.

[18] O conceito de externalidade aqui estabelecido não segue paralelamente o conceito econômico tradicional. Busca-se aqui expressar que a pessoa ou grupo afetados estão alheios ao uso específico da ferramenta. A discriminação ou exclusão decorreria de maneira indireta, independente de escolhas de *design*.

a) Gênero

Vimos antes que a ferramenta desenvolvida pela Amazon para recrutamento teve como resultado uma discriminação por questão de gênero por meio da reprodução de um padrão prévio. Diversos estudos indicam que essa é uma situação sistêmica que se repete tanto horizontalmente (nas diversas empresas) como verticalmente (no histórico temporal). Isso afeta tanto a composição dos bancos de dados de treinamento como a própria aplicação da ferramenta de IA (Wachter-Boettcher, 2017).

Os seus efeitos podem ser notados em diversas aplicações de IA. Em um contexto de gênero e raça, essa situação se torna ainda mais aguda. O nível de precisão acaba se modificando bruscamente. No caso de tecnologias de reconhecimento facial, essa diferença pode ser bastante significativa. Há estudos que mostram que para homens de pele mais clara o percentual de falsos positivos pode chegar a 0,8%, enquanto para mulheres com tom de pele mais escuro pode vir a ser de 34,7% (uma em cada três não era propriamente identificada) (Hardesty, 2018).

b) Raça

Vieses relacionados a questões étnico-raciais são expressos pelo menos em duas circunstâncias: (i) quanto a situações pontuais em que consciente ou inconscientemente, uma ferramenta acaba impactando desproporcionalmente a um grupo racial; ou (ii) em questões sistêmicas nas quais o contexto de aplicação da IA é que gera resultados excludentes.

Algoritmos preditivos de reincidência penal utilizados nos Estados Unidos tornaram-se famosos justamente por ilustrar em grande medida o impacto racial de algoritmos e, por extensão, da IA (Angwin *et al.*, 2016). Diferentemente do que se mencionou sobre a tecnologia de reconhecimento facial, em que se poderia atribuir os vieses raciais aos bancos de dados pouco inclusivos da tecnologia[19], a explicação do motivo de as ferramentas para cálculo de reincidência terem um viés é mais complexa (Dressel; Farid, 2018). Benjamin (2019) expõe que nesses casos deve-se entender que há um racismo sistêmico e que, exceto se for endereçado diretamente e proativamente, continuará gerando vieses.

Nesse sentido, há que ter em mente que os vieses raciais podem advir do próprio *design* e do uso da IA. A sistemática social pode igualmente

[19] Veja acima, neste capítulo, a seção "Usos discriminatórios e não inclusivos".

fazer com que na prática, mesmo com as melhores das intenções, exista um impacto racial (Benthall; Haynes, 2019).

c) Outros grupos protegidos (crianças; pessoas com deficiência; pessoas idosas)

Muitas vezes o impacto na inclusão para grupos protegidos, como pessoas com deficiência, pessoas idosas ou crianças, não é direto. Por suas peculiaridades intrínsecas, os sistemas de IA frequentemente as excluem ou somente por meios complexos permitem o desfrute dos mesmos bens e serviços. Há que entender que a automação gerada pela IA tende a ser voltada para uma audiência média e que, se não houver um espaço de maior diversidade, impede ou dificulta o acesso das pessoas.

Recentemente empresas de roupas para pessoas com deficiência, por exemplo, noticiaram que seus anúncios estavam sendo rejeitados pelo Facebook e pelo Instagram. A IA que resguarda as políticas de publicidade das empresas impediram a divulgação, pois no produto havia os seguintes dizeres "Eu sou imunocomprometido – por favor, dê-me espaço". Aparentemente a ferramenta entendeu que violava a política relacionada a "produtos e serviços médicos e de saúde, incluindo dispositivos médicos" (COMO O FACEBOOK..., 2021). O objetivo da IA não era impedir ou discriminar as pessoas com deficiência, mas o resultado acabou sendo restritivo.

Com relação a crianças e adolescentes, existem nuances importantes que derivam do princípio universalmente aceito de respeito ao seu interesse superior. IAs empregadas para ou por crianças têm o risco de interferir no seu desenvolvimento, seja para aumentar, seja para diminuir, ou mesmo manipular o potencial cognitivo (UNICEF; WORLD ECONOMIC FORUM, 2018). Igualmente, há que existir um cuidado especial quando isso ocorrer para que os direitos (como o de explicação, por exemplo) sejam respeitados.

Pessoas idosas também sofrem o risco de serem excluídas por parte de sistemas de IA. Note-se que o grupo envolvendo pessoas idosas é extremamente heterogêneo em suas particularidades. Assim, generalizações nesses casos podem ser menos úteis do que o esperado.

Vieses e exclusão quanto a grupos específicos ocorrem, então, particularmente quando não há diversidade nos processos de *design* e implementação e se ignoram as especificidades dessas populações.

2.2. Contexto

Outro elemento reside no fato de que a compreensão de contexto é ainda difícil para máquinas. Não é impossível que tecnologias mais sofisticadas tenham certa percepção de contexto. No entanto, nem toda ferramenta de IA precisa ser tão sofisticada ou efetivamente o é.

Dessa feita, há que ter cuidado com o uso e a implementação de IA para que se verifique se não existem problemas relacionados à boa compreensão do contexto. É igualmente relevante entender o ambiente em que se estará implementando a ferramenta. Nem sempre as circunstâncias contextuais da aplicação são as mesmas. Muitas vezes alguns diferenças ambientais são significativas o suficiente para afetar e alterar o resultado, impactando tanto na precisão quanto na possibilidade de seu uso.

Por fim, a introdução da ferramenta em um determinado espaço pode justamente modificá-lo. Nesse sentido, o efeito gerado pode ser exclusão, aumento de desigualdades ou mesmo impedimento da continuidade ou do florescimento da diversidade local. Alguns binômios socioculturais, como norte-sul e cidade-campo, são mais aptos a denotar isso.

De um ponto de vista geopolítico, há que se entender que tanto no *design* como na implementação há uma tendência a que as tecnologias de IA sejam pensadas com o contexto do norte global em mente, não sendo necessariamente inclusivas para considerar peculiaridades locais e regionais. Os bancos de dados podem contar a história de exploração, colonização e muitas vezes discriminação, tendendo a refletir isso no aprendizado da IA.

Um dos elementos contextuais também de extrema relevância é a divisão entre campo e cidade. Não só há uma distinção em termos de infraestrutura como também de cultura e de uso de ferramentas digitais. No caso de conexão de Internet, a velocidade em que se implementam meios mais velozes é menor no campo, gerando impactos na possibilidade de implementação de soluções tecnológicas.

Além da diferença infraestrutural entre o sul e o norte globais, campo e cidade, também internamente há uma divisão caracterizada por um "fosso digital" entre os que têm acesso a melhores dispositivos e conexões mais rápidas e aqueles que não os têm.

3. Alternativas já propostas e a governança necessária

Há uma complexidade para tratar do desafio de buscar inclusão e diversidade tanto no *design* quanto no uso de IA. Percebe-se que qualquer abordagem que venha a ser utilizada tem de lidar com o fato de que o potencial para o bem e para o mal da IA ainda não está de todo descoberto. Portanto, existe uma tensão entre a cautela da precaução e a velocidade da inovação. A primeira tende a favorecer mais uma regulação, e a segunda, mais um espaço de padronização e autorregulação. É de acordo com essas linhas que as propostas vêm sendo realizadas.

3.1. No setor privado

Importante parcela do setor privado já entende que o desenvolvimento e a implementação de IA podem trazer diferentes níveis de risco tanto para o seu próprio negócio como para a comunidade em que atuam. Para tanto, diferentes soluções vêm sendo aventadas pelo próprio setor. Uma série de propostas partindo de princípios éticos foi sugerida e endereça questões de inclusão e diversidade. Igualmente, alternativas de práticas, padronizações e autorregulação também estão surgindo. A lógica é a existência de um espaço "autogerível" de governança.

a) Ética e inteligência artificial

Diversas instituições preocupadas com os desafios trazidos pela expansão do desenvolvimento e aplicação da IA buscaram responder por meio de guias de princípios éticos. A lógica é buscar maior responsabilidade daqueles que estão por trás das ferramentas e gerar maior confiança tanto individual como social quanto a essa tecnologia.

Apesar do grande número de cartas e guias de princípios, pelo menos entre princípios advindos de fontes ocidentais há convergência quanto à inclusão, não quanto à discriminação e à diversidade[20]. Há um reconhecimento de possíveis riscos e impactos que as ferramentas de IA podem ter em importantes valores de solidariedade, justiça e equidade, levando esses princípios a ganhar espaço (Floridi; Cowls, 2019).

[20] O Berkman Klein Center de Harvard fez um grande trabalho de mapeamento das diferentes iniciativas dos múltiplos setores e regiões sobre princípios éticos de IA. Nele se percebe uma série de convergências quanto à não discriminação. Todos os documentos incluíam o tema. Veja Fjeld (2020).

Existem três grandes limitantes quanto a essas propostas.

Não há uma unidade na interpretação e operacionalização dos princípios[21]. Ao tratar de inclusão e não discriminação, há diferentes versões que podem levar a diferentes ênfases. Em estudo recente notou-se que dentro desse tema central aparecem pelo menos seis subprincípios: não discriminação e prevenção de vieses; representatividade e qualidade de dados; equidade; igualdade; inclusão quanto ao impacto e inclusão quanto ao *design* (FJELD, 2020). Cada um deles compreende parte das questões que podem existir relacionadas à inclusão e à diversidade.

Um importante golfo existe entre os que meramente entendem que problemas dessa natureza existem em relação ao desenvolvimento da ferramenta em si e os que percebem que a sua implementação pode exacerbar ou mesmo reforçar um ambiente desigual, discriminatório. A Declaração de Montreal, por exemplo, estabelece que "the development of AI should promote justice and seek to eliminate all types of discrimination", uma obrigação positiva que vai além de meramente não causar discriminação e de ter uma ferramenta que não possua vieses (MONTREAL DECLARATION, 2017).

Adicionalmente a essa disputa quanto ao conteúdo dos diferentes princípios há também o fato de serem efetivamente voluntários. Não há uma obrigação clara de efetivamente operacionalizá-los ou mesmo considerá-los. Ou seja, a sua governança em último caso depende de mecanismos *ad hoc* a serem implementados pelas próprias empresas desenvolvedoras.

Por fim, também não existem marcos claros ou uma balança de incentivos transparente que auxilie na tradução dos princípios – muitos deles bastante abstratos – para ações e práticas que os operem durante todo o ciclo desde a concepção, desenvolvimento e aplicação de ferramentas de IA (RAJI *et al.*, 2020).

Nesse sentido, a existência de guias de princípios é apenas um passo inicial, importante, porém isoladamente insuficiente para superar os desafios de inclusão e diversidade. Efetivamente devem existir outros meios que tornem mais robustos os processos de inclusão e geração de diversidade.

[21] Há que entender também que existem diferentes concepções culturais e regionais. Veja nesse sentido a iniciativa de IA equitativa do Banco Interamericano de Desenvolvimento: https://www.iadb.org/es/fairlac.

b) Autorregulação

Durante o processo de busca de soluções de governança, focou-se muitas vezes a maneira como o setor privado, os desenvolvedores, podem se autorregular e estabelecer padrões para o desenvolvimento de IA. De fato, muito do que se discute sobre o fato de a existência de vieses e a iniquidade advirem do processo de *design* das ferramentas. Parece ter lógica que um formato de autorregulação poderia resolver de maneira satisfatória essas limitações de *design*.

Antes de tratar do motivo de não serem o suficiente, deve-se retomar algumas das sugestões mais salientes.

Em se tratando de uma tecnologia muito dependente de dados, muitas das soluções se relacionam à verificação da integridade e da qualidade dos dados utilizados. A lógica é que boa parte dos vieses discriminatórios resulta de escolhas não muito felizes sobre quais dados, como serão classificados e que estrutura eles devem ter.

Nesse sentido, três práticas parecem ser as mais indicadas: (i) *design* participativo, em que pessoas afetadas participem e que representem o universo **diverso** em que se pretende que a ferramenta seja utilizada; (ii) transparência sobre o modelo, de modo que se possa analisar as variáveis e pesos presentes na cadeia lógica das decisões da IA – pode-se incluir aqui a questão da "explicabilidade" da ferramenta para a população em geral; e (iii) participação e supervisão humanas, no sentido de ser possível para um humano interferir particularmente quando for necessária a adição de contexto.

Há diferentes graus de granularidade nas propostas apresentadas. Digna de nota é a que propõe uma padronização da descrição que os desenvolvedores fazem das bases de dados que foram utilizadas para facilitar a identificação de potenciais vieses (Gebru, 2020).

Todas essas soluções, contudo, tendem a, assim como alguns dos princípios vistos anteriormente, focar as ferramentas em si e não o ciclo integral da IA, considerada também a sua implementação – assim como o seu impacto no meio social.

Sugestões promissoras buscam criar mecanismos de governança que aliam autorregulação com auditorias externas baseadas em princípios éticos. Estas serviriam como instituições independentes que poderiam analisar tanto a ferramenta (IA) como o contexto no qual se aplica ou será aplicada. Empresas internacionais de consultoria estão se posicionando nesse sentido para realizar estas funções (Deloite, 2020; PwC, 2019). No entanto, como estabelecem Floridi e Mökander (2021), este deve ser um processo contínuo, holístico e somente uma parte em um arsenal mais amplo para que se possa administrar os riscos que IAs podem ter para a sociedade.

3.2. No setor público

Do ponto de vista do setor público, os desafios tendem a ser tão amplos ou maiores, pois há uma obrigação ainda maior de gerar inclusão e diversidade. A IA deve trazer inúmeros benefícios para a sociedade, e para tanto parece ser parte do desafio dos Estados criar um ambiente favorável, com incentivos corretos, para o desenvolvimento da tecnologia de maneira responsável. Contudo, não se pode esperar que sempre e em todos os casos a IA seja desenvolvida de maneira responsável e que seja pensada de maneira inclusiva e diversa[22]. Nesse sentido, há que entender como os governos já lidam com esses desafios e quais as propostas e abordagens que estão nascendo, para então ter maior clareza quanto ao modo como essa governança pode ser estruturada para salvaguardar a inclusão e garantir a diversidade.

a) Regulação já existente aplicável

Como se pôde notar, há uma importante ênfase em dados quando se trata da tecnologia de IA. Os dados estão em sua base, são as balizas que guiam para o resultado esperado. Dessa forma, ao se tratar de buscar garantir seu *design* e usos responsáveis, muito da preocupação se dá no sentido de regular a sua utilização. Percebe-se isso particularmente em se tratando de leis de proteção de dados pessoais.

Tanto no Brasil como em outros lugares do mundo, mormente na Europa, nas normativas de proteção de dados pessoais (Lei Geral de Proteção de Dados Pessoais – LGPD –, Lei n. 13.709/2018; e Regulamento Europeu de Proteção de Dados – GDPR –, Regulamento n. 679/2016), há, por exemplo, uma série de princípios e direitos que auxiliam a sal-

[22] Veja a crítica quanto a dificuldades de inclusão e inequidade de Brudage e Bryson (2016): "it is not sufficient to fund basic research and expect it to be widely and equitably diffused in society by private actors". Veja também estudo preparado para o Parlamento Europeu: European Parliament (2020).

vaguardar a não discriminação e a inclusão. Aparece explicitamente na LGPD o princípio da não discriminação (art. 6º, IX)[23], impossibilitando tratamentos de dados (pessoais) que tenham fins discriminatórios[24].

Importante notar que esses instrumentos normativos estão voltados para a regulação da ação de tratamento de dados. A atividade de tratamento é que não deve ter um **fim** discriminatório[25]. Alguns dos desafios trazidos pela IA, no entanto, relacionam-se a **resultados** discriminatórios e não equitativos (não inclusivos). Então, são necessários outros mecanismos de regulação.

Por certo, a LGPD também garante o princípio da prevenção, que visa buscar prevenir contra tratamentos de dados que possam causar danos[26]. Esse princípio, contudo, também não abarca todo o fenômeno, pois estabelece uma obrigação de devida diligência e não de resultado.

Adicionalmente, existe uma proteção relacionada a decisões tomadas por "tratamentos automatizados" de dados pessoais. Esse tipo de tratamento de dados na lei se refere a uma subclasse de algoritmos que inclui IA: aqueles que automatizam as decisões geram ações.

As diferentes leis concedem direitos em face desse tipo de tratamento. No Brasil, o art. 20 da LGPD prescreve claramente um direito à revisão dessas decisões sempre e quando forem baseadas "unicamente" em tratamentos automatizados[27]. Na Europa, o GDPR garante o direito de "manifestar o seu ponto de vista e contestar a decisão" e de "obter

[23] LGPD, art. 6º, IX: "Art. 6º As atividades de tratamento de dados pessoais deverão observar a boa-fé e os seguintes princípios: [...] X – não discriminação: impossibilidade de realização do tratamento para fins discriminatórios ilícitos ou abusivos".

[24] Ainda que no GDPR não esteja expresso um princípio igual, o teor e o objetivo podem ser subsumidos no art. 5º (1)(a). Igualmente, a União Europeia possui duas diretivas que tratam explicitamente do tema: Council Directive 2000/43/EC of 29 June 2000 implementing the principle of equal treatment between persons irrespective of racial or ethnic origin; e Council Directive 2000/78/EC of 27 November 2000 establishing a general framework for equal treatment in employment and occupation.

[25] Sobre o assunto, analisando do ponto de vista da Europa, mas em muito aplicável ao Brasil também: Gellert *et al.* (2013, p. 61 e ss.). Isso também se reflete em estudo da União Europeia: European Commission (2018).

[26] LGPD, art. 6º, VIII: "Art. 6º As atividades de tratamento de dados pessoais deverão observar a boa-fé e os seguintes princípios: [...] VIII – prevenção: adoção de medidas para prevenir a ocorrência de danos em virtude do tratamento de dados pessoais".

[27] LGPD, art. 20: "Art. 20. O titular dos dados tem direito a solicitar a revisão de decisões tomadas unicamente com base em tratamento automatizado de dados pessoais que afetem

intervenção humana por parte do responsável" (este último chamado de "humanonthe loop")[28].

Há também uma discussão quanto ao fato de existir um "direito à explicação", que incluiria a compreensão sobre quais dados pessoais estão sendo utilizados, de que forma, para quais fins. A lógica é que essa obrigação de explicação serviria como uma salvaguarda para algoritmos automatizados (e particularmente IAs) que pudessem vir a discriminar ou não ser inclusivos o suficiente.

Apesar de nos dois sistemas (do Brasil e da Europa) a expressão "explicação" não fazer parte das cláusulas operativas, ambas as normas prescrevem um "direito à explicação" derivado dos princípios transversais de transparência e dos direitos de acesso à informação que lhes dão concretude[29]. Além do mais, uma explicação adequada sobre o funcionamento dessas ferramentas é um pressuposto para que os indivíduos possam exercer seus direitos e ter autonomia sobre seus dados pessoais.

Por fim, essas regulações estabelecem que a proteção de dados pessoais deve existir desde a concepção de qualquer instrumento de tratamento (*by design*). Na prática quanto à IA, leva a que exista uma obrigação de estruturar os bancos de dados (de treinamento, de *inputs* e *outputs*) de forma a respeitar os princípios de não discriminação e prevenção, e os direitos presentes nas leis (de explicação e outros). Então, *by design*, a IA deve não discriminar e prevenir quanto a danos pelo menos no que se refere ao tratamento de dados pessoais, e deve existir transparência e explicação sobre como funcionam.

Adicionalmente, os sistemas nacionais também estabelecem constitucionalmente – e em alguns aspectos em lei – obrigações de não discriminação, inclusão e diversidade. Do ponto de vista da administração pública, o art. 37 da Constituição Federal estabelece garantias com relação ao modo como se deve dar a condução dos assuntos e a prestação de serviços públicos. O desenvolvimento e a implementação de IAs nesse setor deve se guiar também por tais preceitos.

seus interesses, incluídas as decisões destinadas a definir o seu perfil pessoal, profissional, de consumo e de crédito ou os aspectos de sua personalidade. [...]".

28 UE, GDPR, art. 22 (3).

29 Sobre o Brasil, veja Souza (2020) e Leite (2018, p. 9-10). Sobre a Europa, tomando em consideração como diversos países o internalizaram, veja Malgieri e Comandé (2017).

Outros elementos de regulação também são relevantes, como a definição da responsabilidade por danos em decorrência do uso de IA. Parte da discussão se dá pela autonomia que sistemas de IA podem deter, por exemplo, em carros autônomos[30]. Do ponto de vista nacional já existem propostas para adaptação do sistema de alocação de responsabilidades, mas é importante entender que com relação a danos causados por discriminação já existem salvaguardas importantes no Código Civil e no Código de Defesa do Consumidor[31].

Nem todas as questões estão endereçadas nas soluções já existentes. Aspectos relacionados a escolhas de implementação e políticas de distribuição, por exemplo, precisam de maior atenção.

b) Propostas

Devido a diferentes perspectivas sobre os seus riscos e impactos, propostas variam significativamente, partindo das que preconizam o banimento de certas ferramentas de IA[32] - como o reconhecimento facial -, passando pela regulação geral da matéria e chegando a modificações pontuais e adaptações interpretativas da legislação já existente[33].

O que os diferentes países estão fazendo é traçar estratégias nacionais que visam buscar o desenvolvimento e a implementação de IA[34]. No caso do Brasil, o Ministério da Ciência, Tecnologia, Inovações e Comunicações (MCTIC) lançou uma consulta pública buscando contribuições para a estruturação de uma estratégia nacional[35]. Notadamente, nenhum dos eixos (verticais ou horizontais) tratava especificamente de inclusão, não discriminação ou diversidade, ainda que se pudesse compreender serem questões transversais relevantes a serem trazidas.

30 Sobre esse assunto, veja Souza (2017). A título de curiosidade, a questão não é somente teórica. Na Arábia Saudita reconheceram a cidadania a uma robô (GRIFFIN, 2017).

31 Duas publicações ilustram como essa discussão internacional pode ser compreendida dentro do sistema nacional: Mulholland e Frazão (2019); e Medon (2020).

32 No Brasil já desde muito cedo existiram propostas para banir o uso de mecanismos de automatização, o que pode afetar a IA. A saber: Brasil (1994).

33 Nesse sentido, veja ITS (2020a).

34 Para uma análise das principais estratégias nacionais, veja ITS (2020b).

35 *Vide*: https://antigo.mctic.gov.br/mctic/opencms/legislacao/portarias/Portaria_MCTI_n_4617_de_06042021.html.

As propostas existentes tendem a focar a não discriminação e até memo a igualdade como princípios retores[36], mas são poucas as iniciativas que operacionalizam mecanismos que efetivamente tornem uma realidade a busca por maior diversidade e inclusão. Uma exceção é a Resolução n. 332/2020 do Conselho Nacional de Justiça (CNJ), que de fato prescreve a existência de um grupo diverso de pessoas para a tomada de decisão sobre a IA e constantes auditorias para verificar e monitorar a ferramenta (BRASIL, 2020b).

Por outro lado, uma percepção de maiores riscos leva a que haja quem defenda maior regulação. Entende-se que, como precaução, dever-se-ia legislar no sentido de modular os potenciais impactos.

Internacionalmente, algumas soluções já vêm surgindo que, ainda que não enderecem de todo o problema, tendem a auxiliar. No Canadá existe uma proposta de utilização de **avaliações de impacto algorítmicas** que permitem, além de avaliar, também mitigar impactos de *design* e uso de IA[37].

Tanto na União Europeia como nos Estados Unidos estão surgindo propostas no sentido de uma abordagem com base no risco. IA que tenham menor potencial de risco (particularmente de causar danos) devem enfrentar menores barreiras de funcionamento; já as com maior potencial devem sofrer maior escrutínio[38].

No caso europeu, está-se propondo que aquelas ferramentas que envolvam maior risco tenham que não somente obedecer a princípios éticos como a ser objeto de regulação[39]. Nesse sentido, o grupo de especialistas da União Europeia entende que muitos dos elementos de risco já estão endereçados na regulação existente nas diversas áreas em que se aplica a IA. Todavia, questões relacionadas à transparência e supervisão humanas, cruciais para salvaguardar contra a discriminação e garantir inclusão e diversidade, merecem maior aprofundamento.

[36] Veja, por exemplo, Projeto de Lei n. 21/2020, aprovado na Câmara dos Deputados (BRASIL, 2020a).

[37] Canadá, Diretiva sobre decisões automatizadas ("*Directive on Automated Decision-Making*") (CANADA, [s. d]b). Mais especificamente sobre as avaliações de impacto algorítmico, veja Canada ([s. d.]a).

[38] Quanto à Europa, European Commission (2020).

[39] Para uma análise geral da possibilidade de cooperação, *vide* Meltzer e Kerry (2021).

Interessante notar que, nesses dois pontos, muitas das sugestões propostas no sentido de aprimorar a atuação das empresas desenvolvedoras podem servir de guia. Só para citar algumas, obrigar a maior transparência quanto aos processos de desenvolvimento; impor maior estandardização e divulgação sobre os riscos; e urgir que a ferramenta esteja em formato auditável.

Não há um consenso global sobre as melhores soluções. No entanto, aparentemente princípios éticos que deixem clara a necessidade de inclusão, diversidade e não discriminação são significativos pontos de partida. Assim como parece haver uma tendência no sentido de que, em casos de maior risco, deve existir uma regulação que garanta um grau de transparência tanto para a escolha individual como para a supervisão estatal.

Conclusões: governança e "inclusão e diversidade *by design*"

A promessa da tecnologia de IA é enorme: tem o potencial de mudar completamente a realidade de milhares de pessoas; de facilitar o acesso a serviços; de aumentar a produtividade; e de tornar muito mais eficientes e velozes diversos labores. No entanto, existem desafios muito relevantes quanto à inclusão social e à preservação da diversidade do tecido populacional.

É preciso questionar se o *design* das ferramentas é inclusivo e pensado para ter como ponto de partida a diversidade social. Igualmente relevante é que os usos de IA também sejam planejados e implementados de maneira responsável com princípios éticos para traduzir, na prática, um tratamento equitativo.

Sabe-se que há uma série de fatores que podem gerar vieses tanto de gênero como raciais ou relativos a grupos protegidos, como crianças, pessoas idosas e pessoas com deficiência. Nesse sentido, há que ter cuidado para que tanto o aspecto de dados (coletados, selecionados e classificados) quanto o de aplicação não gerem na prática maior discriminação e exclusão.

Logo, é relevante a participação de diferentes grupos em todas as etapas da IA, desde a sua concepção até, constantemente, durante a implementação. Esses grupos podem melhor entender o seu contexto e não gerar os efeitos de fosso digital, discriminação campo-cidade e norte-sul.

Os mecanismos de governança devem estar postos para, desde o *design*, já indicarem um caminho de maior diversidade e inclusão. É importante existir uma estrutura institucional que propicie essa busca por diversidade e inclusão desde as salas das empresas até a tomada de decisão sobre a política de implementação das ferramentas.

As soluções propostas tendem a focar a busca de princípios éticos e a regular os usos de dados pessoais, no entanto tendem a não abarcar todo o fenômeno de potenciais riscos. As diferentes propostas tendem, porém, a convergir no sentido de que considerações referentes à inclusão e à diversidade devem estar presentes desde a concepção, passando pelo desenvolvimento, implementação e constante monitoração da ferramenta de IA (governança para "inclusão e diversidade *by design*").

Referências

ANGWIN, J. *et al.* Machine bias: there's software used across the country to predict future criminals. And it's biased against blacks. *ProPublica*, May 2016. Disponível em: https://www.propublica.org/article/machine-bias-risk-assessments-in-criminal-sentencing. Acesso em: 15 dez. 2022.

ASSOCIATION FOR PROGRESSIVE COMMUNICATIONS (APC). *Global Information Society Watch 2019.* artificial intelligence. Human rights, social justice and development. 2019. Disponível em: https://giswatch.org/sites/default/files/gisw2019_artificial_intelligence.pdf. Acesso em: 15 dez. 2022.

BENJAMIN, R. *Race after technology*: abolitionist tools for the New Jim Code. Cambridge: Polity Press, 2019.

BENTHALL, S.; HAYNES, B. D. Racial categories in machine learning. FAT* '19: Proceedings of the Conference on Fairness, Accountability, and Transparency – FAT* '19, Atlanta, GA, USA: ACM Press, 2019. p. 289-298. DOI 10.1145/3287560.3287575.

BRASIL. Câmara dos Deputados. *PL 21/2020a.* Disponível em: https://www.camara.leg.br/propostas-legislativas/2236340. Acesso em: 15 dez. 2022.

BRASIL. Câmara dos Deputados. *PL 4502/1994.* Disponível em: https://www.camara.leg.br/proposicoesWeb/fichadetramitacao?idProposicao=20924. Acesso em: 15 dez. 2022.

BRASIL. Conselho Nacional de Justiça. *Resolução n. 332, de 21/08/2020b.* Dispõe sobre a ética, a transparência e a governança na produção e no uso de Inteligência Artificial no Poder Judiciário e dá outras providências. Disponível em: https://atos.cnj.jus.br/atos/detalhar/3429. Acesso em: 15 dez. 2022.

BRUNDAGE, M.; BRYSON, J. *Smart policies for artificial intelligence.* 2016. Disponível em: https://www.researchgate.net/publication/307305695_Smart_Policies_for_Artificial_Intelligence. Acesso em: 15 dez. 2022.

CANADA. *Algorithm impact assessment tool* [s. d.]a. Disponível em: https://www.canada.ca/en/government/system/digital-government/digital-government-innovations/responsible-use-ai/algorithmic-impact-assessment.html. Acesso em: 15 dez. 2022.

CANADA. *Directive on Automated Decision-Making,* [s. d]b. Disponível em: https://www.tbs-sct.gc.ca/pol/doc-eng.aspx?id=32592. Acesso em: 15 dez. 2022.

CANALES, M. P. What do we talk about when we talk about AI? Algorithmic decision-making in Latin America. *Derechos Digitales,* Chile, mar. 2020. Disponível em: https://www.derechosdigitales.org/wp-content/uploads/glimpse-2019-4-eng.pdf. Acesso em: 15 dez. 2022.

COMO o Facebook excluiu anúncios de roupas para pessoas com deficiência. *Estadão,* 20 fev. 2021. Disponível em: https://link.estadao.com.br/noticias/empresas,como-o-facebook-excluiu-anuncios-de-roupas-para-pessoas-com-deficiencia,70003621661. Acesso em: 15 dez. 2022.

CRISTIANINI, N. Shortcuts to artificial intelligence. *In*: PELILLO, M.; SCANTAMBURLO, T. (ed.) *Machines we trust.* Cambridge: MIT Press, 2021. No prelo. Extrato disponível em: https://philpapers.org/archive/CRISTA-3.pdf. Acesso em: 15 dez. 2022.

DASTIN, J. Amazon scraps secret AI recruiting tool that showed bias against women. *Reuters,* 10 out. 2018. Disponível em: https://www.reuters.com/article/us-amazon-com-jobs-automation-insight/amazon-scraps-secret-ai-recruiting-tool-that-showed-bias-against-women-idUSKCN1MK08G. Acesso em: 15 dez. 2022

DELOITTE. *Deloitte introduces trustworthy AI framework to guide organisations in ethical application of technology*. Press release. New York, Aug. 26, 2020. Disponível em: https://www2.deloitte.com/us/en/pages/about-deloitte/articles/press-releases/deloitte-introduces-trustworthy-ai-framework.html. Acesso em: 15 dez. 2022.

DRESSEL, J.; FARID, H. The accuracy, fairness, and limits of predicting recidivism. *Science Advances,* v. 4, n. 1, 2018. DOI 10.1126/sciadv.aao5580.

ERBEEK, Peter-Paul. *Moralizing technology*: understanding and designing the morality of things. Chicago: University of Chicago Press, 2011.

EUROPEAN COMMISSION. *Guidelines on improving the collection and use of equality data.* High Level Group on Non-discrimination, Equality and Diversity, Subgroup on Equality Data, 2018. Disponível em: https://ec.europa.eu/info/sites/info/files/final_guidelines_4-10-18_without_date_july.pdf. Acesso em: 15 dez. 2022.

EUROPEAN COMMISSION. *White Paper on AI*: a European approach to excellence and trust. Feb. 19, 2020. Disponível em: https://ec.europa.eu/info/sites/default/files/commission-white-paper-artificial-intelligence-feb2020_en.pdf. Acesso em: 15 dez. 2022.

EUROPEAN PARLIAMENT. *The ethics of artificial intelligence*: issues and initiatives. Study. Panel for the Future of Science and Technology, Mar. 2020. Disponível em: https://www.europarl.europa.eu/RegData/etudes/STUD/2020/634452/EPRS_STU(2020)634452_EN.pdf. Acesso em: 15 dez. 2022.

Fjeld, J. *et al.* Principled artificial intelligence: mapping consensus in ethical and rights-based approaches to principles for AI. *Berkman Klein Center Research Publication No. 2020-1,* Jan. 2020. Disponível em: https://ssrn.com/abstract=3518482. Acesso em: 15 dez. 2022.

Floridi, L.; Cowls, J. A unified framework of five principles for AI in society. *Harvard Data Science Review*, v. 1, n. 1, Jul. 1st, 2019. Disponível em: https://hdsr.mitpress.mit.edu/pub/l0jsh9d1/release/7. Acesso em: 15 dez. 2022.

Floridi, L.; Mökander, J. Ethics-based auditing to develop trustworthy AI. *Minds and Machines*, v. 31, p. 323-327, Feb. 19, 2021. Disponível em: https://doi.org/10.1007/s11023-021-09557-8. Acesso em: 15 dez. 2022.

Friedman, V. Why is Facebook rejecting these fashion ads?, *New York Times*, Feb. 11, 2021. Disponível em: https://www.nytimes.com/2021/02/11/style/disabled-fashion-facebook-discrimination.html. Acesso em: 15 dez. 2022.

Gebru, T. *et al. Datasheets for datasets.* Cornel, 2020. Disponível em: https://arxiv.org/pdf/1803.09010.pdf. Acesso em: 15 dez. 2022.

Gellert, R. *et al.* A comparative analysis of anti-discrimination and data protection legislation. *In:* Custers, B. *et al.* (ed.). *Discrimination and privacy in the information society*. Berlin: Springer, 2013. p. 61 e ss.

Griffin, Andrew. Saudi Arabia grants citizenship to a robot for the first time ever. *Independent,* Oct. 26, 2017. Disponível em: https://www.independent.co.uk/life-style/gadgets-and-tech/news/saudi-arabia-robot-sophia-citizenship-android-riyadh-citizen-passport-future-a8021601.html. Acesso em: 15 dez. 2022.

Hardesty, L. Study finds gender and skin-type bias in commercial artificial-intelligence systems. *MIT News*, Feb. 11, 2018. Disponível em: https://news.mit.edu/2018/study-finds-gender-skin-type-bias-artificial-intelligence-systems-0212. Acesso em: 15 dez. 2022.

GEBRU, T. *et al. Datasheets for datasets*. Cornel, 2020. Disponível em: https://arxiv.org/pdf/1803.09010.pdf. Acesso em: 15 dez. 2022.

HARDESTY, L. Study finds gender and skin-type bias in commercial artificial-intelligence systems. *MIT News,* Feb. 11, 2018. Disponível em: https://news.mit.edu/2018/study-finds-gender-skin-type-bias-artificial-intelligence-systems-0212. Acesso em: 15 dez. 2022.

HILDEBRANDT, M. The issue of bias: the framing powers of ML. *In*: PELILLO, M.; SCANTAMBURLO, T. (ed.). *Machines we trust*. Cambridge: MIT Press, 2021. No prelo. Extrato disponível em: https://papers.ssrn.com/sol3/papers.cfm?abstract_id=3497597. Acesso em: 15 dez. 2022.

HOUKES, Wybo; VERMAAS, Pieter E. *Technical functions*: on the use and design of artefacts. Dordrecht: Springer Netherlands, 2010.

INSTITUTO DE TECNOLOGIA & SOCIEDADE DO RIO (ITS). *Contribuição para a Estratégia Brasileira de Inteligência Artificial*: consulta pública – MCTIC. ITS Rio, 2020a. Disponível em: https://itsrio.org/wp-content/uploads/2020/04/Contribuições-ITS-Consulta-Pública-IA.pdf. Acesso em: 15 dez. 2022.

INSTITUTO DE TECNOLOGIA & SOCIEDADE DO RIO (ITS). *Resumo detalhado dos planos estratégicos de desenvolvimento de inteligência artificial*, mar. 2020b. Disponível em: https://itsrio.org/wp-content/uploads/2020/03/RelatorioAI.pdf. Acesso em: 15 dez. 2022.

LEITE, Renato. Existe um direito à explicação na Lei Geral de Proteção de Dados Pessoais do Brasil? *Artigo Estratégico* v. 24, Rio de Janeiro: Instituto Igarapé, dez. 2018. Disponível em: https://igarape.org.br/wp-content/uploads/2018/12/Existe-um-direito-a-explicacao-na-Lei-Geral-de-Protecao-de-Dados-no-Brasil.pdf. Acesso em: 15 dez. 2022.

MALGIERI, Gianclaudio; COMANDÉ, Giovanni. Why a right to legibility of automated decision-making exists in the general data protection regulation. *International Data Privacy Law*, v. 7, issue 4, Nov. 2017.

MANN, M.; MATZNER, T. Challenging algorithmic profiling: the limits of data protection and anti-discrimination in responding to emergent discrimination. *Journal of Big Data and Society*, v. 8, Dec. 16, 2019. Disponível em: https://doi.org/10.1177/2053951719895805. Acesso em: 15 dez. 2022.

MCCARTHY, J. *et al.* A Proposal for the Dartmouth Summer Research Project on Artificial Intelligence. *AI Magazine*, Aug. 31, 1955. DOI https://doi.org/10.1609/aimag.v27i4.1904. Acesso em: 15 dez. 2022.

MEDON, F. *Inteligência artificial e responsabilidade civil*: autonomia, riscos e solidariedade. Salvador: Juspodivm, 2020.

MELTZER, J. P.; KERRY, C. F. Strengthening international cooperation on artificial intelligence. *Brookings Institute*, Feb. 17, 2021. Disponível em: https://www-brookings-edu.cdn.ampproject.org/c/s/www.brookings.edu/research/strengthening-international-cooperation-on-artificial-intelligence/?amp#1. Acesso em: 15 dez. 2022.

MONTREAL Declaration for Responsible Development of Artificial Intelligence. 2017. Disponível em: https://www.montrealdeclaration-responsibleai.com. Acesso em: 15 dez. 2022.

MULHOLLAND, C.; FRAZÃO, A. (coord.). *Inteligência artificial e direito*: ética regulação e responsabilidade. São Paulo: Revista dos Tribunais, 2019.

OECD. *Artificial Intelligence in Society*. Recommendation of the Council on Artificial Intelligence. OECD Publishing, Paris, 2019. Disponível em: https://legalinstruments.oecd.org/en/instruments/OECD-LEGAL-0449. Acesso em: 15 dez. 2022

OECD. *OECD AI*. Police Observatory, [s. d.]. Disponível em: https://oecd.ai/countries-and-initiatives. Acesso em: 15 dez. 2022.

OLIVA, T. D. *et al.* Fighting hate speech, silencing drag queens? Artificial intelligence in content moderation and risks to LGBTQ voices online. *Sexuality and Culture*, v. 25, n. 2, p. 700-733, 2021.

OLSON, P. Wearable tech is plugging into health insurance. *Forbes*, 2014. Disponível em: http://www.forbes.com/sites/parmyolson/2014/06/19/wearable-tech-health-insurance/. Acesso em: 15 dez. 2022.

O'NEIL, C. *Weapons of math destruction*. New York: Crown Publishing, 2016.

PEÑA, P.; VARON, J. Decolonising AI: a transfeminist approach to data and social justice. ASSOCIATION FOR PROGRESSIVE COMMUNICATIONS (APC). *Global Information Society Watch 2019*. artificial intelligence. Human rights, social justice and development. 2019. Disponível em: https://giswatch.org/sites/default/files/gisw2019_artificial_intelligence.pdf. Acesso em: 15 dez. 2022.

PwC. *A practical guide to responsible artificial intelligence (AI)*. 2019. Disponível em: https://www.pwc.com/gx/en/issues/data-and-analytics/artificial-intelligence/what-is-responsible-ai/responsible-ai-practical-guide.pdf. Acesso em: 15 dez. 2022.

RAJI, Inioluwa Deborah *et al.* 2020. Closing the AI accountability gap: defining an end-to-end framework for internal algorithmic auditing. *In: Proceedings of the 2020 Conference on Fairness, Accountability, and Transparency (FAT* '20)*. Association for Computing Machinery, New York, 2020. p. 33-44. DOI https://doi.org/10.1145/3351095.3372873.

SOUZA, Carlos Affonso. O debate sobre personalidade jurídica para robôs. *Jota*, 10 out. 2017. Disponível em: https://www.jota.info/opiniao-e-analise/artigos/o-debate-sobre-personalidade-juridica-para-robos-10102017. Acesso em: 15 dez. 2022.

SOUZA, Carlos Affonso de *et al.* O direito à explicação entre a experiência europeia e a sua positivação na LGPD. *In:* BIONI, B. *et al* (coord.). *Tratado de proteção de dados pessoais*. Rio de Janeiro: Forense, 2020.

STERNIK, I. La inteligencia que no piensa. *Página 12*, 20 abr. 2018. Disponível em: https://www.pagina12.com.ar/109080-la-inteligencia-que-no-piensa. Acesso em: 15 dez. 2022.

UNICEF; WORLD ECONOMIC FORUM. *Children and AI*: where are the opportunities and risks? 2018. Disponível em: https://www.unicef.org/innovation/sites/unicef.org.innovation/files/2018-11/Children%20and%20AI_Short%20Verson%20%283%29.pdf. Acesso em: 15 dez. 2022.

VERBEEK, Peter-Paul. *Moralizing technology*: understanding and designing the morality of things. Chicago: University of Chicago Press, 2011.

VOUGHT, Russell T. *Draft memorandum*: guidance for regulation of artificial intelligence applications. Available at: https://www.whitehouse.gov/wp-content/uploads/2020/01/Draft-OMB-Memo-on-Regulation-of-AI-1-7-19.pdf.

WACHTER-BOETTCHER, S. *Technically wrong*: sexist apps, biased algorithms, and other threats of toxic tech. Londres: New York: W. W. Norton & Company, 2017.

WHAT if: privacy becomes a luxury good? *Fórum Econômico Mundial*, 2017. Disponível em: https://www.weforum.org/about/what-if-privacy-becomes-a-luxury-good. Acesso em: 15 dez. 2022.

WINNER, L. Do artifacts have politics? *Daedalus*, v. 109, p. 121-136, 1980.

ZUBOFF, S. *A era do capitalismo de vigilância*. Rio de Janeiro: Intrínseca, 2021.

2. GOVERNANÇA ÉTICA E RESPONSÁVEL DE INTELIGÊNCIA ARTIFICIAL EM SITUAÇÕES DE DESASTRES: *GAP* DA TEORIA À REALIDADE

Ana Paula Camelo

Introdução

O desenvolvimento, aplicação e uso cada vez mais intensivos da inteligência artificial (AI) têm coproduzido imaginários que materializam novos produtos, novos serviços e formas de pensar e viabilizar a organização social. Atravessam esses processos, na produção de bens materiais, culturais e na gestão das relações humanas, que são simultaneamente tecnológicos e sociais (Jasanoff, 2004, p. 3; Bloomfield, 1987), promessas e expectativas de processamento de informações de forma mais eficiente, rápida, racional, precisa e qualificada.

Enquanto a discussão quanto a ser a IA um *hype*[1] (Hopgood, 2003; Horgan, 2020) estende-se por anos, seu desenvolvimento e aplicação se expandem pelos mais diversos setores e permeiam as atividades mais básicas do cotidiano.

A fim de contribuir para uma compreensão crítica das oportunidades e dos limites do emprego de determinadas soluções baseadas em IA em

[1] Entende-se por *hype* um tipo de exagero que, explícita ou implicitamente, sobrevaloriza aspectos positivos da tecnologia e que não reflete a real dimensão de seu impacto.

diferentes contextos, o objetivo deste capítulo é discutir sua crescente adoção em situações de desastres, a partir da identificação das principais narrativas que mobilizam o interesse de atores públicos e privados a investir no desenvolvimento e utilização dessas tecnologias. Ao mesmo tempo, busca-se ponderar, com base em casos reais, suas dimensões por vezes não percebidas ou minimizadas no que diz respeito a limitações, riscos e vulnerabilidades que podem potencializar.

A existência de poucas pesquisas sobre as consequências não intencionais do uso de IA e o que se pode fazer para mitigá-las no contexto de desastres, como destacam algumas das publicações analisadas, também endossam esta escrita. Espera-se que as questões aqui sintetizadas somem esforços às discussões que se ocupam dos impactos (positivos e negativos) atrelados ao uso dessas ferramentas em sentido amplo, em especial na gestão de risco de desastres. Um efeito secundário desejado é que as tensões aqui identificadas entre usos e riscos do emprego de IA em situações críticas, como desastres, contribuam com debates em outras áreas que, por vezes, adotam abordagens excessivamente positivistas e se limitam a considerar apenas as promessas e expectativas futurísticas associadas à IA.

Os dados que embasam as discussões apresentadas a seguir foram extraídos de pesquisa bibliográfica sobre o tema, além das informações disponibilizadas por instituições de apoio humanitário em situações de desastre, como o Escritório das Nações Unidas para a Coordenação de Assuntos Humanitários (OCHA) e o Comitê Internacional da Cruz Vermelha.

O ponto de partida é a contextualização dessa aplicação específica de IA a partir da perspectiva de grandes organizações internacionais voltadas à gestão de risco e apoio humanitário em situações de desastre. Ao longo da narrativa, busca-se relacionar esses dados com a discussão mobilizada pelo texto *Responsible AI for disasterrisk management* (GFDRR, 2021), que sintetiza recomendações de um grupo de trabalho internacional e multissetorial que se debruça sobre os desafios éticos e técnicos para uma IA eficaz e responsável. Nas considerações finais, destacam-se os limites e os gargalos que ainda precisam ser ponderados, seja do ponto de vista de pesquisa e desenvolvimento dessas soluções, seja do ponto de vista das responsabilidades dos envolvidos (reguladores, desenvolvedores e tomadores de decisão).

1. Inteligência artificial como solução para desastres

De acordo com Caroline M. Gevaert, Mary Carman, Benjamin Rosman, Yola Georgiadou e Robert Soden, autores de "Fairness and accountability of AI in disaster risk management: opportunities and challenges" (2021) – um dos poucos artigos acadêmicos mapeados que tratam diretamente do uso responsável de IA em desastres –, a gestão de risco de desastres no início dos anos 2000 passou a ser considerada sinônimo de novo humanitarismo, sobretudo devido à era digital mais evidente e difusa após 2010. Para estabelecer essa associação, eles consideraram uma matriz que relaciona dados e atores (se estão próximos ou remotos) *versus* tecnologias espaciais (se baseadas em sistemas especializados ou em aprendizado de máquinas) (Figura 1). Ao tratar da evolução da ação humanitária, os autores e autoras também chamaram a atenção para uma fase seguinte, que corresponderia ao humanitarismo digital, no qual a ação humanitária seria baseada em aprendizado de máquina e modelos preditivos voltados a ações antecipadas. Na avaliação deles, essa mudança deslocaria a discussão da responsabilidade pública para a responsabilidade algorítmica, algo pouco discutido de forma geral.

Figura 1 – Uma visão geral da evolução da ação humanitária em quatro etapas

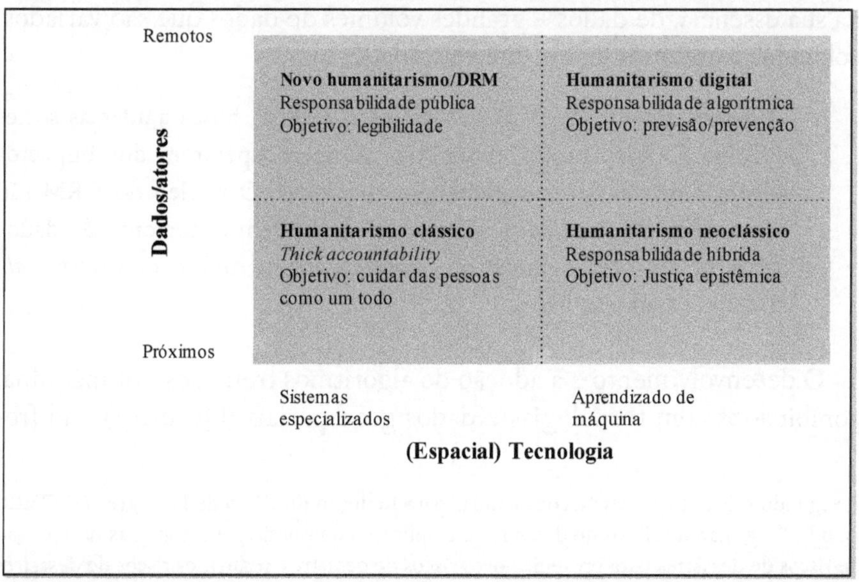

Fonte: Gevaert, C. M. *et al.* Fairness and accountability of AI in disaster risk management: opportunities and challenges. *Patterns*, v. 2, n. 11, 2021.

Essa categorização se mostra essencial para a discussão aqui proposta, uma vez que, no gerenciamento de risco de desastres, soluções baseadas em algoritmos e *machine learning* (aprendizado de máquina) têm ocupado importantes debates na área, sobretudo pela capacidade e promessa de processar dados com rapidez e precisão, de criar modelos analíticos e preditivos.

Ainda que abordados de forma indiscriminada, o conceito de aprendizado de máquina (*machine learning*) trata de uma aplicação prática de IA (capacidade das máquinas de realizar tarefas, simples ou complexas, simulando a inteligência humana). O *machine learning* é também a forma mais comum de IA usada em soluções de gestão de risco de desastres e depende da coleta e análise de grandes conjuntos de dados que descrevem pessoas, lugares e outros aspectos do mundo (GFDRR, 2021, p. 19). O seu funcionamento se dá a partir da identificação de padrões a partir dos dados históricos e gerados a cada fenômeno, usados como referência em exercícios de previsões em outras situações consideradas comparáveis.

Atribui-se a essas ferramentas a tarefa de avaliar padrões de fenômenos do presente e a identificação de vulnerabilidades futuras, impactando, por sua vez, nas decisões de quem precisa de quanta e qual ajuda em uma situação de desastre. Todo um processo complexo que depende, na sua essência, de dados – grandes volumes de dados que são variados, coletados e processados em alta velocidade.

> O gerenciamento de risco de desastres[2] (DRM) busca ajudar as sociedades a se prepararem, mitigarem ou se recuperarem dos impactos adversos de desastres e mudanças climáticas. O núcleo do DRM são os modelos de risco de desastres que dependem fortemente de dados geoespaciais sobre os ambientes naturais e construídos (GEVAERT *et al.*, 2021, p. 1, tradução livre).

O desenvolvimento e a adoção de algoritmos treinados por máquina, combinados com tecnologias e dados geoespaciais (Quadro 1), são fre-

[2] Segundo o Escritório das Nações Unidas para Redução do Risco de Desastres (UNDRR, [s. d.]), "A gestão de riscos de desastres é a aplicação de políticas e estratégias de redução de riscos de desastres para prevenir novos riscos de desastres, reduzir os riscos de desastres existentes e gerenciar riscos residuais, contribuindo para o fortalecimento da resiliência e redução de perdas por desastres".

quentemente mencionados como ferramentas essenciais para a avaliação de riscos e a tomada de decisões de forma mais precisa e rápida que, de outro modo, demandariam tempo e energia não disponíveis em momentos críticos. Atribui-se a essa combinação de tecnologias, dados e pessoas a capacidade de determinar áreas afetadas por diferentes fenômenos (inundações, tornados, tempestades etc.), características estruturais de instalações danificadas, ou mesmo prever futuros episódios e seus impactos, atuando na gestão, mitigação e prevenção dos danos futuros. E, em primeira instância, a capacidade de salvar vidas.

Quadro 1 – Tecnologias e dados utilizados em gerenciamento de risco de desastres

Tipos de tecnologias associadas	Dados	Potenciais contribuições
• *Drones* • Ferramentas de sensoriamento remoto • Satélites • Internet • Sensores IoT	• Imagens de satélites • Dados de mobilidade • Dados de mídias sociais • Imagens de *streetview* • Dados históricos hidrográficos, demográficos, geológicos e urbanísticos que caracterizam áreas	• Mapear populações e infraestruturas (potencialmente) afetadas • Identificar áreas de risco • Fornecer subsídios para planejamento de respostas de emergência

Fonte: elaborado pela autora com base em GFDRR (2021) e Gevaert *et al.* (2021).

O Escritório das Nações Unidas para a Coordenação de Assuntos Humanitários (OCHA) chama a atenção para o uso intensivo de dados e de ferramentas digitais e seu impacto nas noções e formas de atuação de respostas humanitárias, oferecendo possibilidades "numerosas e profundas" e "oportunidades sem precedentes para inovar e ajudar melhor as populações afetadas" (OCHA, 2016a, p. 3). Para tanto, faz referência a casos como o uso de mídias sociais para identificar necessidades das populações atingidas pelo tufão Hagupit nas Filipinas (2014) e a implantação de ferramentas de pesquisa móveis no apoio a avaliações mais rápidas após o terremoto no Nepal em 2015 (OCHA, 2016b).

Contudo, junto aos adjetivos mais otimistas que são frequentemente associados a tais soluções e ao seu impacto econômico, social e humanitário nessas situações críticas, é interessante observar uma crescente manifestação de preocupações do próprio OCHA acerca dos riscos (conhecidos e desconhecidos) que podem agravar a situação das pessoas já vulnerabilizadas. Junto a esse reconhecimento vem a complexificação necessária do debate.

> Porque as populações afetadas podem ser prejudicadas, bem como ajudadas pelo uso de dados, estruturas devem ser estabelecidas para garantir que os humanitários compreendam e mitiguem os riscos causados pelo uso de dados. Garantir a segurança de dados adequada, padrões éticos e proteções de privacidade é de responsabilidade coletiva de todo o ecossistema de dados humanitários (OCHA, 2016a, p. 3, tradução livre).

O uso irresponsável dos dados coletados e processados com a finalidade de gestão de desastres é o exemplo mais direto desses riscos, e a divulgação de dados pessoais tem sido mencionada como uma das maiores preocupações atreladas à prática. Contudo, meu argumento é que se torna cada vez mais necessário problematizar e descompactar esses riscos na sua complexidade, uma vez que seus desdobramentos são múltiplos e afetam as pessoas de formas distintas. É urgente considerar o que esse risco significa para grupos já vulnerabilizados, a partir da coexistência de diferentes perspectivas e da premissa de que mulheres, crianças, deficientes e aqueles já afetados por outros conflitos e desastres naturais (CDT, 2018, p. 12-3) são impactados de forma desproporcional (THE WORLD BANK, 2018, p. 28).

2. Riscos para além do conceito de privacidade

Para além da vulnerabilidade física que conflitos e desastres impõem a diferentes grupos de pessoas, outras ameaças se materializam a partir da utilização e exploração de informações pessoais e/ou associadas a elas, como perseguição política/cultural, discriminação e até mesmo fraudes cometidas por terceiros com dados das vítimas. Além disso, a análise enviesada de determinados bancos de dados pode, em outra instância, restringir ou até mesmo prejudicar os esforços de ajuda e recuperação a determinados grupos e áreas, em função de *inputs* e *outputs* inadequados. A dependência acrítica e desatenta em grandes volumes de dados pode exacerbar as desigualdades e vulnerabilidades sociais e econômicas nas comunidades afetadas, como detalha o OCHA ao se debruçar sobre "a responsabilidade de dados em ação humanitária" (OCHAa, 2016).

> Organizações que dependem significativamente de tecnologia e dados sem intervenção e habilidades humanas apropriadas, arriscam discriminação que não só dificulta os esforços de socorro no curto prazo, mas pode aumentar as desigualdades no longo prazo (OCHA, 2016a, p. 6).

Contudo, é importante observar que, ainda que a relação entre diferentes tipos de dados e (novos e velhos) riscos venha sendo gradativamente reconhecida nas discussões e documentos do campo, pouco se aprofunda na sua efetiva operacionalização em termos de uso responsável. Isso implica dizer que permanece mal definida a discussão sobre como antecipar e evitar resultados adversos a partir de práticas e decisões intencionalmente éticas e responsáveis.

O *Satellite Sentinel Project* (SSP) representa um caso ilustrativo dessa complexa equação. O SSP, que compõe o *Signal Program on Human Security and Technology* e integra a *Harvard Humanitarian Initiative* ([s. d.]), debruçou-se sobre coleta e análise de dados para documentação e prevenção de ameaças a direitos humanos ao longo da fronteira Sudão – Sudão do Sul. A iniciativa tinha como desdobramento a capacidade de orientar pesquisas e formações para contextos de crise. O SSP gerou mapas e relatórios a partir de imagens de satélite coletadas confirmando a destruição de diversas aldeias, dentre outras informações que foram posteriormente utilizadas pelo Tribunal Penal Internacional para comprovar crimes na região. Contudo, relata-se que a documentação, ao ser acessada por milícias armadas quando esses dados foram publicizados, foi utilizada para atingir os civis (LAGRONE, 2019).

Um segundo relato mapeado ao longo da pesquisa foi atribuído à organização PakReport.org, que surgiu do contexto de grandes enchentes no Paquistão em 2010 e precisou restringir o acesso aos conjuntos de dados abertos gerados via *crowdsourcing* (coleta de dados e informações, geralmente através da InternetInternet) depois que o Talibã teria ameaçado utilizá-los para atingir trabalhadores humanitários estrangeiros (VERHULST; YOUNG, 2017).

A gravidade desses exemplos nos transporta à ponderação acerca das diferentes noções de responsabilidade que os casos mobilizam.

3. Inteligência artificial e responsabilidade

No que se refere à responsabilidade no uso desses dados, precisamos considerar as diferentes fontes de vieses e de ameaças que se intensificam nas situações mais críticas, como as de desastres: vieses históricos (na agregação de dados); de representação (na identificação da população afetada); de medição, no processamento (teste dos modelos); e de avaliação de seus impactos (GFDRR, 2021, p. 12). Em todas as fases da análise e gestão de risco, qualquer um desses vieses, ou sua ocorrência conjunta, pode implicar sérios danos a indivíduos e grupos, especialmente os já vulnerabilizados.

Falar de responsabilidade no desenvolvimento e uso dessas soluções tecnológicas implica fazer referência a dois conceitos que apresentam significações distintas em inglês: *responsibility* e *accountability*. A principal diferença entre eles seria que, enquanto a *responsibility* pode estar atrelada a uma tarefa, a papéis e funções atribuídos, e por isso pode ser delegada, a *accountability* pode se referir, entre outros, à capacidade e/ou dever de prestar contas sobre as consequências de determinadas ações, sem delegação (CASTRO, 2013).

Para Gevaert *et al.* (2021), o uso ético e/ou responsável da IA se estabelece a partir de três conceitos que incluem justiça, responsabilidade (*accountability*) e transparência. À justiça, os autores associam práticas não discriminatórias e a ausência de viés nos conjuntos de dados e algoritmos. Por *accountability*, consideram o uso de mecanismos ou processos que garantam a existência de um ator que justifique suas ações. A transparência, também identificada por eles como explicabilidade, trata da capacidade de esclarecer publicamente o funcionamento de algoritmos complexos. Os autores também lembram que o termo "FAccT" – que surge da associação entre *Fairness* (Justiça), *Accountabilty* (Responsabilidade) e *Transparency* (Transparência) – tornou-se a mais recente denominação adotada pela *ACM Conference on Fairness, Accountability, and Transparency* (ACM FAccT, [s. d.]), que reúne pesquisadores e profissionais de diferentes disciplinas, incluindo ciência da computação, estatística, direito, ciências sociais, humanidades e política e é considerada uma das mais influentes na área.

Conectando tais conceitos aos desafios práticos do uso de IA em situações de desastres, Gevaert *et al.* (2021) lembram que há diversos estudos demonstrando que algoritmos treinados a partir de conjuntos de dados tendenciosos não reconhecem grupos historicamente excluídos. Além disso, destacam uma lacuna também jurídica quanto a quem se deve imputar a responsabilidade legal (*liability*) em caso de falhas: ao desenvolvedor do algoritmo, à organização que o implementa, a quem toma a decisão de uso?

Dialogando com a discussão de Niki LaGrone em "Ethical machine learning for disaster relief: rage for machine learning" (2019), tem-se que "a responsabilidade algorítmica é o conceito de que as organizações devem ser responsáveis pelas decisões que seus modelos estão tomando. Isso é especialmente importante na área de gerenciamento de crises, onde as decisões trazem consequências de vida ou morte" (tradução livre).

A Unesco, por meio da "Recomendação sobre a ética da inteligência artificial"[3], chama a atenção para a necessidade de lidar de forma responsável "com os impactos conhecidos e desconhecidos dos sistemas de IA em suas interações com seres humanos e seu ambiente" (UNESCO, 2021, p. 3). O documento final atribui aos atores e os Estados-Membros o dever de

> (...) respeitar, proteger e promover os direitos humanos e as liberdades fundamentais, bem como [...] promover a proteção do ambiente e dos ecossistemas, assumindo as respectivas responsabilidades éticas e jurídicas, em conformidade com o direito nacional e internacional, em particular os Estados-membros. [...] A responsabilidade ética e a responsabilidade pelas decisões e ações baseadas de qualquer forma em um sistema de IA devem sempre ser atribuídas aos atores de IA correspondentes ao seu papel no ciclo de vida do sistema de IA (UNESCO, 2021, p. 9, tradução livre).

Uma vez que as ferramentas baseadas em IA estão atreladas à coleta e ao processamento de um grande volume de dados, torna-se oportuno falar de responsabilidade de dados (*data responsibility*), conceito mencionado por algumas das publicações analisadas.

[3] Ainda segundo a Unesco, este é considerado o seu primeiro instrumento global de definição de padrões sobre a ética da inteligência artificial e envolveu um extenso processo multissetorial via consulta *online*, além da participação de 24 especialistas com *expertise* multidisciplinar e pluralista.

De acordo com definição do próprio OCHA, a responsabilidade de dados na ação humanitária refere-se ao "gerenciamento seguro, ético e eficaz de dados pessoais e não pessoais para resposta operacional, de acordo com as estruturas estabelecidas para proteção de dados pessoais" (tradução livre), requerendo ações específicas para proteção, privacidade e segurança de dados, juntamente com estratégias de mitigação de riscos (OCHA, 2021, p. 42). Do ponto de vista prático, isso implica, por sua vez, adesão às leis de proteção de dados aplicáveis tendo em vista que "a proteção de dados pessoais está fundamentada no Direito Internacional dos Direitos Humanos e inclui o direito de ser informado e de se opor ao processamento de seus dados pessoais e de acessá-los, corrigi-los ou excluí-los" (OCHA, 2021, p. 43, tradução livre).

Essas diferentes abordagens trazem elementos para a análise apresentada a seguir e que está embasada em dois pilares: (i) (identificação das) oportunidades e riscos do uso intensivo de dados em situações de desastres; (ii) (implementação de) medidas de precaução e remediação desses riscos desde o desenvolvimento de determinada solução tecnológica à sua utilização em situações de emergência.

4. Por trás do *hype*: desafios técnicos, éticos e jurídico-regulatórios

O otimismo tecnológico que perpassa soluções baseadas em IA traz à tona o significativo desafio de lidar com problemas mais ou menos conhecidos, mas pouco explorados.

Os autores de *Responsible AI for disaster risk management* chamam a atenção para o fato de que "diferentes aplicações de IA em gestão de risco de desastres estão em diferentes posições no ciclo *hype*, contudo a maioria delas ainda não atingiu os níveis de expectativa realistas [...] e muitas vezes ainda estão longe da maturidade" (GFDRR, 2021, p. 33, tradução livre). No entanto, isso não tem impedido que alguns projetos recebam mais apoio que outros, ou, ainda, que alguns projetos sejam adotados prematuramente para realizar tarefas para as quais não estão suficientemente preparados. Achar o equilíbrio entre o incentivo à inovação e a garantia de direitos nesses contextos se torna a chave da questão.

Ao falar dos desafios atrelados ao uso de IA e *machine learning*, é importante lembrar que alguns destes são mais profundos e anteriores ao próprio uso dessas ferramentas e dizem respeito à coleta de dados sobre riscos e desastres, bem como sobre a maneira como se dão os projetos de gestão dessas crises.

Entre os desafios mais destacados estão: (i) vieses históricos, que reproduzem estereótipos; (ii) vieses de representação, que resultam da utilização de dados não representativos para treinar modelos; (iii) vieses de medição decorrentes de unidades inadequadas de entrada (*input*) ou saída (*output*) dos modelos; (iv) vieses de agregação, que resultam em perda de informações úteis; (v) vieses de avaliação de um modelo com base em parâmetros errôneos ou em dados que não são representativos; (vi) falta de dados (geoespaciais) atualizados em países de baixa e média renda em comparação com países de alta renda; (vii) predomínio de dados de áreas de interesse (grandes centros urbanos/capitais) em detrimento de zonas rurais e/ou de comunidades periféricas; ou, ainda, (viii) falta de clareza sobre quais tipos de grupos podem ser afetados e/ou estão sub-representados nos dados geoespaciais, dentre outros. Exemplos concretos de cada um desses vieses são explorados em *Responsible AI for disaster risk management* (GFDRR, 2021), texto de referência para este artigo. Identificados isolada ou simultaneamente, eles ilustram obstáculos concretos para a geração de informações realmente úteis e efetivas em situações de desastres, bem como para a tomada de decisão de fato responsável.

A seguir destaco três exemplos mencionados pela literatura que ilustram esses desafios na prática e que têm em comum a problematização dos dados e o que a falta de contexto pode implicar, comprometendo a efetividade das análises das decisões tomadas a partir delas. Gevaert *et al.* (2021) citam (i) o uso de registros de chamadas feitas de telefones celulares para estimar populações potencialmente atingidas e o risco de "subestimar populações vulneráveis que não têm acesso a telefones celulares" (Gevaert *et al.*, 2021, p. 2); (ii) como análises visuais geradas a partir de imagens de *drones* em áreas de favelas por moradores locais revelam formas distintas de perceber e indicar objetos sensíveis, o que por usa vez pode variar entre diferentes áreas, enfatizando-se que "a interpretação de imagens de sensoriamento remoto depende do contexto" (Gevaert *et al.*, 2021, p. 4, tradução livre); ou ainda, (iii) que "a falta de compreensão do contexto local pode excluir ativos e valores locais de serem representados em dados geoespaciais [...] e, portanto, inibe a capacidade desses dados de apoiar o desenvolvimento de medidas de mitigação localmente eficazes" (Gevaert *et al.*, 2021, p. 4, tradução livre).

Com base nesses exemplos reais do acúmulo de desafios, cabe ressaltar os potenciais efeitos indesejados (e contrários às premissas que marcam as narrativas mais otimistas). Dentre eles: riscos de perpetuação e/ou agravamento das desigualdades sociais em função do uso de conjuntos de dados tendenciosos; diminuição ou ameaça à privacidade e segurança em decorrência da combinação de conjuntos de dados distintos; limitação de participação pública na gestão de risco de desastres devido ao aumento da complexidade dos produtos baseados em dados; redução do sentimento de responsabilidade de atores envolvidos, podendo levar a maior incidência de erros ou a usos indevidos; implementação de abordagens não testadas em cenários críticos de segurança.

Como lidar com tamanha complexidade e diversidade de desafios por trás dessas iniciativas de inovação em gestão de riscos de desastres? Os poucos estudos acadêmicos e multissetoriais identificados sobre o tema chamam a atenção para a necessidade de visibilização cada vez maior desses riscos e de medidas concretas para mitigá-los.

As categorias apresentadas a seguir foram sistematizadas explorando orientações presentes e comuns à maioria das publicações analisadas, com destaque para as contribuições do sumário das atividades do grupo dedicado à "IA responsável para gerenciamento de risco de desastres" (GFDRR, 2021):

Reconhecimento não apenas na teoria, mas também prática, dos diferentes tipos de vieses e da sua origem. Gevaert et al. (2021, p. 3) lembram que, "embora existam algumas abordagens técnicas para lidar com o viés, é impossível eliminar completamente o viés nos algoritmos" (tradução livre). Isso deve ser levado em conta no desenvolvimento das soluções e na tomada de decisões.

Implementação de validação contínua e de testes de imparcialidade dos modelos e das ferramentas, incluindo revisão por pares, ainda que encontrem obstáculos de investimento e do reconhecimento da necessidade diante das narrativas mais otimistas do mercado. "Técnicas de design centrado no ser humano oferecem uma maneira de conseguir isso" (GFDRR, 2021, p. 37, tradução livre), mas precisam ser priorizadas, argumenta o grupo multissetorial e multidisciplinar envolvido no projeto do Global Facility for Disaster Reductionand Recovery.

Desenvolvimento de projetos que orientem e resultem em materiais educativos e de conscientização endereçados a públicos de especialistas e não especialistas sobre usos e limitações potenciais das diferentes abordagens de machinelearning.

Criação de espaços e estratégias para incluir residentes das áreas afetadas às discussões e tomadas de decisão, desde o planejamento e desenho das soluções e/ou dos projetos de gestão de riscos e de crises. Nas situações em que há total ou parcial desconexão entre os projetistas de algoritmos e as comunidades afetadas e onde os algoritmos são implementados, a participação local pode contribuir para a identificação de fontes de viés.

Diversificação das equipes de desenvolvedores dos projetos em termos de área do conhecimento, gênero, raça, experiência e histórico socioeconômico como estratégia para superar limitações e suposições pessoais individuais. Esse esforço implica esforços conscientes de investimento e valorização da colaboração próxima entre ciência de dados e humanidades.

Informação e previsão legal específica para privacidade e segurança de dados como garantia de aderência mínima a padrões locais e internacionais de uso de dados em situações de desastres a fim de evitar violações de direitos. A necessidade de definições claras sobre competências e adequação jurídica torna-se essencial nesse sentido. Além disso, junto à anonimização em caso de dados sensíveis, é fundamental considerar privacidade e segurança não apenas na coleta de dados, mas em todo o processo, no sentido de evitar a coleta de dados desnecessários, prezar pela finalidade e a garantia da sua eliminação completa quando o projeto for concluído. De acordo com as discussões e orientações dos trabalhos do GFDRR (2021, p. 19), "as questões de privacidade e segurança são altamente dependentes do contexto", e "o que conta como informação sensível em um contexto ou cultura não será igual a outro" (tradução livre). Isso faz com que o distanciamento de desenvolvedores e tomadores de decisão possa representar um importante risco se desconsiderar questões conjunturais.

Considerando que "as previsões feitas por sistemas de aprendizado de máquina geralmente são difíceis de explicar, mesmo para os desenvolvedores do sistema" (GFDRR, 2021, p. 19, tradução livre), a falta ou limitada transparência de modelos complexos podem levar à dificuldade de envolvimento e atribuição de responsabilidade a especialistas e tomadores de decisão envolvidos na gestão de desastres. Por isso, recomenda-se levar em conta critérios de transparência e explicabilidade ao longo de todo o processo, que inclui o início do processo de modelagem, o que pode ser feito por meio de ferramentas interativas, por exemplo. Lembrando que a lei de proteção de dados da União Europeia (GDPR) afirma que "os titulares dos dados não podem estar sujeitos a uma decisão baseada apenas no processamento automatizado" a fim de evitar decisões tomadas com base em modelos inexplicáveis (GFDRR, 2021, p. 27, tradução livre).

Não menos importante, é preciso discutir a responsabilização algorítmica do ponto de vista jurídico, que se mostra ainda mais complexa em situações de desastres. Os autores estudados chamam a atenção para esse desafio em duas situações principais: "quando a legislação de direitos humanos ou proteção de dados está ausente ou é fracamente aplicada" ou quando se depara com "intervenções humanitárias amplamente não testadas e não consentidas", sendo implantadas (GEVAERT et al., 2021, p. 5, tradução livre). A operacionalização de potenciais instrumentos regulatórios esbarra, por sua vez, em regimes locais, regionais e globais, o que reforça a importância e urgência desse debate.

Conclusões

Ao mesmo tempo que compartilham elogios e grandes expectativas relacionadas ao desenvolvimento e adoção de soluções de IA e *machine learning* em situações de desastre como meio de fornecer melhores e mais rápidas decisões quando tempo significa vidas, as publicações analisadas – sobretudo aquelas de autoria de organizações internacionais do campo – chamam a atenção para desafios de diferentes ordens (jurídicos, tecnológicos, sociais, econômicos e políticos) para a sua implementação de forma responsável e ética.

Gevaert *et al.* (2021, p. 5) lembram que "desastres são frequentemente vistos como oportunidades de inovação, mas nas mãos de desenvolvedores descuidados ou inescrupulosos isso pode ser uma receita para o mal" (tradução livre). Por isso, esforços são necessários no desenvolvimento de tais soluções a fim de conciliar os resultados promissores até aqui divulgados e que esbarram em uma série de obstáculos para a garantia de direitos humanos básicos: privacidade, segurança, liberdade e direito à vida. Por isso, destaca-se a necessidade de "entender e interrogar continuamente os limites de nossos sistemas e o que isso significa para as decisões baseadas neles" (GFDRR, 2021, p. 16, tradução livre).

Junto com o desafio de nomear e compreender esses riscos, permanece o questionamento de como operacionalizar os esforços de mitigação já cogitados pela literatura. Foram poucas as experiências concretas de mitigação identificadas nos textos analisados, o que materializa um grande desafio e a oportunidade de iniciativas futuras. Ainda que questões importantes estejam sendo gradativamente levantadas por diferentes atores, falta entender como isso tem reverberado na prática, na mudança de processos.

O reconhecimento dos limites das abordagens especialmente técnicas e jurídicas, por sua vez, nos convida a refletir que apenas "princípios não são suficientes" (GFDRR, 2021, p. 44). Não se pode perder de vista que

> ... o *design* e a implementação de processos de coleta e análise de dados, especialmente aqueles com conexões estreitas com a sociedade, como na gestão de riscos de desastres inevitavelmente codificam preferências por alguns valores, prioridades e interesses em relação a outros (GFDRR, 2021, p. 43, tradução livre).

Nesse sentido, o entendimento do ciclo de vida dos dados e da diversidade dos atores envolvidos e suas respectivas atribuições e responsabilidades (enquanto *responsibility*, *accountability* e *liability*) no processo de desenvolvimento e uso dessas tecnologias; a consideração de estudos e exemplos de riscos de outras áreas para avaliação das possíveis consequências dessas tecnologias; o desenvolvimento de projetos transparentes, em colaboração com comunidades, são apenas algumas vias que coexistem e podem auxiliar lidar com o *hype* de forma mais responsável.

Referências

ACM CONFERENCE OF FAIRNESS, ACCOUNTABILITY, AND TRANSPARENCY (ACM FAccT). [S. d.]. Disponível em: https://facctconference.org/index.html. Acesso em: 15 dez. 2022.

BLOOMFIELD, B. P. The culture of artificial intelligence. *In*: BLOOMFIELD, B. P. (ed.). *The question of artificial intelligence*: philosophical and sociological perspectives. New York: Croom Helm, 1987. p. 59-105.

CASTRO, M. M. de. *Dicionário de direito, economia e contabilidade*: português-inglês / inglês-português. Rio de Janeiro: GEN/Forense, 2013.

CENTER FOR DEMOCRACY & TECHNOLOGY (CDT). *Responsible data frameworks*: in their own words, Jun. 2018. Disponível em: https://cdt.org/wp-content/uploads/2018/06/2018-06-25-Responsible-Data-Frameworks-In-Their-Own-Words-FULL.pdf. Acesso em: 15 maio 2022

GEVAERT, C. M. *et al.* Fairness and accountability of AI in disaster risk management: opportunities and challenges. *Patterns*, v. 2, n. 11, 2021.

GLOBAL FACILITY FOR DISASTER REDUCTION AND RECOVERY (GFDRR). *Responsible AI for disaster risk management*: working group summary, 2021. Disponível em: https://opendri.org/wp-content/uploads/2021/06/ResponsibleAI4DRM.pdf. Acesso em: 15 maio 2022

HARVARD HUMANITARIAN INITIAVE. *Signal Program, [s. d.]. Disponível em: https://hhi.harvard.edu/signal-program.* Acesso em: 15 dez. 2022.

HOPGOOD, A. A. Artificial intelligence: hype or reality?. *Computer*, v. 36, n. 5, p. 24-28, 2003.

HORGAN, J. Will artificial intelligence ever live up to its hype?. *Scientific American*, Dec. 4, 2020.

JASANOFF, S. *The ethics of invention*: technology and the human future. New York: W. W. Norton & Company, 2016.

JASANOFF, S. (ed.). *States of knowledge*: the co-production of science and the social order. Routledge, 2004.

LAGRONE, N. Ethical machine learning for disaster relief: rage for machine learning. *Azavea, 2019. Disponível em:* https://www.azavea.com/blog/2019/12/10/ethical-machine-learning-for-disaster-relief-rage-for-machine-learning/. Acesso em: 15 maio 2022.

OCHA. *Building data responsibility into humanitarian action*, 2016a. https://www.unocha.org/sites/unocha/files/Building%20data%20responsibility%20into%20humanitarian%20action.pdf Acesso em: 15 maio 2022

OCHA. *World humanitarian data and trends 2016b.* Disponível em: https://interactive.unocha.org/publication/datatrends2018/src/reports/World_Humanitarian_Data_and_Trends_2016.pdf. Acesso em: 15 maio 2022

THE WORLD BANK. *Machine learning for disaster risk management*, 2018. Disponível em: https://documents1.worldbank.org/curated/en/503591547666118137/pdf/133787-WorldBank-DisasterRiskManagement-Ebook-D6.pdf. Acesso em: 15 maio 2022

UNDRR. *Disaster risk management, [s. d.]. Disponível em:* https://www.undrr.org/terminology/disaster-risk-management. Acesso em: 15 jun. 2022

UNESCO. Recommendation on the Ethics of Artificial Intelligence. *SHS/BIO/REC-AIETHICS/2021, 2021. Disponível em:* https://unesdoc.unesco.org/ark:/48223/pf0000380455. Acesso em: 15 maio 2022.

VERHULST, S. G.; YOUNG, A. The impact of open data on developing economies. *In:* VERHULST, S. G.; YOUNG, A. *Open data in developing economies*: toward building an evidence base on what works and how. Cape Town: African Minds, 2017. Disponível em: http://www.africanminds.co.za/wp-content/uploads/2017/10/AM-OD-in-Developing-Economies-COMPLETE-R-WEB-10Nov2017.pdf. Acesso em: 15 maio 2022.